最新修订版

一张大事年表：
快读中国历史

孙 骁 / 著

团结出版社
UNITY PRESS

图书在版编目（ＣＩＰ）数据

　　一张大事年表：快读中国历史 / 孙骁著. -- 修订
本. -- 北京 ： 团结出版社，2017.7（2020.4 重印）
　　ISBN 978-7-5126-5304-7

　　Ⅰ．①一… Ⅱ．①孙… Ⅲ．①中国历史－通俗读物
Ⅳ．①K209

　　中国版本图书馆 CIP 数据核字（2017）第 150773 号

出　版：团结出版社
　　　　（北京市东城区东皇城根南街 84 号　邮编：100006）
电　话：（010）65228880　65244790　（出版社）
　　　　（010）65238766　85113874　65133603（发行部）
　　　　（010）65133603（邮购）
网　址：http://www.tjpress.com
E-mail：zb65244790@vip.163.com
　　　　fx65133603@163.com（发行部邮购）
经　销：全国新华书店
印　装：三河腾飞印务有限公司

开　本：170mm×240mm　　　　16 开
印　张：20.75
字　数：376 千字
版　次：2017 年 7 月　第 1 版
印　次：2020 年 4 月　第 3 次印刷

书　号：978-7-5126-5304-7
定　价：42.00 元

先秦

约公元前 6000 ～前 3000 年

华夏文明的起源，仰韶文化时期，母系氏族公社的鼎盛

中华文明在进入文明社会之前，曾经经历了上百万年的原始时代。中国人的祖先在漫长的原始社会时期艰苦劳动，与自然进行了不屈不挠的长期斗争。据考古发掘证明，在距今约一万年前，中国大陆逐渐进入了新石器时代。

新石器时代时期，同时也是母系氏族公社的繁荣时期。当时的农业生产主要由女性来完成，男子则大多从事渔猎，这种生产方式决定了社会中的女性有着较高的社会地位。因此，这一时期的人类大多只知母不知父，世系从母系计算，实行同族共财制，财产由母系继承人来继承。按遗址分布情况及规模来推测，当时的人口数量正在逐渐增多，人类活动的范围也在不断扩大。随着生产的进步，婚姻形态也从以血缘为纽带的血缘婚发展为族外婚，后来又逐步发展为对偶婚。

河姆渡文化是长江下游以南具有代表性的新石器时代文化，也是母系氏族公社的典型范例。该遗址于公元 1973 年在浙江余姚河姆渡村被发现，距今约有六七千年的历史。从出土的文物可以了解到，

半坡遗址：

半坡遗址是仰韶文化的典型遗址之一，是一个比较完整的村落，地点在西安城的东郊，距今约六千年。该遗址的房屋有圆形、方形半地穴式和地面架木构架之分。从公元 1952 年发现至公元 1957 年挖掘完毕，共出土石器七百多件，陶器碎片五十万片以上。陶器上有刻画符号，有学者认为是中国文字的雏形。另有大量的装饰品出土，还原了中国远古时代的原始风貌。

当时的人类已经学会了使用磨制石器，并且已经掌握了原始的农业技术。

　　黄河流域最具有代表性的是仰韶文化。仰韶文化距今约有四五千年，它的遗址分布区域很广，几乎遍布黄河的中上游。比较著名的文化遗址有：陕西西安的半坡村遗址、甘肃临洮的马家窑遗址、河南陕县的庙底沟遗址、河南安阳的大司空村遗址等。仰韶文化的居民过着定居的农业生活，在多处遗址中都发现了储藏粮食的窖仓。据传说，黄帝时代的居民已经学会了制作衣裳、造船和使用较为先进的农具，这在仰韶文化遗址中大多有迹可寻，由此可以推想，仰韶文化遗址很有可能是华夏族所留下的。

　　仰韶文化是母系氏族公社的鼎盛文明，这一时期的各个原始部落之间相互影响，彼此交流和融合，部落规模逐渐扩大，原始农业有了初步的发展，一些出土器物上已有原始的文字雏形。这显示出当时的生产力正在逐渐发展、变革，中华文明正在逐步形成。

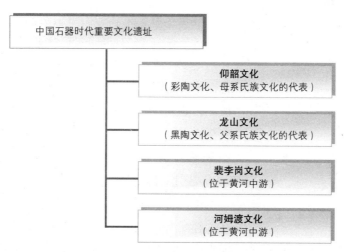

表一　中国石器时代重要文化遗址

约公元前 4000 年
华夏文明的曙光，传说中的黄帝时代，父系氏族时期

母系氏族社会之后的社会阶段是父系氏族社会。这是由氏族公社向阶级社会过渡的时期，男子开始逐步代替女子在氏族中的支配地位，氏族公社也逐步走向解体。中国境内的父系氏族公社遗址有很多，比较有代表性的有大汶口文化、龙山文化、良渚文化等。这些遗址存在的时间，大约与传说中的黄帝时代处于相同的年代。中国的传统文献中也对这一时期有着诸多记载。

据传说，早在华夏文明的诞生之初，在东亚大陆的领域内，有许多不同的氏族和部落。这些部落或大或小，零散地分布在整个东亚大陆上。部落的人民食物稀少，生活不易，时常在部落酋长的领导下与其他部族发生战争。经过数千年的相互争斗，一些部族逐渐的融合，或者独立发展成为了更加强大的部族。在传说和神话中记载的远古居民，有着各自不同的文明特征。其中最主要的部落，有以下几个：

居住在东方的居民，统称为夷族。其中最著名的一位首领，叫作太昊。太昊的形象，据说是人面

三皇和五帝：

三皇的说法很多，最为流行的两种是：（1）天皇，地皇，人皇；（2）伏羲，神农，黄帝。无论哪一种说法，都指的是远古时代有卓越贡献的部落首领。五帝一般是指黄帝、颛顼、帝喾、尧、舜，这五帝是不同时期黄帝族的族长。三皇和五帝都是中国古代重要的领袖。有关于他们的传说见于各种古代文献，但不同的文献中有不完全相同的记载。

龙身，看起来像是一条大蛇。在诸多的神话中，这位首领还有另外一个名字，叫作伏羲。当然，人面龙身的形象，并非真实的存在，很有可能这是一个以龙为图腾的部落。相传伏羲画八卦，用来记事和占卜。他同时也被尊为"三皇"之首。

而居住在北方和西方的居民，则被称为狄族、戎族。这些居民以杀戮、好战著称于远古时代，曾不断与黄帝部落争夺领土和资源。这些民族或许就是北方游牧民族的祖先。

南方的居民叫作蛮族。他们拥有一个强大的部落联盟——九黎。九黎人面目狰狞，凶恶异常。九黎人的首领叫作蚩尤，神话中他的形象是兽面人身、三头六臂、铜头铁额，如同一只穿着金属铠甲的狮子。蚩尤统治的九黎族击败了炎帝部落，炎帝族人被迫逃至逐鹿，后来他们与黄帝族联合，在逐鹿与蚩尤展开了一场大战。战争的结果，蚩尤被炎帝和黄帝击败并杀死。九黎族也分裂成了几个部分：一部分南下返回了原来的领地；另一部分留在了北方建立了黎国继续和炎黄部族对抗；还有一部分成为了黄帝族的俘虏，而这些战败被俘的九黎族奴隶，也被称作"黎民"。

炎帝族居住在中部地区的姜水流域，也是中华民族的始祖之一。炎帝族在与九黎族的冲突中得到了黄帝族的援助。后来炎帝族又与黄帝族进行了长期的斗争，但是最终被黄帝族击败，成为了黄帝族的附庸。同时，黄帝族的势力也进入了中部地区。

至于黄帝族，最早是居住在西北地区的。在与九黎族和炎帝族争斗的时期，黄帝族不断积攒实力，最终在中部地区定居并强大起来。黄帝本姓公孙，由于在姬水附近长大，所以后来改为姬姓。关于黄帝的神话传说有很多，如制造车马、弓箭，染五色衣裳；黄帝的妻子嫘祖养蚕，史官仓颉创造文字等。

逐鹿之战：

发生在距今大约四千六百年前，是中国历史上见于记载的最早战争。决战的双方是黄帝炎帝共同领导的华夏族和蚩尤领导的九黎族。双方在逐鹿进行了大规模的会战，战争的结果是九黎族战败，蚩尤败死。这场战争结束了各部落分裂混战的局面，华夏族开始成为了中部地区的统治者，逐步建立起一个幅员辽阔的国家。

先秦

黄帝族在打败了炎帝族之后，成为了最强大的部族，各部落都不敢与他争锋。黄帝族经过与炎帝族的逐渐融合，最终形成了一个更强大的部族——华夏族。

远古时代的神话传说，经过数千年的流传，很大程度上略显荒诞，缺乏真实性。在不同的古籍中，对于黄帝族的首领的记载也是大不相同。然而，无论是什么样的记载，追溯到黄帝时期却是一致的。五帝中的唐尧、虞舜，以及夏、商、周三代，相传都是黄帝族的后裔。

唐尧据说是黄帝的后裔，他在作为华夏族的首领之时，施行"禅让"制度。所谓的"禅让"，指的是首领在自己年老的时候，将首领的位子禅让给受到各部落所推崇的贤者虞舜。而虞舜也在他年老的时候将首领的位置禅让给了治水有功的禹。以上这些禅让的行为都经过了四岳十二牧（大约是指各部落酋长）的同意，可见当时的首领也是听命于部落酋长会议的。到禹在位时，王权开始逐渐加强，天下诸侯都来向他朝觐，他一再会合诸侯，并将中国分为"九州"。至此，禹已经是实际上的君主，但是禅让制度作为各个部落之间共同推崇信奉的原则，依然继续存在着，并没有马上消失。

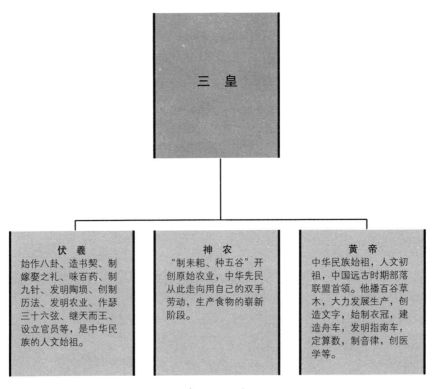

表二　三皇

禹选定的继承人，是同样有着很高声誉的伯益。而禹的儿子启怀有野心，在禹死后，他将伯益杀死，取代了伯益的位置，自立为夏王。至此，施行了若干年的禅让制度就此终结了。尧、舜、禹就是氏族制度解体前最后的三位通过禅让而产生的首领。随着氏族制度的解体，中国历史上的第一个王朝——夏，就此诞生了。

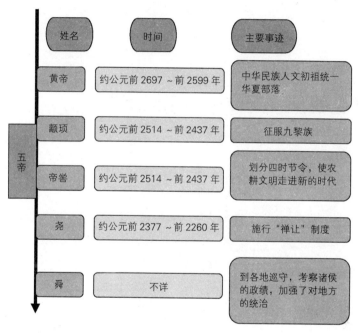

姓名	时间	主要事迹
黄帝	约公元前2697～前2599年	中华民族人文初祖统一华夏部落
颛顼	约公元前2514～前2437年	征服九黎族
帝喾	约公元前2514～前2437年	划分四时节令，使农耕文明走进新的时代
尧	约公元前2377～前2260年	施行"禅让"制度
舜	不详	到各地巡守，考察诸侯的政绩，加强了对地方的统治

表三　五帝

约公元前 21 世纪
启建立夏朝；"禹传子，家天下"

根据《礼记》的记载，在夏朝建立之前，是一个没有阶级、没有剥削，财产公有的"大同"社会。而到了禹的时代结束，他的儿子启成为了夏王朝的国王，部落首领变成了世袭制，这也就意味着"小康"社会已经到来了。

所谓的"小康"社会，其实是对早期中国国家的另一种表述。夏启废除了部落公有制度，明确地表现了当时的社会生产力已经发展到了一个新的高度，剩余产品已经成为了个人的私产。

早在四千多年前的远古时代。夏文明的发展，是灿烂而辉煌的。夏启建国，定都于阳城。君主制度的正式出现，使得中央机构的权力和职权都大大增强了。夏王朝也开始逐渐走向强盛。

启死之后，他的儿子太康继承了王位。太康生活奢侈，不理政事，使得夏王朝的内部矛盾日益尖锐。而外部的很多部落也开始觊觎君主的位置了。东夷族的领袖后羿，趁太康出外狩猎的机会起兵反叛。太康得知后羿叛乱的消息之后甚至没办法做出任何有力的抵抗。于是，后羿成功地掌握了夏王朝

东夷族：

东夷是华夏民族对东方各族的统称。这些民族大概的活动范围是现在的河南、河北、山西、山东、江苏等地。随着夏、商、周三代的强盛，不断向东夷族居住地区扩张，东夷族也逐渐融合为华夏族的一部分。东夷族居民擅长射箭、造船，在历史上曾经有过三次大迁移。他们或许曾经迁徙到今天的中国东北、朝鲜等地。当代朝鲜和韩国的学者认为，东夷族的一支或许就是现代朝鲜人的祖先，因此，朝鲜半岛应该有五千年以上的历史，但因缺乏直接证据，各国学者并不予以承认。

的政权，驱逐了太康。

后羿立太康的弟弟仲康为傀儡夏王，自己把持着夏王朝的大权，仲康无所作为，在位不久便死去了，后羿又立仲康的儿子相为夏王。数年之后，后羿又放逐了相，自己当上了夏王朝的国君。可是他也和太康一样，沉湎于享乐，不理政事，把大权交给了手下的亲信寒浞来处理。寒浞不久后又聚集人马，攻杀了后羿，将夏王朝彻底推翻，改国号为寒。寒浞继位之后，害怕相再回来领导夏民和他争夺王位，决心一定要把逃亡中的相杀死。

相逃亡了数年，领导夏朝遗民和寒浞进行了数次战争，最终还是被寒浞杀死。但是相的妻子后缗却逃过了一死，并生下了相的遗腹子少康。少康自幼在颠沛流离的环境中长大，身负国恨家仇，这样的环境使他练就了一身过人的本领和气度。他为了躲避寒浞的追杀，逃亡到了有虞氏躲避，并在这里慢慢地积攒力量，准备复兴夏王朝。

少康长大后，当上了有虞氏的庖正，后来又娶了有虞氏族长的女儿，有了自己的军队和领地。他积极争取夏人的支持，为复兴夏国做了许多努力。他的威望和勇气逐渐得到了一些部落的认同，纷纷联合起来支持少康。而寒浞不理政事，贪图享乐，不得民心，此时已是穷途末路。持续的内部争斗，也使得寒浞势力的统治力大大下降。经过数年的准备，少康的实力大增，他终于发动了对寒浞势力的大反攻。

少康的军队训练有素，势如破竹，经过几场大战，成功地击败了寒浞儿子的部队（此时寒浞已死），最终夺回了失去已久的夏王位置，复兴了夏朝，成为了夏王朝的第六位国王。少康继位之后，励精图治，使得夏王朝开始有了新的发展，呈现出一片蓬勃向上的气象，这就是"少康中兴"。

后羿：

相传为东夷族有穷氏的首领，擅长射箭。《山海经》中有后羿射日的故事，该故事中主人公的形象，就是夺取了夏王朝王位的东夷族首领后羿与另一位上古时期的神射手大羿的结合体。然而射日的传说毕竟是荒诞的，后羿这位果敢的枭雄，终究还是以历史上第一位篡位者的身份名留史册。

夏代重要君王一览

禹
用疏导之法制服洪水，于涂山之会时建立夏朝

启
战胜有扈氏，巩固了地位

太康
荒淫无度，内乱频繁，一度被后羿夺取政权

少康
少时贫苦，长大后联合有扈氏攻灭寒浞恢复夏朝

孔甲
奢侈淫逸，不理朝政导致夏朝动乱衰落

桀
夏代末帝，著名暴君，被商汤所灭

表四　夏代重要君王一览

约公元前 19 ~ 前 16 世纪
孔甲乱夏，鸣条之战，商汤灭夏，商王朝建立

　　"少康中兴"之后，夏王朝进入了一个相对平稳的发展时期，从少康的儿子季杼开始，夏王朝的统治日益稳固。国力的进一步发展，使得夏王朝的国君有了开拓新的领土的野心。季杼同东夷族各部落继续斗争，一直攻到东海边，进一步扩大了夏朝的疆域，最后降服了东夷族。

　　夏朝在少康的带领下进入了中兴时代，而在季杼统治时期则达到了鼎盛。季杼死后，传位于其子帝芬（又名槐）。帝芬在位期间，先后征服了居住于泗水、淮水之间的东夷部落，继续扩展夏朝的势力范围。夏王朝从这一时期直到灭亡，始终都是黄河中下游的统治势力。

　　帝芬死后，夏王朝依然保持着繁荣和鼎盛，其后的国王依次是芒、泄、不降、扃、仅。到仅在位时，夏王朝开始衰落，他继位后不久便病死，他的堂兄孔甲继位。孔甲迷信鬼神，沉湎于享乐，引起了诸侯的不满，纷纷叛离。夏王朝的社会矛盾被激化了，国势也更加衰落，开始逐渐走向崩溃。

　　孔甲死后，其子皋继位，此时夏王朝已不能控

《汤誓》：

　　《尚书》的篇名，记载了商汤伐夏之前的誓词。内容主要是商汤对夏桀的罪行的控诉以及对士兵的激励，反映出了当时人民渴望推翻夏王朝统治的心情。但要指出的是，《尚书》中有些篇幅为后人伪作，《汤誓》极有可能并不是真实的原始文献。此外，《国语》《孟子》《墨子》中引用的《汤誓》，都有一定的区别，并非完全相同。

夏桀：

即夏王履癸。夏王朝末代君主，约公元前 1818～前 1766 年在位。履癸文武双全，力大无比，但他同时也荒淫无道，暴虐异常，在位时不修德政，任用奸佞，并大兴土木，压榨百姓。这些行为引起了国内各阶层的强烈不满。履癸却认为他的统治永远不会灭亡。他说："天上有太阳，正像我有百姓一样，太阳会灭亡吗？太阳灭亡，我才会灭亡。"后来商汤灭夏前作《汤誓》，其中"时日曷丧，与及汝偕亡。"的句子，便是针对这句话的。鸣条之战后，履癸败走，不久后病死（一说履癸被俘虏，放逐而死），夏王朝就此灭亡。履癸谥号为"桀"，意为"凶狠残暴"。

制东夷部落，皋迁都于渑池附近。他死后，其子发继位，这时诸侯已经不来朝贡了，夏王朝的势力日益衰落下去。发死后，其子履癸继位。履癸是一位极其残酷的暴君，据《尚书》上记载，履癸不用贤良，欺压百姓，极为昏庸，他还自比为太阳，认为自己的统治永远不会灭亡。人民咒骂他说："时日曷丧，与及汝偕亡。"这说明当时夏王朝的统治已经走到了末路，灭亡只是时日的问题了。

与此同时，东方的商族已经日益强大起来。商族领袖商汤趁着履癸不得民心，剪灭了夏的许多属国，扩大了自己的实力。开始严重地威胁夏王朝的统治。履癸企图驱使东方的诸侯去牵制商族，但最终失败了。商王朝越发的强大起来，开始着手于灭夏的战争准备。

公元前 1600 年前后，商汤决定出征夏朝，临行前作《汤誓》，历数了履癸的罪行，鼓舞了士气。誓师后商汤选战车七十乘，死士六千人，联合各方国的军队，绕道至夏都以西展开突袭。履癸仓促应战，亲帅部队抵抗商汤。两军最终交战于鸣条。决战中，商汤军奋勇作战，一举击溃了履癸的主力部队，履癸败逃。商汤乘胜追击，履癸在逃亡中死去。

履癸死后，商汤给他起的谥号为"桀"。履癸是夏王朝的最后一位君主，夏王朝就此灭亡。夏王朝是中国历史上第一个统一的世袭王朝，传十三世，共有十七个王，历时四百七十二年（只是大致年限，不同古文献中的记载并不相同）。它的政治制度、文化、经济模式对后世有着深远影响。

夏王朝灭亡后，商汤肃清了夏王朝的残余势力，建立起了一个新的世袭王朝——商。商汤建国后，鉴于夏朝灭亡的经验教训，又作《汤诰》，要求臣属勤政为民，否则就要受到严厉的处罚。同时，他还注意安抚夏朝遗民，没有对他们赶尽杀绝。在他统治期间，阶级矛盾有所缓和，统治也趋于稳定。由此，商王朝的国力逐渐走向了强盛。

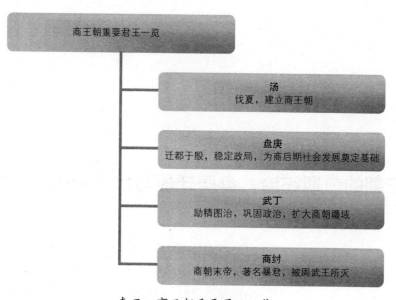

商王朝重要君王一览

汤
伐夏，建立商王朝

盘庚
迁都于殷，稳定政局，为商后期社会发展奠定基础

武丁
励精图治，巩固政治，扩大商朝疆域

商纣
商朝末帝，著名暴君，被周武王所灭

表五　商王朝重要君王一览

约公元前 14 ～前 13 世纪
商王朝的前期统治，盘庚迁殷与武丁中兴

商族是高辛氏的后裔，兴起于黄河中下游，是东夷族的一支，有着悠久的历史。据传说，商族的始祖姓子名契，曾跟随大禹一起治水，虞舜因他有功，任命他为司徒，封地于商，从子契统治时期一直到商汤灭夏之前，商族始终是臣服于夏朝的。商族早期时常迁徙，据《史记》记载，从子契到成汤传十四代，期间共有八次大迁徙。商汤迁都至亳，做灭夏的准备。他得到名臣伊尹的辅佐，最终在鸣条之战中将夏军彻底击败，推翻了夏王朝的统治。

商汤在灭亡了夏朝之后返回亳都，在位十二年，死后谥号为武王。他建立起了中国历史上第二个世袭王朝——商朝。商汤是一个有作为的君主，在他的领导下，商王朝的统治得到了巩固，也使得华夏文明有了更大的发展，中国也逐步成为了东方的文明古国。

由于商代的农业生产方式较为落后，无法在一个地方长期居住下去。因此，商汤传十代至盘庚，这一时段内共有五次迁都。从第六代商王中丁到第十代阳甲，商王朝的内部出现了争夺王位的严重内

妇好：

中国历史上见于记载的第一位女将军，是商王武丁的妻子，同时也是一位杰出的女政治家。她不仅能够率领军队东征西讨为武丁拓展疆土，而且还主持着武丁朝的各种祭祀活动。武丁十分宠爱她，她去世后武丁悲痛不已，追谥曰"辛"，商朝人尊称她为"母辛""后母辛"。

乱，统治力逐渐衰落。同时，商王室生活日益腐化，贵族也沉湎于享乐，无所作为。盘庚继位后，想改变奢侈的恶习，缓和日益激烈的阶级矛盾，于是决定迁都至殷，以此削弱贵族的势力。

但是，盘庚迁都的计划遭到了大部分贵族的一致反对，他们贪图安逸，都不愿意搬迁。盘庚面对强大的反对势力，并没有动摇迁都的决心。他坚持迁都的主张，挫败了反对势力，带着平民和奴隶渡过黄河，搬迁到殷。盘庚在那里整顿了商朝的内政，使衰落的商朝出现了复兴的局面，以后两百多年，商王朝一直没有再迁都。

盘庚迁殷后，商王朝在政治、经济以及文化方面都有了进一步的发展。盘庚死后不久，其侄武丁继位。武丁是一位有政治才能的君王，雄才大略，有远大的政治理想。他年少时学于甘盘，有很出色的治国才能。他在民间生活的经历，使他深知民众疾苦。为了使商王朝复兴，他破格提拔了傅说为相，让他"接天下之政，治天下之民"。武丁修政行德，励精图治，在傅说的帮助下，国家日益兴盛，他还对四方侵扰商王朝的邦国进行了征讨，诸如羌方、土方、人方、鬼方、虎方、荆楚等。随着一系列战争的胜利，商王朝的疆域也日益扩大。《史记》中记载："武丁修政行德，商道复兴。"他在位的五十余年间，商王朝达到了鼎盛时期，这被称作"武丁中兴"。

武丁死后，商王朝的鼎盛未能延续下去，由于统治者的奢侈和无能，使得商王朝再度衰落了。同时，随着原始宗教的发展，人殉制度也更加普遍。这在很大程度上激化了民众和统治者之间的矛盾，反抗暴动时有发生且愈演愈烈。此外，由于统治者的暴虐，也使得一部分有实力的大贵族十分不满，脱离了中央政权，转而开始与商王朝对抗。商王朝

甲骨文：

商朝文字。现在所见到的商代文字主要是保存在龟甲、兽骨、铜器上，其中以龟甲和兽骨上的数量为最多，因此称这种文字为甲骨文，在铜器上的文字则被称作铭文。甲骨文的单字在四千个以上，并且已经具备了象形、指事、会意、假借、形声、转注这六种构成和使用文字的原则。甲骨文的内容多为记录占卜之事，因此又被称为卜辞。

先秦

的统治基础由此愈发薄弱，政权岌岌可危。

随着商王朝统治力量的削弱，许多小国纷纷从商的控制下脱离出来，其中最强大的便是曾经长期从属于商王朝的周国。周国的领袖拉拢一些小国，壮大了自己的实力。到周文王时期，已经出现了"天下三分，周人有其二"的局面。商王朝的灭亡已经不可避免。

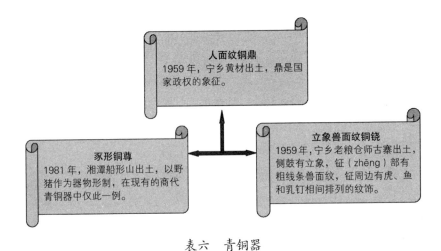

人面纹铜鼎
1959 年，宁乡黄材出土，鼎是国家政权的象征。

豕形铜尊
1981 年，湘潭船形山出土，以野猪作为器物形制，在现有的商代青铜器中仅此一例。

立象兽面纹铜铙
1959 年，宁乡老粮仓师古寨出土，侧鼓有立象，钲（zhēng）部有粗线条兽面纹，钲周边有虎、鱼和乳钉相间排列的纹饰。

表六　青铜器

约公元前 11 世纪
武王伐纣；西周建立，定都镐京

商王朝末期，统治阶级日益腐化，致使中央政权的统治力大大下降。一些臣属于商的小方国趁机摆脱了商的控制，转而与中央政权进行对抗，在这些方国中，最重要的便是周。

周是生活在黄土高原渭水中游的一个古老部族，在时间上大约与夏、商两族同时。《史记》记载，周人的始祖名弃，曾经是尧的农师。舜统治时期弃被封于邰，号后稷。渭水地区自然条件优越，弃长于种植，周人的耕作技术也很发达，在这种情况下，周人逐渐强大起来。

周人的历史中出现过数位重要的首领。从弃之后，传四世至公刘。公刘是周人早期重要首领之一，他领导周人迁徙至豳。《诗经》中记载，周人迁徙之后，在靠近河流的地方建新的住所，并且开拓田地，划分疆场，改进农业生产工具，使农业有了长足发展。

公刘之后，又传九世至古公亶父。当时周人受到戎、狄的侵扰，古公亶父带领周人再次迁徙，来到了岐山下的周原。周原一代土地肥沃，适宜种植

姜尚：

西周名臣，生卒年不详。吕氏，名望，字子牙。又称吕望、太公望。其先祖为贵族，至姜尚时，家道中落，他年轻时很不得志。暮年时，姜尚方才得遇周文王，成为其重要谋臣。在他的积极谋划下，归附周的诸侯国和部落越来越多，逐步占领了大部分商王朝的属地，出现了"天下三分，其二归周"的局面，为周最后取代殷商创造了条件。文王死后，他继续辅佐周武王。领导周军在牧野之战中取胜，灭亡了商王朝，战后受封于齐国，并获得征伐诸侯的权力，后来又统兵参与平定武庚之乱，据说享寿一百多岁。在他死后，齐国也仍然是春秋战国时期的强国。据说《六韬》是他所著。

册封：

封建诸侯，要举行一项重要的仪式，称为锡命。在仪式中，受封的诸侯从周天子手中接受册命，这便是册封。册封的主要内容是授民、授疆土，既把某一地区的土地连同这片土地上的人民封赐诸侯，让他们去建立侯国。诸侯对王室承担镇守疆土、保卫王室、缴纳贡赋的义务，是周天子的属臣。同时诸侯有权将封区内的土地和人民封赐给自己的亲信和家臣，他们也对诸侯承担相应的义务。这种层层分封的制度构成了周天子为首的等级制度和上下的从属关系，是古代封建社会的重要制度之一。

农作物，周人便在此定居了下来。此时，周人的社会也发生了重要的变化，他们开始造城池，设官吏，并把各部族的人民组织在很多被称为"邑"的地域性组织中。周已经具备了国家的雏形。古公亶父被后来的周人尊称为"太王"，尊奉为周王朝的奠基人。

古公亶父死后，其子季历继位。季历领导周人日益强大起来，逐渐开始对商王朝构成威胁。商王文丁为了限制周的发展，将季历杀死。季历之子昌继位，昌便是周文王。周文王在位时，周的国势发展较快，先后打败了西落鬼戎、始呼之戎、翳徒之戎，将来自西北方向的游牧部落的威胁击退，巩固了周人在渭水流域的统治地位。附近的一些小部落和方国也先后归附了周。

商王朝深深感到了来自周的威胁，商王帝辛（纣王）也曾将周文王囚禁，但后来又将他放回。文王自此便决心与商王朝对抗。他一方面整顿内政，另一方面又征伐附近的方国。在他的统领下，周先后击败了犬戎、密须、黎国、邗、崇等方国和部落。崇是商王朝在渭水流域最重要的附属国，周的扩张对商王朝造成了重大的打击。周文王灭崇后迁都至丰，增强了在渭水流域的控制力。但终文王之世，周人尚未能完全摆脱商王朝的控制。

文王死后，其子发继位，发便是周武王。武王继位后迁都至镐，积极准备伐商。此时商王朝的统治已经处于崩溃的边缘，商纣王残忍暴虐，修建了许多行宫别院，又造"酒池肉林"，日夜饮宴，沉湎于酒色之中。而且他不纳忠言，任意杀戮大臣。使得很多原本支持商王朝的大贵族也脱离了中央政权，这就使商王朝进一步衰落下去，周人灭商的时刻就要到来了。

约公元前1059年，为了探察诸侯是否会协同周一起东讨商国，周武王任命姜尚为统帅，由他统领周军进军孟津。武王在这里举行了著名的"孟津之誓"，发表了声讨纣王的檄文。数百诸侯会聚此地，显示了武王的声威。当时许多诸侯都认为商纣可伐，武王和姜尚却认为时机尚不成熟，殷商王朝的统治虽已陷入内外交困、岌岌可危的境地，但其统治集团内部尚无明显的崩溃迹象，如果兴师伐纣，必然会遭到顽强抵抗。于是，周军班师而回。这次行动，实际是灭商前的一次预演，在诸侯国间产生了强烈影响，使更多诸侯听命于周。

约公元前1062年，商王朝统治集团核心发生内讧，良臣比干被杀，箕子被囚为奴，微子启惧祸出逃，太师疵、少师强也投降了周。武王认为此时灭商时机已到，遂以姜尚为主帅，统领兵车三百乘，虎贲三千名，甲士四万五千人，以吊民伐罪为号召，联合诸侯各国，出兵伐商。商纣王仓促应战。二月，两军战于商都朝歌郊外的牧野。该战中，周军大败商军十七万（商军有很大一部分是临时拼凑的奴隶和囚徒，据说有许多人临阵倒戈），战争以周武王的胜利告终。不久后商纣王在朝歌自焚而死。武王建立起了周朝，定都镐京，他自称天子，成为了国家的最高领袖。

周王朝建立后，武王分封纣王之子武庚于商都，利用他统治殷商遗民。同时又将商王畿地区分为三个部分，分别派遣武王的弟弟管叔、霍叔、蔡叔去统治，以便监视武庚。他们被称作"三监"。周武王在此两年后死去，其子诵继位，诵就是周成王。

成王继位时还很年幼，不能管理国政，便由周武王的弟弟周公旦辅政。管叔和蔡叔对此很不满，放出了周公谋反的流言。这样，周王朝内部开始出现矛盾，武庚便趁机联合管叔和蔡叔，发动了大规模的武装叛乱，企图推翻周王朝统治。

武庚叛乱，声势浩大，周王朝的统治受到了很大的威胁。周公主张用武力讨伐叛乱，他力排众议，说服了主和的贵族，出兵东征。周军和叛乱的军队交战三年之久，最终将武庚、管叔和蔡叔彻底击败，管叔、武庚被杀死，蔡叔和霍叔被流放，武庚叛乱被彻底平定了。周王朝的统治也终于稳定下来。

　　武庚叛乱结束后，周统治者又在洛水北岸修建了成周城，强制殷商遗民迁徙至此，并从中挑选一部分民众组成了一支部队，他们被称作"成周八师"。周统治者利用这支军队镇压商代遗民的反抗，殷人至此才彻底归顺于周王朝。

　　在兴建成周城的同时，周王朝的统治者又大封诸侯，在商代国家的废墟上，建立起新封建诸侯。在当时的封国中，最重要的是卫、鲁、齐、晋、燕、宋等国。这些封国统治着一些要害之地，周在其完成分封之后，其统治也更加巩固，国势逐渐走向了强盛。

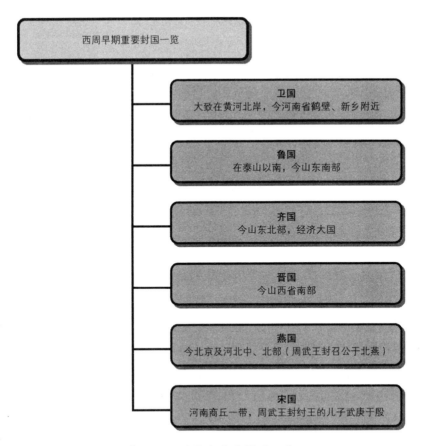

表七　西周早期重要封国一览

西周早期重要封国一览

卫国
大致在黄河北岸，今河南省鹤壁、新乡附近

鲁国
在泰山以南，今山东南部

齐国
今山东北部，经济大国

晋国
今山西省南部

燕国
今北京及河北中、北部（周武王封召公于北燕）

宋国
河南商丘一带，周武王封纣王的儿子武庚于殷

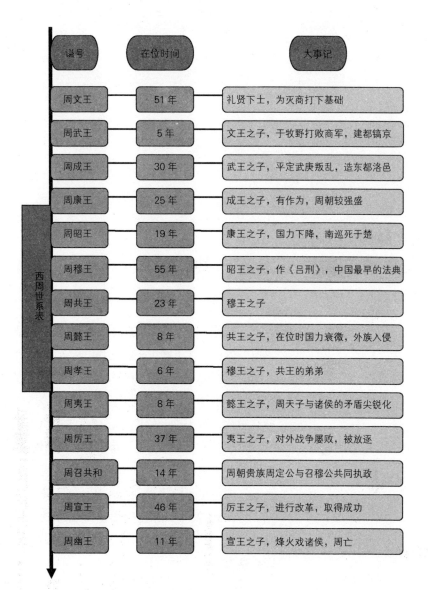

谥号	在位时间	大事记
周文王	51 年	礼贤下士，为灭商打下基础
周武王	5 年	文王之子，于牧野打败商军，建都镐京
周成王	30 年	武王之子，平定武庚叛乱，造东都洛邑
周康王	25 年	成王之子，有作为，周朝较强盛
周昭王	19 年	康王之子，国力下降，南巡死于楚
周穆王	55 年	昭王之子，作《吕刑》，中国最早的法典
周共王	23 年	穆王之子
周懿王	8 年	共王之子，在位时国力衰微，外族入侵
周孝王	6 年	穆王之子，共王的弟弟
周夷王	8 年	懿王之子，周天子与诸侯的矛盾尖锐化
周厉王	37 年	夷王之子，对外战争屡败，被放逐
周召共和	14 年	周朝贵族周定公与召穆公共同执政
周宣王	46 年	厉王之子，进行改革，取得成功
周幽王	11 年	宣王之子，烽火戏诸侯，周亡

西周世系表

表八　西周世系表

公元前 841 年
国人暴动，周厉王出逃；共和行政

自成王开始，之后的几位周天子分别是康王、昭王、穆王、共（恭）王。这几位周天子统治时期，是西周的盛世。这一时期内的周王朝政治情况较好，社会经济发展也较快。到懿王统治时期，内外矛盾日益激化，周王朝开始走上了衰落的道路。到夷王统治时期，王室的力量进一步下降，"诸侯或不朝，相伐"，王室已不能控制诸侯。即便是有来朝觐的诸侯，周王也不敢坐受朝拜，甚至要下座和诸侯相见。与此同时，西北诸游牧民族也开始逐渐向渭水流域推进，开始严重威胁周王朝的统治，周的国力日益衰落。

周厉王在位时，时常南征伐楚，他一方面长期与楚国作战，另一方面又要加强西北方的防御，这就造成了严重的国库空虚，同时也使周处于两面作战的不利形势下。周厉王为解决财政问题，任荣夷公为卿士，下令把山林川泽收归国家控制。这一行为侵夺了中小领主贵族的利益，同时，因为不许人民进入这些地方樵采捕捞，也使得大量劳动人民失去了赖以为生的基础。

共和行政：

共和行政有两种说法。第一种说法见于《史记》的记载，指周厉王出逃后，周公和召公共同执政，史称"共和行政"。第二种是引用《竹书纪年》中的说法，指厉王出逃后，由共伯和摄政，称为"共和行政"，并非是二公共同执政。"共和行政"是中国有正式纪年的开始，时间为公元前 841 年。

厉王的专利引起了国内人民的普遍不满。《史记》中记载，国人出现了"谤王"的情况。当时，召公奉劝厉王不要这样做，以防激起民变。但厉王非但不听，反而变本加厉，命卫巫主持监视诽谤国王的人，只要发现有"谤王"的人，一律处死。于是"国人莫敢言，道路以目"。这一行为使得阶级矛盾愈发激化了。

公元前 841 年，在西周的国度镐京发生了"国人暴动"。镐京的平民和低级贵族发起了武装暴动。当时国人围王宫，袭厉王。厉王出逃至彘，朝政由召公、周公代管，史称"共和行政"。

共和行政共维持了十四年。公元前 828 年，周厉王死于彘，周公、召公共立太子静继位。静便是宣王，召公和周公还政。宣王继位后，国家处于残破不堪的境地中，周边各国也一再发起对周的侵扰，社会处于动荡之中。宣王在周公和召公的辅佐下，首先整顿内政，安定社会秩序。进而对周围的民族展开战争。宣王在位四十七年，在政治和军事上取得了一些成就，史称"宣王中兴"。

但是，宣王并没有打退外来的威胁，并在军事上遭遇了一系列的失败，"千亩"一战，周军大败，军队遭受了毁灭性的打击。由于战争的频繁，激化了社会内部的矛盾。由于大量平民脱离生产，使得田园荒芜，难民四处可见。"中兴"实质上是名不符实的。

宣王死后，其子幽王继位。幽王时期天灾频繁，西北诸游牧民族的侵扰也更为严重。周王朝日益衰落下去，灭亡也为时不远了。

公元前 771～前 770 年

犬戎入侵，幽王被杀，西周结束，平王东迁，春秋时代开始

周幽王在位时期，天灾极为严重，人民生活十分艰苦。然而幽王的统治却十分黑暗，他奢侈腐朽，贪得无厌，大量掠夺劳动人民的劳动成果，甚至还抢掠其他贵族领主的财物，这就使得国家内部矛盾愈发加剧了。

周王室内部还在此时出现了争夺王位继承权的斗争。幽王宠爱妃子褒姒，便废除了申皇后以及她所生的太子宜臼，转立褒姒为皇后、褒姒所生的皇子伯服为太子。这不仅使得周王室内部出现了分裂，同时也引起了申皇后的父亲申侯的强烈不满。公元前 771 年，申侯联合缯侯和犬戎，起兵大举攻周，周兵疲敝，无力抗衡，很快便失败了。周幽王也被杀死在骊山之下，镐京也遭到了劫掠。

不久后，申侯和诸侯们一起拥立太子宜臼继位，他便是周平王。平王继位后，镐京已经残破不堪，而且处于犬戎等诸游牧民族的严重威胁之下，无法维持统治。周平王被迫于次年放弃了镐京，迁都至洛邑，继续维持周王朝的统治。由于洛

烽火戏诸侯：

褒姒为周幽王宠妃，周幽王对她十分宠爱。褒姒生子伯服，周幽王竟下令废皇后和太子，另立褒姒为皇后，伯服为太子。褒姒不喜欢笑，周幽王为博她一笑，点燃烽火。诸侯以为敌寇来犯，纷纷起兵前来援救，来到都城后才发现是一场骗局，褒姒却因诸侯的狼狈之态而发笑。此后，周幽王又数次点燃烽火，诸侯不再相信有敌寇来犯。之后不久，申侯联合犬戎入侵，周幽王点燃烽火求援时，并无诸侯前来救援。周幽王被杀，西周灭亡。"烽火戏诸侯"是周天子昏庸的表现，这一行为加速了西周的灭亡。

邑在周王朝疆域的东方，所以东迁后的周王朝被称作东周。至此，西周彻底灭亡，东周的历史开始了。

东周前期，王室的力量进一步衰落，各地诸侯成为了这一时期的主角，相互之间攻伐不已。这一时期的历史资料多见于《春秋》一书中，因此，这一时期又被称作春秋时代。

随着周王室的进一步衰落，各地的诸侯已经不向天子朝觐和纳贡。在长期的兼并战争中，一些大的诸侯国反而开始侵夺王室的土地，到春秋中期，天子实际拥有的土地和人口很少，势力更加弱小，只和一个弱小的诸侯差不多，政治和经济都依附强大的诸侯国。天子的威信也日益降低，在与诸侯的一些冲突中反而被诸侯所压制，仅仅留下共主的虚名，不再是实际上的国家统治者了。

与此同时，诸侯国之间相互侵吞的情况日益严重，许多小国相继灭亡，一些大国日益强大，如齐、晋、楚、秦等国家，他们逐渐取代了天子的地位，并且相互之间不断地争霸，这最终引起了春秋时期全国范围的争霸战争。

《春秋》：

《春秋》，又称《麟经》（《麟史》）。是鲁国的编年史，经过了孔子的修订。记载了从鲁隐公元年（公元前722年）到鲁哀公十四年（公元前481年）的历史，是中国现存最早的一部编年体史书。《春秋》同时也是古代中国的儒家典籍，被列为"五经"之一。书中用于记事的语言极为简练，然而几乎每个句子都强调"大义"，暗含褒贬之意，这种行文方式被后人称为"春秋笔法"。

春秋时期玉佩

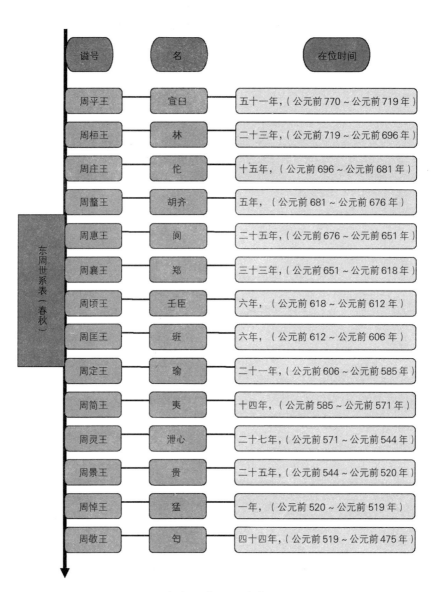

谥号	名	在位时间
周平王	宜臼	五十一年，（公元前770～公元前719年）
周桓王	林	二十三年，（公元前719～公元前696年）
周庄王	佗	十五年，（公元前696～公元前681年）
周釐王	胡齐	五年，（公元前681～公元前676年）
周惠王	阆	二十五年，（公元前676～公元前651年）
周襄王	郑	三十三年，（公元前651～公元前618年）
周顷王	壬臣	六年，（公元前618～公元前612年）
周匡王	班	六年，（公元前612～公元前606年）
周定王	瑜	二十一年，（公元前606～公元前585年）
周简王	夷	十四年，（公元前585～公元前571年）
周灵王	泄心	二十七年，（公元前571～公元前544年）
周景王	贵	二十五年，（公元前544～公元前520年）
周悼王	猛	一年，（公元前520～公元前519年）
周敬王	匄	四十四年，（公元前519～公元前475年）

东周世系表（春秋）

表九　东周世系表

公元前 679 年
齐桓公称霸

齐国是西周开国功臣姜尚的封地，周统治者曾授权于齐国，使它可以讨伐有罪的小国。春秋前期，齐国在经济、文化上都较为先进，它位处东方，靠山临海，有鱼盐之利，号称泱泱大国。

公元前 685 年，齐桓公继位，他任用管仲为相，进行了一系列的改革。管仲是一位拥有远见卓识的政治家，他积极改善齐国的内政，改革了齐国的田税制度，增加了齐国的财政收入。同时又改革了军制，加强了齐国的军队战斗力，并且将国内人民的职业和身份固定下来，保证了社会生产。

这些改革使得齐国很快强盛了起来，拥有了称霸的实力，齐桓公认为称霸的时机已经成熟，便积极开展对外活动。他拉拢宋、鲁、郑等小国，巩固了自己的优势地位。这时，戎狄的势力很强，时常威胁到一些东方的小国。公元前 661 年，狄伐邢国，齐国派兵援救。次年，狄又破卫国，卫国国都被攻破，只剩下五千民众，齐国又派兵援救卫国。齐国"救邢存卫"，使得国家的声望蒸蒸日上，在诸侯中拥有良好的威信，这为齐国后来的称霸打下了良好的政治基础。

管仲：

管仲名夷吾，春秋时期齐国颍上人，史称管子。他是春秋时期著名的政治家、军事家，周穆王的后代。他少时家境贫寒，但素有大志。成年后至齐国为相，辅佐齐桓公成为春秋时期的第一霸主，被后人称作"春秋第一相"。管仲的言论见于《国语·齐语》，另有《管子》一书传世。

这时，南方的楚国也日益强盛起来，不断地向北方侵袭，兼并了许多小国。到楚成王在位时，楚国的势力已经逼近到中原地区，严重威胁中原各国的利益。齐桓公于公元前656年联合中原各诸侯国共同伐楚，在召陵与楚国订立盟约，双方都撤回了军队，虽然齐国没有与楚军交战，但是却让楚国对中原的威胁暂时消除了，中原地区的国家得到了暂时的安定，楚国北进的锋芒也受到了限制。

公元前651年，齐桓公在葵丘大会诸侯，郑、宋、鲁、卫等国家的国君都来参加会盟，周天子也派出了代表。在大会上，各国签订了盟约，规定各国之间互不侵伐，共同对外。并尊重周天子的统治地位，这次会盟被称作"葵丘之会"。通过这次会盟，齐桓公成为了中原的霸主，得以"挟天子以令诸侯"。因为齐桓公的称霸，开创了春秋时代称霸的先河，所以史称"齐桓公始霸"。

齐桓公称霸后，积极地对抗戎狄和楚国的入侵，起到了一定的作用。但是，齐国称霸的时间并不长久，齐桓公死后，诸子争立，展开了王位争夺战。齐国的国力很快衰落下去，霸主地位也随之失去了。

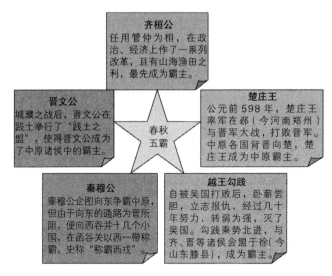

表十　春秋五霸

齐桓公：

春秋初期齐国国君，名小白，"春秋五霸"之首，公元前685～前643年在位。齐桓公是春秋时期第一个充当盟主的诸侯，他在位期间任用管仲为相，推行改革，实行军政合一、兵民合一的制度，齐国逐渐强盛。桓公于公元前681年在甄召集宋、陈等四国诸侯会盟，确立了齐国的霸主地位。当时中原华夏各诸侯苦于戎狄等部落的攻击，于是齐桓公打出"尊王攘夷"的旗号，北击山戎，南伐楚国，成为中原第一个霸主，受到周天子赏赐。但其晚年昏庸，管仲去世后，任用易牙、竖刁等小人，最终在内乱中饿死。

公元前 632 年

晋楚城濮之战；晋文公称霸

晋国在春秋初年是一个小国，领地仅限于山西南部的一部分。春秋初，晋国内乱丛生，始终处于动荡的形势下，直到公元前 678 年，晋武公才结束了内乱的局面，晋国归于统一。

至晋献公统治时期，晋国积极展开扩张国土的战争，灭掉了周围的一些小国，晋国开始逐渐强大起来。但在献公死后，诸子争立，酿成了内乱，相继在位的惠公和怀公都碌碌无为，晋国再度处于动荡不安的状态中。公子重耳（献公之子）受到内乱的影响流亡到了外国，历时十九年。

公元前 636 年，重耳在秦国的援助下回到晋国继承了王位，他就是著名的晋文公。文公继位后，积极整顿内政，稳定了国家的动乱局面，晋国的政权得到了巩固，出现了兴盛的迹象。公元前 635 年，周王室发生了王子带之乱，晋文公出兵勤王，杀王子带平定了内乱，这一行为受到了周襄王的赞赏，并将更多的领土赐给晋国，晋文公的声望也在中原诸侯中大大提升了。

晋文公野心勃勃，也有称霸的打算，他要对付

先轸：

晋国名将。晋文公继位前，先轸曾追随他在外流亡数年。文公继位后，先轸受到了重用。晋楚争霸中，他设计激怒楚国，楚国在师出无名的情况下仍然发起了对中原诸国的战争。公元前 632 年，晋国统领中原诸侯联军与楚国在城濮展开决战，先轸作为晋军主帅，指挥晋军精锐部队夹击楚军，楚军大败，晋文公也在此战后成为了中原的霸主。晋文公死后，秦国乘机袭郑，先轸率军抗秦，统领军队在崤全歼秦国军队。沉重地打击了秦东进中原争霸的企图。公元前 627 年，先轸在与狄人的战斗中战死。

退避三舍：

晋献公时，诸子争立，晋国内乱不止，公子重耳流亡国外十九年。至楚国时，楚成王设宴款待重耳，问道："如果公子返回晋国，拿什么来报答我呢？"重耳回答说："如果托您的福，我能返回晋国，一旦晋国和楚国交战，双方军队在中原碰上了，我就让晋军退避九十里地。"城濮之战前，晋军面对楚军的兵锋，主动退避九十里，以逸待劳击败楚军，同时也兑现了晋文公昔日的承诺。舍是古代行军的计量单位，一舍为三十华里。

的第一个对手便是南方的楚国。楚国是一个蛮族国家，公元前689年建都于郢。随着国力的逐渐强盛，楚国吞并了许多小国。齐桓公称霸时，一度限制住了楚国北进的势头，但是随着齐国霸权的衰落，楚国再度向北侵犯。鲁、郑、陈、蔡等国先后归附于楚国。

公元前633年，楚国围攻宋国，宋国向晋国求救，晋文公率军救宋。次年，晋国联合秦、齐、宋等国，出兵车七百乘，与楚军展开了会战。战争开始前，晋军主动撤兵九十里，避开了楚军的锋芒，退至城濮时，晋文公集合晋、宋、秦、齐军队，大破楚军。这就是著名的城濮之战。

城濮之战后，晋文公在践土举行了会盟，与会的有鲁、齐、宋、蔡、郑、卫等国，周天子也派出了代表参加，这次盟会被称为"践土之盟"。各国签订了盟约，盟约规定与会各国互不侵犯，都效忠于周王室。这次会盟使得晋文公成为了中原诸侯中的霸主。

晋文公的霸主地位较为稳固，他死后，襄公继位。襄公依靠着文公的旧臣进行统治，晋国的霸业并没有因为文公的死去而中断，又延续了数十年。晋国也进入了鼎盛时期，在中原各国中以霸主的地位统领各国与西北诸游牧民族和秦、楚等国家进行了数十年的对抗。

公元前 623 年
秦霸西戎

秦国在春秋前期是西北地区的一个小国，疆域包括陕西西部的一部分。西周灭亡后，秦国逐渐得到了发展，日益强盛起来。秦穆公在位时，任用百里奚为大夫，整顿内政，奖励生产，秦国逐渐富强，疆土也开始向东扩展，成为了晋的邻国。

公元前 645 年，秦伐晋，大破晋军于韩原，生擒了晋惠公。公元前 627 年，晋文公死去。秦国乘机出兵伐郑，但是郑国早有防备，秦军无功而返。晋国名将先轸认为秦国不以晋文公之死而悲伤，反而借机攻打晋的盟国，是不义之举，力主抗秦，于是他设计伏击秦军。秦军在回军途中，途经崤时，受到了晋军的伏击。秦军仓促应战，受到了毁灭性的打击。统军的三个将军都被晋军俘虏。

崤之战后，秦国不忿，再度出兵伐晋。公元前 625 年，在彭衙再度遭到了失败，损失惨重。秦穆公为一雪前耻，于公元前 624 年亲自率军，再次进攻晋国，渡过黄河之后烧毁了战船，显示出了要与晋国决一死战的决心。晋国眼看秦军势大，且秦人个个悍不畏死，不敢应战，秦国取得了胜利。但是，

崤之战：

公元前 627 年，秦国伐郑，在回国途中遭到了晋军的偷袭。晋国名将先轸在崤设伏，全歼秦军并俘虏了秦将百里视、西乞术、白乙丙，沉重地打击了秦东进中原争霸的企图。此战后秦国实力大损，但同时也使得秦国成为了晋国的死敌。秦穆公前后数次进攻晋国，给晋国造成了很大的军事压力。晋国虽然赢得了崤之战的胜利，但是却破坏了晋秦联盟，招来了此后秦军连续的军事报复，在战略上可谓得不偿失。

秦国的国力不如晋国，特别是秦国东进的道路被晋国死死封锁，所以秦国的势力也只能限制在西部地区。

秦穆公东进受阻，无法向东发展，于是便转道向西戎进攻。《史记》中记载，秦穆公"益国十二，开地千里，遂霸西戎"。这说明秦穆公对西部地区戎人的战争取得了很大的胜利，在称霸的同时也使得西部游牧民族的侵扰受到了限制，为中原地区的稳定做出了一定的贡献。

西周灭亡后，故地由戎狄所占领，西周文化也被戎狄的落后制度所取代。秦霸西戎后，也采取了这种落后的制度。因此，秦国虽然成为了西方的大国，却始终被中原各国看成是落后的蛮夷国家，不让它参加盟会。但是秦国驱逐了戎狄，恢复了西周故地，使华夏的西部处于安全和稳定的发展中，这一点是值得肯定的。

公元前 597 ~ 前 546 年

晋楚邲之战，楚庄王称霸，晋楚鄢陵之战，晋悼公复霸，弭兵之会

晋国的霸业持续了数十年，晋襄公在位时，晋国的霸业达到了鼎盛。楚国一时无力与晋国争锋，所以只能向邻近的小国发起侵扰，国力也在慢慢地发展。到楚穆王在位时，晋襄公死去，晋国的大权旁落，内乱丛生，这就使得晋国减少了争霸活动。而此时楚国的国力却日益强盛，这显示出楚国称霸中原的时机也终于来临了。

楚穆王死后，庄王继位。庄王是一位有雄才大略的君主，在他统治初年，任用孙叔敖为宰，大力整顿内政，楚国国力日益强盛。公元前 606 年，楚庄王率军至周王室的都城洛邑，向周天子问询九鼎的重量。鼎是王权的象征，楚庄王的这一行为也说明了他有灭周而代之的野心。

公元前 598 年，楚军攻破陈国的国都。次年又兴兵围郑，围城三月，郑都城破，向楚国投降。晋国闻讯后派大军救郑，和楚军会战于邲。但此时晋国政令不行，将帅失和，军队在战斗中斗志低下，被楚军所击败，狼狈而逃。

之后楚军继续北进，公元前 594 年，楚军又包

> **弭兵之会：**
>
> 弭兵，意为止息战争。弭兵之会前后共有两次，皆由宋国大夫发起。第一次弭兵之会发起于公元前 579 年。由宋大夫华元向晋、楚两国发起倡议，两国勉强接受，但实质上并无诚意，签订盟约不久后，便再度陷入大规模的争霸战争中。第二次弭兵之会发起于公元前 546 年，由宋大夫向戎发起，当时晋国正处于内乱之中，而楚国也时常受到吴国的威胁，无暇北进争霸，于是这次弭兵之会很快得到了各国一致赞同。会盟后各国之间止息了战争，对经济的恢复和发展有很大的帮助。同时，由于战争的停止，华夏文明也开始逐渐地影响楚国，楚国开始被看作是华夏列国中的一员。

宋襄公：

春秋中前期宋国国主，颇有作为的政治家，以仁义著称。是"春秋五霸"之一。齐桓公死后，宋襄公欲称霸于诸侯，却为楚国所阻挠。后来他一意孤行，发兵攻郑，与楚决战于泓水，结果宋军战败。宋襄公不幸中箭，不久后辞世，终其一生未能主霸诸侯，含恨而终。宋襄公也是"春秋五霸"中唯一一位没有制霸的君主。

围了宋国国都。宋国向晋国求援，晋国畏惧楚国兵锋，不敢出兵，于是宋国也被楚国击败。至此，郑、宋都成为了楚国的蜀国。晋国无力再维持其霸权，楚庄王取而代之，成为了中原地区新的霸主。

但是，楚国的霸业并不长久，晋国不甘心于霸主地位的丢失，不久后便再度发动了争夺中原霸权的战争。公元前589年，晋国击败了齐国，随后便与楚国处于相持阶段。虽然晋国不敢与楚争锋，但楚国也不敢进攻晋国。

公元前580年，晋厉公继位，他整顿了晋国的内政，打败了狄人和秦人。随后又展开了与楚国的争霸战。公元前576年，楚国向郑、卫进军。次年，晋军兴兵伐楚，两军大战于鄢陵，楚军战败，被迫求和。

鄢陵之战的胜利使得晋厉公骄傲起来，他决心扫除国内卿大夫的阻碍，建立专权的统治，但是，晋国卿大夫的强势已经难以扭转，晋厉公反而被卿大夫所杀。晋厉公死后，晋悼公继位。由于厉公已死，卿大夫之间的斗争也趋于缓和。悼公在位时，晋国的国势得到了一定程度的恢复。

公元前571年，晋国在虎牢筑城，逼迫郑国向其投降。郑国自鄢陵之战后一直是楚国的属国，此时迫于强大的压力，不得不再度转而附庸于晋。楚国在这种情况下也不敢与晋国争锋。虽然晋、楚的实力都大不如前，但相比之下晋国仍然略占优势，楚国不敢与晋国全力对抗，所以晋悼公得以复霸。不过，晋国的国力日衰，霸业也无法再长久地持续下去了。

公元前546年，宋国卿大夫向戎发起了弭兵之会，这项提议得到了当时的几个大国如晋、楚、齐、秦的支持。当年6月，晋、楚、齐、秦等十四国的诸侯在宋共同举行了弭兵之会，会中决定以晋、楚两个大国为盟主，除齐、秦两国之外，其余从属于晋、楚的国家要互朝晋、楚，共同承担晋、楚给予的义务。

这次弭兵之会表明，当时的晋国和楚国之间基本上处于实力均衡的状态下。会盟之后，晋楚两国四十余年间没有再发生大规模的战争，其余国家之间的战争也很少。这对各国的经济恢复和发展都提供了较为稳定的环境，为春秋后期的文化发展提供了良好的社会基础。

公元前 506 年
吴国伍子胥伐楚

楚庄王死后，楚国的国力渐衰。但是楚国仍然是一个强大的国家，时刻威胁着中原各国的统治。公元前 583 年，晋国采纳从楚逃亡至晋的申公巫臣的建议，扶植吴国以牵制楚国。晋派遣巫臣至吴，将中原地区先进的乘车、战阵等战法教授给吴国，使吴国逐渐强大起来，成为楚国的强劲对手。吴国的侵扰给楚国带来很大的压力，楚国不得不抽出一部分兵力来对付吴国，对中原地区的威胁也日益减弱。

公元前 515 年，吴国公子光杀吴王僚而自立，他便是吴王阖闾。阖闾识大体，知民之疾苦，继位后大力改善内政，吴国很快强大起来。阖闾任命孙武为将军，孙武辅佐阖闾经国治军，制定了以破楚为首务，继而南服越国，尔后进图中原的争霸方略。

与此同时，逃亡至吴的楚臣伍员（子胥）也受到了阖闾的重用。伍子胥建议阖闾将部队分为三部分，每次派遣其中的一支去侵扰楚国，轮番出征，使楚国始终处于防御的形势下。阖闾采纳了这个意见，反复袭扰楚国达六年之久，使楚军疲于奔命，

伍子胥：

吴国名将。春秋末期吴国大夫、军事家，字子胥，原本是楚国人。伍子胥之父伍奢为楚平王子建太傅，因受费无忌谗害，和其长子伍尚一同被楚平王杀害。伍子胥逃到吴国，成为吴王阖闾重臣。公元前 506 年，伍子胥带兵攻入楚都，掘楚平王墓，鞭尸三百，以报父兄之仇。吴国倚重伍子胥等人之谋，遂成为诸侯一霸。公元前 483 年，夫差派伍子胥出使齐国。太宰嚭乘机进谗，说伍子胥阴谋倚托齐国反吴。夫差听信谗言，派人送一把宝剑给伍子胥，令其自杀。伍子胥死后九年，吴国被越国所灭。

孙武：

生卒年不详。字长卿，齐国乐安人。被伍员推荐给吴王阖闾，为阖闾制定了称霸的战略。孙武与伍子胥共同辅佐阖闾。公元前506年，孙武与伍子胥率军伐楚，在柏举大败楚军。吴军乘胜追击，五战五胜，占领了楚的国都郢城，几乎灭亡楚国。在吴王北上与齐晋争霸的斗争中，孙武同样发挥了重要作用。此后，孙武隐居，不知所踪，著有《孙子兵法》。孙武被称为"兵圣"，《孙子兵法》也被后世的历代兵家奉为兵法经典之作。

"无岁不有吴师"。这一行动为大举攻楚创造了条件。如此一来，楚国的国力受到了很大的削弱，吴军伐楚的时机成熟了。

公元前506年，吴大举攻楚，两军交战于柏举，楚军战败。吴军乘胜追击，连续取胜，五战五捷，不久后便攻破了楚国的国都郢都，楚昭王逃亡至随。楚臣申包胥入秦乞师求救，秦襄公派遣兵车五百乘救楚，在秦国的援助下，吴军才被逐出了楚境。但是楚国的霸主地位至此也彻底地丧失，不复存在。

吴楚之战是春秋时期第一次巨大规模的战争，楚国遭受了空前规模的打击，再也无法恢复到之前的强盛。同时华夏文明也在此后更广泛和直接地传播到了长江下游地区，加速了吴国的华夏化。

公元前 496 ～ 前 473 年
吴军伐越，阖闾战死，夫差继位，吴越争霸

越国位于长江下游地区，与吴国相邻。在吴国忙于进攻楚国的时候，越国时常去袭扰吴国。吴军攻破楚都郢都，秦襄公派兵援楚，越国也乘机进攻吴国的都城。吴军被迫撤兵。此后吴越之间常有战事，为彻底消除越国对吴国的侵扰，吴王阖闾决心大举伐越。

公元前 496 年，吴军向越国进攻，战斗中阖闾不慎战死，吴军失利，被迫撤军。阖闾死后，其子夫差继位。夫差为报父仇，于公元前 494 年再度大举伐越。越军在夫椒战败，越王勾践也被围困于会稽。勾践被迫求和，表示愿意成为吴的属国。夫差不顾伍子胥要求彻底灭亡越国的建议，准许勾践请和投降。

吴国战胜之后，自认为再无后顾之忧，一心想与中原的齐、晋争夺霸主地位。公元前 486 年，吴国修建了连同长江和淮水的水道，使得吴军可以抵达宋、鲁国境。随着吴国的强大，中原的一些诸侯国也向它屈服。公元前 485 年，吴军大举伐齐，大败齐军于艾陵，齐军主帅战死，齐国不敢与吴国争锋。

卧薪尝胆：

指春秋时期的越王勾践励精图治以图复国的事迹。吴王夫差伐越，勾践被围于会稽，被迫求和投降。之后勾践每日睡在薪柴之上，睡前必尝苦胆滋味，以勉励自己不忘旧耻，励精图治。决心"十年生聚而十年教训"，在他的领导下，越国终于再次复兴，并于公元前 473 年灭亡吴国。后人以"卧薪尝胆"来比喻隐忍奋进。

范蠡：

春秋末著名的政治家、军事家和实业家。字少伯，春秋楚国宛人。他出身贫贱，但博学多才，与楚宛令文种相识、相交甚深。因不满当时楚国政治黑暗而投奔越国，辅佐越国勾践。他帮助勾践兴越国，灭吴国，一雪会稽之耻，功成名就之后急流勇退，化名姓为鸱夷子皮。在此期间三次经商成巨富，三散家财，自号陶朱公。是中国古代著名的商人，被誉为"商圣"。

公元前482年，吴王夫差与晋、鲁、周等国会盟于黄池。在会上吴与晋都争做霸主，但是晋由于国内内乱未止，不敢与吴力争，吴国夺得了霸主的地位。吴国虽然取得了霸权，但由于常年的征战导致了国内的空虚，霸权并不稳固，很快便衰落下去了。

而与此同时，败于夫差的越王勾践始终不忘会稽之耻，卧薪尝胆，决定"十年生聚而十年教训"，在他的积极努力下，越国逐渐恢复了国力。不久后再度进攻吴国。夫差闻讯后，只得将霸主地位让给了晋定公，匆匆率军赶回，与越国议和。由于吴国长期的穷兵黩武，使得国力凋敝，无力再与越国抗衡，公元前473年，越国再次进攻吴国，夫差战败自杀，吴国就此灭亡。

越国灭亡吴国后，成为了长江下游最强大的国家。勾践兵锋指北，继续向北征伐，会齐、晋诸侯于徐州，越兵横行于江淮以东，越国也成为了春秋时期的最后一个霸主。

公元前 438 年
韩、赵、魏三家分晋，田氏代齐，战国时代开始

晋国在春秋中期，大权逐渐旁落，政权被六卿所控制。六卿指的是韩、赵、魏、智、范、中行氏六家士大夫。在长期的内部斗争中，范氏和中行氏被其余四家所瓜分。公元前 453 年，韩、魏、赵三家又联合起来，将智氏灭亡。至此，晋国的政权实质上就被剩下的三家所控制。晋国的大部分国土也被这三家牢牢控制着。晋君已经变为傀儡，反而成为了三家的附庸。

公元前 403 年，周威烈王承认了韩、赵、魏三家的诸侯地位，晋国名存实亡，晋君仅仅剩下绛和曲沃两小块土地，势力弱小不堪，还不如一个小国。至公元前 377 年，韩、赵、魏三家灭晋侯，将其领土也尽数瓜分，晋国就此灭亡了。这一事件被称作"三家分晋"。

同一时期，齐国的田氏也趁齐景公死后的机会，发动了武装政变，打败了国氏、高氏。立景公之子公子阳生为国君，他就是齐悼公，田氏家族的田乞自任为相，权倾朝野。

田乞死后，他的儿子田常继续为相。公元前

赵襄子：

晋国卿大夫赵氏家族成员，赵鞅之子。出身庶子，少年时名分卑贱，不受器重。然而赵襄子自幼聪颖好学，胆识过人。长大后深得其父赏识，引为继承人。公元前 478 年，赵襄子成为赵氏的族长，担任晋国六卿之一。不久后平定代国，使赵氏获得了重要的军事要地。公元前 454 年，说服韩、魏两家，联合他们共同灭亡智氏。奠定了三家分晋的基础。赵襄子善于用人，与其父被后人并称为"简襄之烈"。

481 年，田常又发动武装政变，把几家强大的贵族尽数消灭，并杀死了齐简公，另立简公之弟为国君（齐平公），此时，齐国的大权已经完全控制在田氏的手中，国君只是傀儡。田常的曾孙田和，于公元前 391 年废掉了齐康公，自立为国君，田氏取代了姜氏，成为了齐国的统治者。公元前 386 年，周天子承认了田和的诸侯地位。

"三家分晋"和"田氏代齐"是战国时期的开端。经过数百年的兼并战争，周王朝初期分封的百余个小诸侯国大部分已经灭亡，不复存在。而留下来的几个大国，各自拥有大量的土地和人口，国力兴盛，强霸一方。彼此之间也不断展开大规模的兼并战争。战国初期，见于文献的仍然有十余国，其中最强大的七个国家是齐、楚、燕、韩、赵、魏、秦。此外，长江下游的越国也拥有一定的实力。而小国还有鲁、宋、中山、周等寥寥数个。

从战国时代开始，诸侯国之间的战争规模日益扩大，参战的国家也不限于某两个国家之间，往往是数个国家之间的联合作战。而周王室也进一步失去威信，实力更加弱小，不得不依附于强大的诸侯，灭亡只是时间的问题了。

战国铜镜

名称	时间	大事记
齐	前 1044– 前 221 年	春秋时期，齐桓公首霸中原。齐桓公死后，人亡霸灭。
楚	前 1042– 前 223 年	先秦芈姓周朝诸侯国，后秦将王翦、蒙武破楚，楚国灭亡。
燕	前 1044– 前 222 年	周武王灭商以后，封宗室召公于燕，后被秦灭亡。
韩	前 403– 前 230 年	周威烈王封韩虔与赵、魏同为诸侯，建立韩国。后被秦王政灭。
赵	前 403– 前 228 年	周威烈王封三晋为诸侯，赵氏正式建国。后被秦王政灭。
魏	前 403– 前 225 年	周威烈王封魏斯为诸侯，史称魏文侯。后秦将王贲灭魏。
秦	前 770– 前 207 年	前 221 年统一六国；前 207 年，在全国大范围起义打击下灭亡。

战国七雄

表十一　战国七雄

公元前 356 年
秦国商鞅变法

秦国在春秋后期逐渐有了很大发展。铁器的广泛使用使得农业水平显著提高，生产力有了新的进步。同时，土地私有制逐渐产生，井田制被破坏，秦国在公元前 408 年承认了私有土地的合法性，这促进了土地私有制的发展，也加速了井田制的瓦解。

公元前 384 年，秦献公继位。他继位后迁都于栎阳，并且废除了一些旧俗恶习，加强了秦国的中央统治力量。秦国开始逐渐强盛起来。但是，秦国的保守贵族势力仍很强大，阻碍着封建土地制度的发展。与中原各国相比，秦的经济、文化都比较落后。在列国竞争中，秦国处于劣势。秦国的统治者希望能够进行一次彻底的改革，以此来确定秦国的强国地位。

公元前 362 年，秦孝公继位。他继位后决心改革，下令招贤。这时候，卫人公孙鞅来到了秦国，他听说秦王正在招纳贤士，便面见秦孝公，向他陈述了自己的变法理念。秦孝公深感变法可行，便命他总领秦国变法。后来公孙鞅受封于商，因此又号商鞅。

公元前 356 年，商鞅发布变法令，这次变法的主要内容是编制户口、推行小家庭政策、重农抑商、

立木为信：

商鞅颁布变法令前，担心得不到百姓的信任，就先叫人在都城的南门竖了一根三丈高的木头，下命令说："谁能把这根木头扛到北门去，就赏十两金子。" 有人闻言后便真的将木头扛到了北门，商鞅也兑现了自己的承诺。百姓纷纷称赞商鞅是守信之人。这件事轰动了秦国，商鞅被看作是言出必行者，因此新法颁布后得以顺利推行。

奖励军功以及制定二十等爵。变法令得到了秦孝公的支持，实施得极为彻底，很快，秦国的风气大变，秦人勇于参军立功，却很少有私斗的情况，同时，劳役人口也大大地增加了。

不久之后，商鞅颁布了第二道变法令，秦国也在此时迁都至咸阳。第二次变法令的主要内容是禁止父子兄弟同室居住、推行县制、废除井田制而实行土地私有制度、统一度量衡。这些变法措施依旧得到了秦孝公的支持，在秦国得到了彻底的推行实施。

通过两次变法改革，秦国很快便强大起来，成为了战国时期列强中的佼佼者。在土地所有制方面，井田制被彻底废除，土地私有制被确立；政治方面，分封制被废除，郡县制被建立。由于奖励耕战，秦军的战斗力也日益提升，生产力也有了进一步的发展，在与列国的战争中，秦国开始处于优势的地位。

但是，商鞅的变法却损害了旧贵族的利益，因此遭到了他们的强烈反对。虽然商鞅得到了秦孝公的支持，新法得以顺利推行，但是在秦孝公死后，商鞅成为了旧贵族的报复对象，他被诬陷谋反，在被逮捕后受到车裂之刑而死。

商鞅虽死，但他的新法却已经根深蒂固，无法被撼动。秦国的国力日益强盛，为日后统一六国打下了坚实的基础。

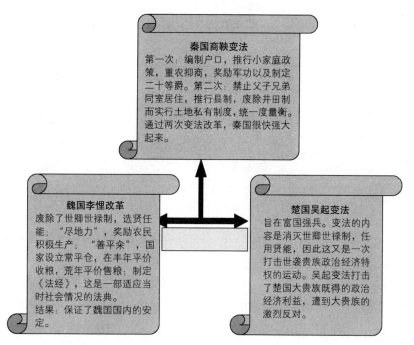

表十二　战国时期各国改革

公元前 354 年
齐魏桂陵之战，围魏救赵

吴起：

战国时期名将，改革家。卫国左氏人，年轻时曾在孔子之徒曾参门下学习。最初在鲁国为将，后来因为受到鲁王猜忌，被迫入魏国，被魏文侯任命为西河的守将，抗拒秦国和韩国。公元前 408 年，吴起攻秦至郑，尽占秦之河西地，置西河郡，任西河郡守。这一时期他曾与诸侯大战 76 场，全胜 64 场，其余不分胜负，辟土四面，拓地千里。使魏国成为战国初期的强大的诸侯国。魏文侯死后，吴起受到陷害，被迫投奔楚国，得到楚悼王重用，主持变法，楚国在他变法后仅仅一年便走向强盛。楚悼王死后，反对改革的旧贵族将吴起杀死。

战国初年，魏国是率先进行改革的国家，也是最早强大起来的国家。魏国的建立者魏文侯是魏国初期著名的政治家。他重用名将吴起，建立"武卒"；又任用李悝为相，约在公元前 400 年进行了政治改革。

李悝是中国古代法家的创始人，他对魏国进行了四个方面的改革：其一，废除了世卿世禄制，选贤任能；其二，"尽地力"，奖励农民积极生产，以提高粮食产量；其三，"善平籴"，国家设立常平仓，在丰年平价收粮，荒年平价售粮，以保证人民基本生活；其四，制定《法经》，这是一部适应当时社会情况的法典，保证了魏国国内的安定。

经过上述四个方面的变法改革，魏国很快富强起来，成为了战国初期最强大的国家。魏文侯和魏武侯父子连年对外用兵，西伐秦、南伐楚、东伐齐、北伐赵，取得了辉煌战果。随着秦国的强盛，魏国转而经营东方中原地区，不断侵伐附近的国家。武侯之子魏惠王在位时，魏国更加强盛，开始称霸天下。

齐国在齐威王统治时期开始变法改革。齐威王任邹忌为相，慎选官吏，提倡节俭，广开言路。齐国也逐渐强盛起来。由于齐国实行君主集权和法制，到齐威王末年，齐国成为了最强大的国家。

公元前354年，魏国发起了对赵国的进攻，包围了赵国都城邯郸。赵国向齐国求救，齐国以田忌为将，孙膑为军师，出兵援救赵国。孙膑是著名的军事家，他提出了一项大胆的军事战略：趁着魏国进攻赵国，国内守卫空虚，此时率军进攻魏国首都大梁，迫使魏军回援，邯郸之围便可解除。

田忌听从了孙膑的计策，举兵进攻大梁。魏军虽然已经攻破了邯郸，但是大梁告急，不得不急忙回援。魏军主力部队在回援途中经过桂陵时，遭到了齐军的伏击。魏军仓促应战，遭到了惨败，主将庞涓被擒。这便是桂陵之战，"围魏救赵"是战国时期的著名战例。

魏军虽然遭到了失败，但魏国的国力却没有受到根本的影响。魏惠王于公元前344年在逢泽大会诸侯，成为了中原地区的霸主，魏国开始称霸中原地区。

《法经》：

中国第一部较完整的成文法典，由战国时期魏国李悝制定。共六篇，分别是《盗法》《贼法》《囚法》《捕法》《杂法》《具法》。前四篇主要是对"盗""贼"施以关押、拘捕等处罚之法；《杂法》主要规定了对轻慢法令、偷越城墙、赌博、盗窃等违法行为的惩治办法；《具法》是对量刑轻重的有关规定。《法经》并非是单纯防范和镇压人民反抗的，也有一部分律条针对官吏腐败，对清明吏治、严肃法纪、安定社会有积极作用，并在一定程度上保证了改革的顺利进行。

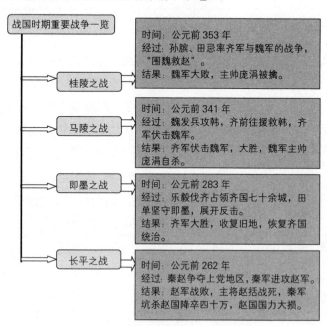

战国时期重要战争一览

桂陵之战
时间：公元前353年
经过：孙膑、田忌率齐军与魏军的战争，"围魏救赵"。
结果：魏军大败，主帅庞涓被擒。

马陵之战
时间：公元前341年
经过：魏发兵攻韩，齐前往援救韩，齐军伏击魏军。
结果：齐军伏击魏军，大胜，魏军主帅庞涓自杀。

即墨之战
时间：公元前283年
经过：乐毅伐齐占领齐国七十余城，田单坚守即墨，展开反击。
结果：齐军大胜，收复旧地，恢复齐国统治。

长平之战
时间：公元前262年
经过：秦赵争夺上党地区，秦军进攻赵军。
结果：赵军战败，主将赵括战死，秦军坑杀赵国降卒四十万，赵国国力大损。

表十三　战国时期重要战争一览

公元前 341 年
齐魏马陵之战，魏主帅庞涓战死

孙膑：

　　齐国名将，生卒年不详，本名已失传，传说为孙武的后裔。据说年少时曾和庞涓一起在鬼谷子的门下学习兵法。因为受到庞涓嫉妒，被庞涓陷害，诬以罪名后施以膑刑（割去膝盖骨），故称孙膑。后来回到齐国，受到齐威王的器重，拜为军师。公元前 353 年，与田忌一起统帅齐军援救赵国，提出了"围魏救赵"的高超战略。公元前 341 年，孙膑在马陵之战中再次击败庞涓。庞涓自刎，魏军全军覆没，自此魏国失去霸主地位。孙膑则以此闻名天下，著有《孙膑兵法》。

　　在战国中期，魏国的实力要胜过齐国一筹，其军队也比齐军要强大，荀子曾说："齐之技击不可遇魏之武卒"，这是对当时齐、魏两国军力的一种评价。但是，在桂陵之战中，齐军重创了魏军。这与齐国战略方针的正确和孙膑高超的作战指挥能力是分不开的。

　　魏军虽在桂陵之战中严重失利，但是并未因此而一蹶不振，仍具有蔚为可观的实力。到了公元前 341 年，魏国再度发起战争，攻打同为三晋之一的韩国。韩国当时国力较弱，不是魏国的对手，国家危在旦夕，只得向齐求救。齐威王赞同田忌的意见，同意发兵救韩。但是孙膑提出，救援韩国不宜过早，即首先向韩表示必定出兵相救，促使韩国竭力抗魏。当韩处于危亡之际，再发兵救援，从而"尊名""重利"一举两得。他的这一计策为齐宣王所接受。

　　韩国得知齐国答应会前来救援，一时士气大振，竭尽全力抵抗魏军进攻，但是魏军军力强大，韩国仍然是连战连败，只好再次向齐告急。齐威王知道时机已经来临了，便任命田忌为主将，田婴为副将，孙膑为军师，率领齐军进攻魏都大梁。

魏国胜利在望，此时却又传来了齐军袭击大梁的消息。无奈之下魏军只得决定停止对韩国的进攻，转将兵锋指向齐军。魏惠王待攻韩的魏军全部撤回后，即命太子申为上将军，庞涓为将，统帅十万兵马，向齐军发起了进攻，打算同齐国一决胜负。

这时田忌指挥的齐军已经深入到魏国境内，魏军一路尾随，誓要将这支齐军全歼。齐军军师孙膑认为，齐军当前处于敌国境内，魏军占有地利，必然会轻敌，当下齐军应当引诱魏军继续深入追踪，然后齐军出其不意地发起对魏军的致命打击。田忌赞同这一提议，于是在认真研究了战场地形条件之后，定下了"增兵减灶"的作战计划。

战争开始后，齐军佯败后撤。为了诱使魏军进行追击，齐军按孙膑预先的部署，开始使用减灶的计策，每天都大量减少做饭挖出的灶坑，伪装出一种在魏军追击下齐军兵士大批逃亡的假象。

庞涓统帅魏军追击了数日，他见齐军连日溃退，又天天减灶，便认为齐军已经斗志涣散，兵士逃亡过半。于是他丢下了主力步兵和辎重，只率领少部分轻装精锐骑兵，昼夜兼程追赶齐军。

孙膑根据魏军的行动，判断魏军将在不久后追至马陵。马陵一带道路狭窄，树木茂盛，地势险阻。于是孙膑就利用这一有利地形，选择齐军中一万名善射的弓箭手埋伏于道路两侧，规定到夜里以火光为号，一齐放箭，并让人把路旁一棵大树的皮剥掉，在上面书写"庞涓死于此树之下"的字样。

庞涓的骑兵果真在不久后进入了齐军预先设伏的区域。庞涓见剥皮的树干上写着字，但看不清楚，就叫人点起火把照明。字还没有读完，齐军的弓箭手万箭齐发，魏军顿时惊慌失措，大败溃乱。庞涓心知中计，眼见败局已定，遂愤愧自杀，在自刎之

魏国长城：

魏长城有两道：一是西北的防秦和防戎长城，二是南长城。河西长城是魏惠王在位时，利用西部边境上洛水的堤防扩大而修筑的，南起今陕西华县华山北麓的相元洞，北达内蒙古的固阳。魏惠王晚年，修筑了保护国都大梁的南长城，经今河南原阳转向东南，向西直达新密。

前慨叹："遂成竖子之名！"齐军乘胜攻击，全歼十万魏军，俘虏了魏国太子申。经此一战，魏国从吴起时代建立的精锐部队"武卒"损失大半，孙膑则闻名天下。

马陵之战中，魏军精锐部队几近覆没，这使得魏国军力急剧衰落。此后魏国在西方屡败于秦国，失去了少梁和安邑等重要据点，河西屏障开始被秦国突破。马陵之战结束后第二年，秦国军队在商鞅的统领下开始伐魏，魏军又遭到了惨败，再也无力称霸于诸侯。不得不转向与各国之间求和以保持统治的稳定。马陵之战事实上成为了魏国国力由盛转衰的转折点。

公元前 334 年
齐魏徐州相王

公元前342年，魏进攻韩国，韩求救于齐。齐国以田忌、田婴为将，孙膑为军师，重演桂陵之战时围魏救赵的一幕，在马陵再次重创魏军，魏国精锐尽失，秦国乘机向魏国发动进攻，占领了具有重要战略意义的河西之地。

魏国屡遭惨败，元气大损，面对东进的强秦，不得不选择与中原各国保持友好的关系以确保统治的稳定。中原诸国也惧怕秦国进一步东侵，为保证自己的利益，便接受了魏国的和议。公元前334年，魏惠王于徐州会见齐威王，尊齐威王为王。齐威王对当下的形势有着较为清醒的认识，他没有独自称王，而是也承认魏的王号。这一事件被称为"徐州相王"。

魏国此时国力大损，而齐国经过改革和发展，国力强盛，已取代了魏国的政治地位。但是，齐国虽然国力强大，却不能使诸侯听从它的指挥去朝觐周天子。这反映出齐国的霸业已不及魏国的声势，同时也反映出周天子越来越没有利用价值。

齐魏徐州相王，是中原诸侯国中第一次有国家

徐州：

徐州是古"九州"之一，范围大致在今天中国山东省东南和江苏省长江以北的地区。相传大禹将天下分为九州，徐州便是其中之一。汉朝将全国划分为十三个刺史部，其中之一便是徐州刺史部，辖境相当今江苏省长江以北和山东省东南部地区。东汉时期徐州的州治郯县位于现今山东省郯城县，而三国时期的曹魏将州治移至彭城县，也就是今天的徐州市。徐州地处战略要地，历来被兵家所重视，常有战事发生。

的君主称王。在此以前只有不遵从周朝礼制的楚、吴、越这些国家才自称为王。然而，这些国家的这种称王行为却不被中原各国诸侯所承认。而且，这些称王的国家，都被中原诸侯当作蛮夷国家加以排斥。

而齐、魏的称王却不同。因为这两国都是接受周天子加封的诸侯，直到战国中期，他们仍然作为诸侯中的领袖而率领诸侯朝觐周天子。同时，他们也在周天子的名义下，维持自己在诸侯中的霸主地位。

齐、魏国君称王的行为，直接否定了周天子天下共主的身份。这样一来，周天子在各个方面都与诸侯相一致了。而建立在"挟天子以令诸侯"基础上的霸权也就不复存在了。所以，齐魏相王是战国时代的一件极其重要的事情，具有划时代的意义。

公元前 307 年
赵武灵王胡服骑射

　　赵武灵王是赵国的一位奋发有为的国君。他继位的时候，赵国正处在国势衰落时期，就连中山那样的邻界小国也经常来侵扰。而在和一些大国的战争中，赵国常吃败仗，大将被擒，城邑被占。

　　赵武灵王为了抵御北方胡人的侵略，实行了"胡服骑射"的军事改革。改革的中心内容是穿胡人的服装，学习胡人骑马射箭的作战方法。为此，他力排众议，带头穿胡服、习骑马、练射箭，亲自训练士兵，使赵国军事力量日益强大。在赵武灵王的亲自教习下，国民的生产能力和军事能力大大提高，在与北方民族及中原诸侯的抗争中起了很大的作用。

　　从胡服骑射的第二年起，赵国的国力就逐渐强大起来。后来不但打败了经常侵扰赵国的中山国，而且夺取林胡、楼烦之地，向北方开辟了上千里的疆域，并设置云中、雁门、代郡等行政区域，管辖范围达到今河套地区。

　　赵武灵王晚年，传位于其子赵惠文王，自号为"主父"，"而身胡服，将士大夫西北略胡地"。

楼烦：

　　楼烦是北狄的一支，约在春秋之际建国，其疆域大致在今山西省西北部的保德、岢岚、宁武一带。另外有一种说法认为，古楼烦国不是戎狄之国，而是周天子所封诸侯，为子爵。到战国时期，列国间战争频仍，兼并之势愈演愈烈，楼烦国以其兵将强悍，善于骑射，始终立于不败之地，并对相邻的赵国构成极大威胁。于是，赵武灵王萌生了向楼烦等部落学习，推行"胡服骑射"的构想。到公元前 127 年，汉将卫青"略河南地"，赶走楼烦王，在此置朔方郡。从此楼烦人逐渐消亡。

当时关东诸国除齐国以外，便以赵国的实力最为雄厚。尤其在燕将乐毅破齐之后，赵国成为了唯一可以和秦国抗衡的国家。例如在公元前 270 年，秦、赵两国战于阏与，赵将赵奢就曾率领赵军大败秦兵。

赵国的强盛与赵武灵王的军事改革是息息相关的。赵武灵王"胡服骑射"是中国古代军事史上的一次大变革，被后人传为佳话。特别是赵武灵王以敢为天下先的进取精神，在中原王朝把少数民族看作"异类"的政治背景下，在一片"攘夷"的声浪中，他力排众议，冲破守旧势力的阻挠，坚决施行向夷狄学习的国策，表现了他作为一名传统社会时期改革家的魄力和胆识。

公元前 296 年
赵国灭中山国

赵武灵王改革后，赵国国力日盛，不久后便夺得了北方的大量土地。公元前297年，赵武灵王巡视刚刚夺取的云中、雁门二郡，结果在西河遇到楼烦王的部队。先前，楼烦王约林胡王共同击赵收复失地，但林胡王说赵军精锐难敌，不愿冒这个险。楼烦王部下也劝楼烦王不要轻举妄动，楼烦王不听，强令部众随己击赵。

在见到赵武灵王的大部队后，楼烦人都劝楼烦王不要和赵武灵王硬拼。楼烦王见赵军甚众，又是赵武灵王亲自领军，而自己的部下怯战，心里十分恼火，但也无可奈何。

赵武灵王见楼烦军队迟迟未动，知道楼烦军队畏惧自己，不敢与自己交战，于是派使者请楼烦王讲话。楼烦王硬着头皮来见赵武灵王，没想到赵武灵王很客气。赵武灵王知道楼烦王在被赶到阴山以北后，由于气候不好，水草也不及河套地区，生活得很不如意。赵武灵王便允许楼烦王率部回归河套故地，但要服从赵国的命令。楼烦不许再劫掠赵国的边境，楼烦人可以加入赵国的军队和政府，赵国

中山国：

> 春秋战国时期的一个小诸侯国。前身是北方狄族鲜虞部落，为姬姓白狄，最早时在陕北绥德一带，逐渐转移到太行山区。姬姓是周王族的姓，白狄的来历，有说是周文王后裔毕万公的后裔，也有说是来自周文王封给弟弟虢叔的西虢国。领土包括今河北石家庄地区，是嵌在燕赵之内的一个小蛮夷之国，经历了戎狄、鲜虞和中山三个发展阶段，在每个阶段都被中原诸国视为华夏的心腹大患，最终被赵武灵王所灭。

不会歧视。楼烦王见可以回归水草丰美的河套地区，而且没有什么损失，便同意了。

楼烦部众知道赵国骑兵的待遇很优厚，远胜于逐水草而居的漂泊生活，而骑马打仗是他们非常乐意的事情，此前他们的许多朋友已经在赵军服役，令他们很羡慕，他们很乐于归附赵国。于是，大量的楼烦骑士脱离楼烦王而投入到赵武灵王的军队。

公元前 296 年，赵武灵王大举进攻中山国，中山国国王投降，中山国灭。赵武灵王将中山国国王迁往肤施。此时，由于手下部众脱离殆尽，楼烦王不甘从此失去权势，于是他与相距不远的肤施中山王暗谋。不久，中山国国王与楼烦王谋反，赵武灵王集结军队，将他们攻杀。

在占领中山国后，赵武灵王便整理代郡和邯郸之间的道路。不久，赵国境内的道路通畅无阻，各地的通行变得更加便利，境内的各民族间的交流也大大增强了。

公元前 284 年
燕国乐毅伐齐

战国中期，齐国非常强大，齐湣王屡战屡胜，扩地千余里，诸侯各国在强大的齐国面前都表示臣服，齐湣王因此而骄矜自满。由于齐湣王的骄横，加上对内欺民而失其信，对外结怨于诸侯，造成齐国政治局势不稳，形势恶化。

此时，燕昭王因为子之之乱而被齐国打得大败，燕昭王时刻不忘为燕国雪耻。但燕国弱小又地处僻远，昭王自忖力量不足以克敌制胜，于是便屈己礼贤，延聘贤能之士相佐。首先礼待郭隗，借此招揽天下英才。乐毅适于此时替魏出使到燕国，燕昭王用客礼厚待乐毅。乐毅谦辞退让，最后终于被昭王诚意所动，答应委身为臣，燕昭王封乐毅为亚卿。

燕昭王认为时机成熟，打算进攻齐国，便问计于乐毅。乐毅认为，齐国强大，燕国必须联合楚、魏、赵、韩诸国，使齐国陷于孤立的被动地位才能取胜。这就是所谓"举天下而攻之"的伐齐方略。

燕昭王接受了乐毅的建议，便派乐毅去赵同惠王盟约攻齐，并请赵国以伐齐之利诱说秦国，予以

骑劫：

战国时期燕国将领。燕惠王继位后，任命他代替乐毅为伐齐主将。骑劫就任后，将之前乐毅"以德服人"的政策完全颠覆，引起了军士和即墨城中齐国百姓的不满。田单又屡屡散布谣言，骑劫信以为真，命令士兵做出种种残暴的行为，齐国百姓听说之后决定与燕军决一死战。公元前 279 年，田单在即墨城以火牛阵大破燕军，骑劫也在此战中阵亡。

援助。又派剧辛为使分别到楚国和魏国进行联络。当时各国都因厌恶齐愍王骄暴，听说联兵伐齐，均表赞同。

公元前284年，燕昭王派乐毅为上将军，同时赵惠王也把相印交予乐毅，乐毅率全国之兵会同赵、楚、韩、魏四国之军伐齐。齐愍王闻报，亲率齐军主力迎战。两军相遇，乐毅亲临前敌，率五国联军向齐军发起猛攻。齐愍王大败，率残军逃回齐国都城临淄。

首战告捷，乐毅遣还远道参战的各诸侯军队，拟亲率燕军直捣临淄，一举灭齐。谋士剧辛认为燕军不能独立灭齐，反对长驱直入。乐毅则认为齐军精锐已失，国内纷乱，燕弱齐强形势已经逆转，坚持率燕军乘胜追击。

乐毅率燕军乘胜追击齐军至齐都临淄。齐愍王见都城临淄孤城难守，遂率少数臣僚逃往莒城固守。乐毅用连续进攻，分路出击的战法，陷城夺地，攻入齐都临淄后，尽收齐国珍宝、财物、祭器运往燕国。燕昭王大为欣喜，亲自到济水前来犒赏、宴飨士兵，为酬谢乐毅的功劳，将昌国城封给乐毅，号昌国君。

乐毅率燕军半年内连下齐国七十余城，仅剩聊城、莒城、即墨聊聊数城仍顽强抵抗，久攻不下。其余全部并入燕的版图，燕前所未有的强盛起来。但是，乐毅认为单靠武力，破其城而不能服其心，民心不服，就是全部占领了齐国，也无法巩固。所以他对莒城、即墨采取了围而不攻的方针，对已攻占的地区实行减赋税，废苛政，尊重当地风俗习惯，保护齐国的固有文化，优待地方名流等收服人心的政策，打算从根本上瓦解齐国。

公元前278年，燕昭王死，燕惠王继位。燕惠王做太子时，就与乐毅有隙，所以当他继位以后，对乐毅用而不信。齐国大将田单探知此种情况，乘机进行反间，派人到燕国散布谣言，说乐毅之所以久攻不下，是因为他想当齐王，为叛燕做准备。

燕惠王本来就猜疑乐毅，听了这些话信以为真，于是下令派骑劫为大将去齐接替乐毅。乐毅深知燕惠王收回他的兵权，意味着听信谣言，欲加罪于自己。他认为"善作者不必善成，善始者不必善终"，决定拒绝回燕国，而西行去赵国。赵惠文王见乐毅归赵，隆重地接待了他，并封他为望诸君。

骑劫不久被田单击败并斩杀，燕军被逐出齐国，燕国占领的齐国城邑全数被齐军收复。燕惠王后悔，又怨恨乐毅奔赵，派人责难乐毅。于是乐毅慷慨地写下了著名的《报燕惠王书》，书中表明自己的一片忠心，与先王之间的相知相得，驳斥惠王对自己的种种责难、误解，抒发功败垂成的愤慨，并以伍子胥的历史教训申明自己不为昏主效愚忠，故而出走的抗争精神。这才打消了燕惠王对乐毅的某些偏见，便封乐毅之子乐间为昌国君。

尽管乐毅受到不公待遇，但乐毅也并不因个人得失而说赵伐燕，以泄私恨，而是居赵、燕两国客卿的位置，往来通好，乐毅最后死在赵国。

乐毅伐齐是战国中期一次大规模的战役。战争的结果，齐国和燕国都受到了很大损失，尤其是齐国，经此一战后，国力急剧衰落，再也难以恢复战前的昌盛了。

公元前 283 年
蔺相如完璧归赵

廉颇：

中国历史上著名的军事家，战国末期赵国的名将，与白起、王翦、李牧并称"战国四大名将"。长平之战前期，他以固守的方式成功抵御了秦国军队。长平之战后，他又击退了燕国的入侵，斩杀燕国的栗腹，并令对方割五城求和。晚年时，因不得志，他先后投奔魏国和楚国，去世后葬于寿春。他和赵国上卿蔺相如之间曾发生过"负荆请罪"的故事，传为美谈。

秦国经过商鞅变法，国势蒸蒸日上，开始了对中原地区的进攻。经过数十年的进攻，韩、赵、魏三国都受到了很大的削弱，秦国的势力开始进一步深入中原，威胁到中原诸侯的统治。中原诸侯无力独自与秦国抗衡，时常受到秦国的侵扰。

此时，赵国经过了赵武灵王的军事改革，军事力量日盛，秦国也不敢小觑赵国的实力。秦国继续东进，和赵国展开了数十年的兼并战争。这其中有一段故事，叫作"完璧归赵"。

公元前 283 年，赵王得到了一块楚国原先丢失的一块名贵宝玉和氏璧。这件事情被秦王得知，他就派使者对赵王说，自己愿意用十五座城池来换和氏璧。

此时赵国的丞相是蔺相如，他知道这件事后，便向赵王请命，由自己带着和氏璧去面见秦王。赵王同意了。蔺相如到了秦国，秦王在王宫里接见了他。蔺相如把和氏璧献给秦王。秦王接过来左看右看，非常喜爱。他看完了，又传给大臣们一个一个地看，然后又交给后宫的妃子们去欣赏。

蔺相如见秦王绝口不提割让十五座城池的事情，便知道秦王根本没有用十五座城池换取宝玉的诚意。于是他走上前去，对秦王说和氏璧有一点小瑕疵要指给秦王看。秦王一听和氏璧有瑕疵，赶紧叫人把宝玉从后宫拿来交给蔺相如，让他指出来。

蔺相如拿着和氏璧往后退了几步，身体靠在柱子上，说秦王不讲诚信，绝口不提城池交换之事，这是失信于赵国，他宁可将和氏璧摔碎也绝不交给秦王。秦王生怕和氏璧受损，便假意取出地图指出了要用于交换的城池。蔺相如知道秦王并无交换的诚意，便假装答应下来，但要秦王做好交换的准备，举行正式的交接仪式，秦王只得答应。

蔺相如离开秦王宫殿后，派手下偷偷拿着和氏璧从小道返回了赵国。后来秦王发觉这件事，十分恼怒悔恨，却也对蔺相如无可奈何。只得放他回赵国。这件事情被称作"完璧归赵"。而"完璧归赵"之所以可以实施，也正是因为赵国的国力强盛所决定的。

渑池之会：

公元前279年，秦昭王想和赵国讲和，以便集中力量攻击楚国，便约赵王在西河外的渑池见面，互修友好。赵王在大将廉颇和上大夫蔺相如的建议下，决定前往渑池，蔺相如同往。会中，秦王对赵王威胁羞辱，蔺相如予以还击，宁肯"血溅五步"，也要捍卫赵国的尊严和赵王的体面，秦王遂不敢造次。此后秦赵修好，维持了数年的和平。

公元前 279 年
田单攻燕，恢复齐国

田单：

　　战国时期齐国名将。燕将乐毅伐齐，连下齐国七十余城，田单坚守即墨两年，始终未被燕国攻克。后田单用反间计令燕王对乐毅产生怀疑，另派骑劫为将，指挥燕军伐齐。田单诱使燕军行暴，激发齐军士气，以火牛阵大破伐齐的燕军，击杀燕将骑劫，不久后收复齐国所有失地，恢复了齐国的领土和统治。"田单复国"也被后世人作为不世功勋的代名词。

　　公元前 284 年，燕将乐毅破齐，连克七十余城，随即集中兵力围攻仅存的莒和即墨，齐国危在旦夕。当时，齐愍王已经在之前的战争中被杀，其子法章在莒被立为齐王。他号召齐民抗燕。乐毅攻城一年不克，命燕军撤至两城外九里处设营筑垒，打算运用攻心战术取胜。两国形成了相持局面。

　　即墨地处富庶的胶东，是齐国较大的城邑，物资充裕，人口较多，具有完善的防御条件。即墨被围不久，守将战死，军民共推田单为将。田单利用两军相持的时机，集结了七千多士卒，对军队加以整顿扩充，并增修城垒，加强防务。他和军民同甘共苦："坐则织蒉（编织草器），立则仗锸（执锹劳作）"；亲自巡视城防；让妻妾、族人编入军队；尽散饮食给士卒。由此深得军民信任。

　　田单在稳定内部的同时，为除掉最难对付的敌手乐毅，又派人至燕国施以离间计，诈称乐毅名为攻齐，其实是为了在齐国称王，所以才故意缓攻即墨，如果燕国另派主将，即墨指日可下。燕惠王本就怨怪乐毅久攻即墨不克，此时果然中计。他改派骑劫为将，取代乐毅，乐毅无奈之下投奔赵国。

骑劫改变了乐毅的战法，开始指挥燕军强攻，但进攻数次仍不能攻破城池。他便企图用恐怖手段慑服齐军。田单将计就计，诱使燕军行暴。他派人散布谣言，说害怕燕军把齐军俘虏的鼻子割掉，又担心燕军刨了齐人在城外的祖坟。而骑劫听到谣言后果然照着做了。即墨城里的人听说燕国的军队这样虐待俘虏，又瞧见燕国的兵士侮辱齐人的祖坟，都显得极为悲愤。他们纷纷向田单请战，表示誓与燕军决一生死。

田单见计谋生效，便决定进一步麻痹燕军。他派遣精锐士卒在城中埋伏，用老弱、妇女登城守望。同时，他派出使者向燕国诈降，又让即墨富豪持重金贿赂燕将，假称即墨将降，唯望保全妻小。围城三年之久的燕军，急欲停战回乡，眼看即将大功告成，更加懈怠，只等即墨投降。

公元前279年，田单见反攻时机成熟，便集中千余头牛，角缚利刃，尾扎浸油芦苇，披五彩龙纹外衣，于一个夜间下令点燃牛尾上系着的芦苇。牛负痛，从城脚预挖的数十个信道冲出，狂奔至燕营，五千精壮勇士紧随于后，城内军民擂鼓击器，呐喊助威。燕军见火光中无数角上有刀、身后冒火的怪物直冲而来，都惊慌失措。齐军勇士乘势冲杀，城内军民紧跟助战，燕军夺路逃命，互相践踏，主将骑劫也在混乱中被杀。

田单率军乘胜追击，各地的齐国民众也持械助战，很快便将燕军逐出国境。齐军尽复失地七十余城。随后，田单迎接法章返回临淄，拥护他正式继位为齐襄王。田单受封安平君。

齐国虽然在田单的正确指挥下恢复了统治，但是其国力也受到了很大的损失，无法再恢复到之前的状况。燕国也因为在战争中消耗过大而逐渐地衰落下去，国力亦未能得到重振。

公元前 278 年
屈原投汨罗江

张仪：

魏国大梁人，魏国贵族后裔，曾随鬼谷子学习纵横之术。其主要活动应在苏秦之前，是战国时期著名的政治家、外交家和谋略家。苏秦创合纵之法，游说六国合纵抗秦之后，张仪则施以连横之术，游说六国亲秦，拆散合纵。在他死后，虽然六国背离连横恢复合纵的情况，但是已无法持久。可以说，张仪的连横之术成为了后来秦灭六国、统一天下的基本战略。

楚国在战国时，领土广阔，人口众多，在关东各国中是较为强大的一国。公孙衍"合纵"攻秦之时，楚怀王被推为纵约长。怀王时，楚国灭越国，疆域扩大到长江下游沿海地区。此时秦国和齐国国力日盛，楚国也不断与他们进行斗争，但是国力有限，未能取得大的战果，只能采取缓和的国策，以图后起。公元前 305 年，楚国和秦国订立黄棘之盟，与秦国议和。

屈原，名平，字原，出身楚国贵族。他自幼勤奋好学，胸怀大志。早年受楚怀王信任，任左徒、三闾大夫，常与怀王商议国事，参与法律的制定，主张章明法度，举贤任能，改革政治，同时主持外交事务，提倡楚国与齐国联合，施行连横策略，共同抗衡秦国。他还提倡"美政"——就是不分贵贱，把真正有才能的人选拔上来治理国家。在屈原努力下，楚国国力有所增强。但是，由于自身性格耿直，再加上楚怀王的一众宠臣受了秦国使者张仪的贿赂后阻止怀王接受屈原的意见，使得屈原逐渐被怀王疏远了。

公元前 305 年，屈原反对楚怀王与秦国订立黄棘之盟，但是楚国最终还是彻底投入了秦国的怀抱。这同时也使屈原被楚怀王逐出郢都，开始了流放生涯。结果楚怀王被秦国诱骗去了秦国，被囚禁至死。秦襄王继位后，屈原继续受到迫害，并被放逐到江南。

公元前 280 年，秦攻下楚的汉北地及上庸，司马错又从蜀而攻楚的黔中郡，楚国形势危急。公元前 278 年，秦国大将白起更是带兵南下，深入到楚国境内深处，攻破了楚国国都，一直打到洞庭湖边。楚国的军队溃不成军，无力抵抗，楚襄王逃到了陈。秦国在楚国的旧地上设置郡县，从此"楚遂削弱，为秦所轻"。

屈原的政治理想破灭，对前途感到绝望，虽有心报国，却无力回天，只得以死明志，就在同年五月投汨罗江自杀。屈原是战国时期一位有远大抱负的爱国士大夫，但是统治者的昏庸没有给他施展才能的机会。他死后，楚国人民无不悲痛，纷纷以各种方式对他表示悼念，包粽子和划龙舟的习俗也是为了纪念屈原而流传下来的。

楚国国力衰弱，再也无力问鼎中原，成为了秦国宰割的对象。而秦国得到了广阔的领地，国力得到了更大发展，为最终统一六国奠定了坚实基础。

合纵与连横：

在齐、秦对峙时期，战争形势复杂，出现了"合纵"和"连横"的局面。因为南北方向为纵，东西方向为横，故以三晋为主，北连燕，南连楚，以抗击秦或齐，故称合纵；以三晋为主，东连齐而西抗秦，或西连秦而东抗齐，叫作连横。就策略而言，"合众弱以攻一强"谓之合纵，"事一强以攻众弱"谓之连横。随着斗争的发展，合纵连横的意义也在逐渐变化。至战国后期则变为六国联合抗秦是合纵，六国分别投靠秦国就是连横了。

先秦

公元前 260 年
秦赵长平之战

纸上谈兵：

战国时赵国名将赵奢之子赵括，年轻时学兵法，颇有心得，后来他接替廉颇统帅赵军抗秦。在长平之战中，赵军被秦军击败，赵括在乱军中战死，赵军四十万降卒也被坑杀。后世称赵括只懂得"纸上谈兵"，不懂得变通。然而，秦军此战的军队至少有近百万，而且在此战中也有较大损耗，前后阵亡约有二十万人。赵括在赵军不占优势的形势下贸然出击，是不智的。但他英勇杀敌，作战时时刻冲锋在前，指挥果断有利，最终战死沙场，也是值得肯定的。"纸上谈兵"所说的并非是完全真实的赵括。

公元前 262 年，秦国起兵进攻韩国，连克少曲、高平、陉等韩国据点。后来又攻取韩国太行山以南的南阳地一带，意在进一步截断韩国的上党与本土的联系。次年，韩国野王等十城陷落，上党与本土的联系完全截断了。

韩王惧怕秦国，决定把上党献给秦国来换取停战。上党郡守冯亭不听，把上党十七县献给赵国。此时赵国的惠文王已死，由其子孝成王继位。孝成王想得到这片土地，征求臣下的意见，平阳君赵豹主张不接受，因为会引起秦国来攻，平原君赵胜与赵禹却主张接受。结果赵国接受冯亭献地，封冯亭为华阳君。之后，赵国派军队取上党，派廉颇率军驻守长平，以防备秦军来攻。秦国取得上党的计划落空，便决定通过武力夺取。战国时期最大、最残忍的一次战争的导火线被点燃了。

秦国派左庶长王龁进攻长平。赵将廉颇知道秦国远道来攻，一定只求速战取胜。为挫败秦国的进攻，他采用坚壁高垒的战略，准备等待秦军疲困时再做反击。廉颇坚守三个月，秦军前进受阻，束手无策。赵孝成王多次派人责令廉颇出战，秦国又派人用重金到赵国行反间计，称秦军只怕赵奢的儿子赵括，廉颇容易对付。而且廉颇之所以不出战，是因为他将要降秦了。赵王中计，于是派赵括代替廉颇为将。

赵括取代廉颇后，全部改变了廉颇的作战方针。秦国听说赵括已代替廉颇，便暗中任命武安君白起为上将军，王龁为副将，下令军中绝对保密。赵括派兵出击，秦军佯装败走。赵军追赶，陷入白起设置的包围圈中。秦军把赵军包围后，将其粮道断绝。赵军只得在包围圈中筑工事坚守，以待援军。秦昭王听说后，赶到河内，赐民爵一级，把十五岁以上的壮丁全部征发到长平助战，用来堵塞赵国的援军及粮道。

赵军被围困四十六天，草粮断绝，后来甚至出现了吃人的惨状。赵军分为四队，轮番向外冲击，始终不能突围。赵括亲自率军出战，被秦军射死。赵军失去主将，向秦军投降。白起假意接受投降，准备解除赵军武装后再施以屠杀。之后白起将赵军降卒几乎全部活埋，只放走两百余人回赵国报信。

这次战争，秦军前后斩杀赵国士卒达四十五万，仅被活埋的就达四十万人。赵国精锐少壮尽死长平，国力大损。它也成为了继齐国之后又一个衰落下去的国家，再也无力与秦国一争高低。秦国扫清了统一过程中最后的劲敌，统一的道路越发平坦了。

白起：

战国时期秦国名将，郿人，中国历史上杰出的军事家、统帅。他指挥过许多重要战役：大破楚军，攻入郢都，迫使楚国迁都，楚国从此一蹶不振。伊阙之战又歼灭韩魏二十四万联军，彻底扫平秦军东进之路。长平一战一举歼灭赵军四十五万人。他一生大小七十余战，从未战败，受封为武安君，被誉为"战神"。后因受到秦王猜疑，被赐自杀。

公元前 257 年
魏信陵君窃符救赵

公元前 260 年，在长平之战中，秦国大破赵军，坑杀赵降卒四十万。战后，秦又乘胜围攻赵国首都邯郸，企图一举灭赵，再进一步吞并韩、魏、楚、燕、齐等国，完成统一中国的计划。

当时的形势十分紧张，特别是赵国首都被围甚急，诸侯都被秦国的兵威所慑，无人敢来援助。魏国是赵国的近邻，又是姻亲之国，所以赵国只得向魏国求援。

对于魏国来说，唇亡齿寒，救邻即自救，存赵就是存魏，赵亡魏也将随之灭亡。魏安王明白其中道理，便派将军晋鄙率领十万部队援救赵国。秦王派使者警告魏王说，一旦来救赵，赵灭后秦必攻魏。魏安王恐惧，派人制止晋鄙，使军队留在邺城筑垒，名义上是援救赵国，实际上是观望。

魏公子无忌是魏昭王的小儿子，魏安王的异母弟弟。昭王去世后，安王继位，封公子为信陵君。邯郸被围一事传到魏国，信陵君的姐姐是赵惠文王弟弟平原君的夫人，多次送信给魏安王和信陵君，向魏国求救。

战国四公子：

中国战国时代末期秦国越来越强大，各诸侯国贵族为了对付秦国的入侵和挽救本国的灭亡，竭力网罗人才。他们礼贤下士，广招宾客，以扩大自己的势力，因此养士之风盛行。当时，以养"士"著称的有魏国的信陵君、齐国的孟尝君、赵国的平原君、楚国的春申君。因其四人都是王公贵族，时人称之为"战国四公子"。

平原君的使者车马相连地前往魏国，他责备信陵君不守信义，空有当世的义名。信陵君为这件事忧虑，多次请求魏安王下令晋鄙进军，但是魏安王惧怕秦国，始终不肯听从信陵君的劝谏。

信陵君自己估计终究不能说服魏王，决心杀身成仁。于是他约请宾客，准备车骑百余辆，组织了一支千余人的敢死队，打算凭一己之力去救援赵国。信陵君有一个叫作侯生的门客，在他出征之前劝他不要以卵击石，而是用其他的方法来解决。

侯生的计策是，让信陵君请魏安王的宠妃如姬帮忙，盗出魏国的虎符。虎符到手后，即可命令晋鄙出兵，北边援救赵国，西边打退秦军。信陵君接受了侯生的建议，请求如姬相助。信陵君曾对如姬有恩，如姬答应帮忙，不久她便盗出了魏国的虎符。

信陵君得到了虎符，便打算前往晋鄙军中。临行前，侯生对他说，将在外君命有所不受，这样对国家有好处。如果晋鄙不肯把兵权交给信陵君，而是再次请示魏王，事情就一定很危险了。所以请信陵君带一位猛士朱亥同往，晋鄙听从最好，如果不听，可以让朱亥击杀他。信陵君闻言而泣。侯生问他缘故。信陵君说："晋鄙是一个有威势的老将，我前去，恐怕他不听从，那就要杀掉他，因此才哭泣。"

信陵君邀请朱亥。朱亥被信陵君的大义所感动，答应与他同行。信陵君到侯生那里辞别。侯生对他说："我应当跟随公子前往，因为年老而不能前去。请让我计算公子的行期，在到达晋鄙军营的那一天，我将面朝北而自杀，凭借这个给公子送行。"

到了邺城，信陵君假传魏王的命令取代晋鄙。晋鄙合上兵符，怀疑这件事，不打算听从信陵君。朱亥见晋鄙不从，便取出袖里藏着的铁锥，打死了晋鄙，信陵君接管了晋鄙的军队。他遣散老幼，精选士兵八万人，攻击秦军。

魏军精壮，作战勇猛，在信陵君的领导下重现了魏"武卒"的强悍，将秦军击败。秦兵退去，邯郸之围遂解，赵国也得以保全。赵王和平原君亲自到边境迎接信陵君，平原君背着箭筒和弓箭为公子做向导。赵王对信陵君拜了又拜说："自古贤德的人没有比得上公子的。"在这时，平原君不敢把自己同信陵君相比。

信陵君与侯生诀别之后，到了晋鄙的军营，侯生果然面朝北方自杀了。魏安王对信陵君窃符救赵的作为很恼怒，信陵君也知道这一点。他击退秦军保全赵国之后，派将领统帅军队回到魏国，自己却与门客留在赵国。

赵孝成王感激信陵君假托君命夺取晋鄙军权从而保住了赵国这一义举，就与平原君商量，把五座城邑封赏给信陵君。但是信陵君却谦让自责，不肯居功，这更加得到了赵、魏两国的尊重。信陵君最终还是留在了赵国。赵王把城邑封赏给他，魏安王也把信陵邑又奉还给了他。

赵国虽然得以保全，但是实力已经无法再与秦国抗衡。魏国因为救赵之事而与秦国结怨，也陷入了对秦作战的不利局面中。

信陵君
名魏无忌（公元前243～前210年），礼贤下士，不以富贵傲人。方圆千里的贤人名士都来投奔，门下有食客三千人。因为他的存在，诸侯十余年不敢攻魏。

孟尝君
名田文（？～前279年），是战国时期齐国宗室大臣，田婴之子。以广招宾客，礼贤下士闻名。

平原君
名赵胜（？～前253年），战国时期赵国宗室大臣，赵武灵王之子，号平原君。曾任相，是当时著名的政治家之一，以善于养士而闻名，门下食客曾多达数千人。

春申君
名黄歇（公元前320～前238年），为战国时期楚国公室大臣，曾任楚相。明智忠信，宽厚爱人，以礼贤下士、招致宾客、辅佐治国而闻于世。

表十四　"战国四公子"

公元前 256 年
秦灭周朝

周赧王在位期间，周王室已经十分衰弱，他所统治的地盘只有三四十座城池，三万多人口。还分成两部分，叫作"东周"和"西周"，由东周公和西周公分治，赧王居于"西周"（即王城）。当时秦国已攻占了韩、魏、赵三国的很多地方，眼看下一步就要收拾周朝。赧王在忧心忡忡中度日。

与此同时，楚国想抑制秦国势力的扩展，派使者请赧王以天子名义，号令各国协力攻秦。赧王大喜，命令西周公签丁凑起了一支五六千人的军队，可是缺少武器、粮饷。赧王向境内的富户筹借军资，付给他们借券，答应周军班师之日以战利品偿还。

公元前 256 年，赧王准备就绪，任命西周公为大将，率领五千军队伐秦，并约六国诸侯到伊阙会合，一起出击。不料，除了楚、燕两国派了些兵来以外，其他四国的兵马都失约不来，在伊阙的总兵力不过几万，远不是几十万秦兵的对手。结果，等了三个月仍不见其他四国的兵马到来，士气涣散，西周公只好带着自己的人马无功而回。

西周国的富户见周军回来，纷纷持借券向赧王

都江堰：

战国时期秦国在四川灌县附近修建的水利工程。修建者为蜀郡守李冰，他将离堆凿开，使闽江分为两股，以内江主灌溉，外江主分洪泄水，以分水势，既解除了闽江水害，又使得成都大平原得到灌溉和通航之利。这一重要的水利工程沿用两千余年，至今仍是四川地区重要的水利工程之一。

秦昭襄王：

战国时秦国国君，又称秦昭王。嬴姓，名则（但因战国时期称氏不称姓，所以他并不叫嬴则）。秦昭襄王是秦惠文王之子，秦武王之异母弟，公元前306～前251年在位。在位时，秦国继续积极向外扩张，长平之战就是在秦昭王在位晚期发生的。他在位时手下有张仪、白起等名士和大将，他的统治为秦国后来统一六国奠定了基础。

讨债。他们从早到晚聚集在宫门外，喧哗不止，声音直传入内宫。赧王愧悔不及，又无可奈何，只好躲到宫后的一个高台上避债。周朝人将这个高台称为"逃责台"（逃债台）。

此后，秦军不肯罢休，攻下韩国的阳城、负黍后，直扑东周王城。赧王惊慌，打算逃奔韩国或魏国。西周公劝说道："秦吞并六国已是大势所趋，韩、魏两国也不会幸免，大王与其到那时被俘受辱，还不如趁早投降，结局或许能好些。"赧王无奈只好率领臣下和宗室，到祖庙哭拜了一番，三天后，亲自带着家眷、图册，去秦军军营投降。

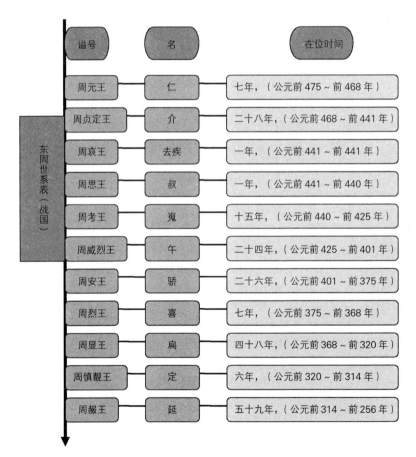

谥号	名	在位时间
周元王	仁	七年，（公元前475～前468年）
周贞定王	介	二十八年，（公元前468～前441年）
周哀王	去疾	一年，（公元前441～前441年）
周思王	叔	一年，（公元前441～前440年）
周考王	嵬	十五年，（公元前440～前425年）
周威烈王	午	二十四年，（公元前425～前401年）
周安王	骄	二十六年，（公元前401～前375年）
周烈王	喜	七年，（公元前375～前368年）
周显王	扁	四十八年，（公元前368～前320年）
周慎靓王	定	六年，（公元前320～前314年）
周赧王	延	五十九年，（公元前314～前256年）

东周世系表（战国）

表十五　东周世系表（战国）

秦昭襄王受降，命令周赧王居住在梁城。在周赧王死后，秦王又夺去了象征国家权力的九鼎。至此，东周宣告灭亡。秦将取周之天下而代之。

秦国此后越发强盛。昭王在位五十六年间，平蜀伐楚，击韩、赵、魏。他远交近攻，对关东六国步步进逼、蚕食。这期间，他修筑长城，扩修咸阳，为秦统一中国奠定了基础。

公元前 238 年
秦王政亲政

公元前 247 年，秦庄襄王驾崩，秦王政继位为秦王。他继位时仅有十三岁，国政由相国吕不韦所把持，秦王政尊吕不韦为仲父。

吕不韦既把持朝廷，专权横行。宫中宦臣嫪毐也祸乱后宫，常以秦王政假父的身份自居，这两人都引起了秦王政的极度不满。公元前 238 年，秦王政在雍城蕲年宫举行冠礼，随后登位，正式亲政。他首先要对付的便是嫪毐。

嫪毐自知秦王政要杀自己，便动用秦王御玺及太后玺发动叛乱，攻向蕲年宫。秦王政早已在蕲年宫布置好三千精兵。嫪毐转打咸阳宫，那里也早有军队，嫪毐一人落荒而逃，没过多久便被逮捕。秦王政将嫪毐车裂，曝尸示众。嫪毐的叛乱被平定。

秦王政亲政后的第二年，便免除吕不韦的相职，把吕不韦放逐到巴蜀。吕不韦不久后便自杀了。秦王政肃清了自己的政治障碍，开始施展政治抱负。其后，秦王政任用尉缭、李斯等人，开始了对关中六国的征伐。

李斯：

秦代著名政治家，战国末年入侵，初为吕不韦舍人，后为秦王政客卿。公元前 232 年，上《谏逐客书》，被秦王政所采纳，不久后胜任廷尉。他建议对六国采取各个击破战术，为秦始皇统一六国起了很大作用。秦统一中国后，李斯任丞相，他反对分封制，力主郡县制，主张焚《诗》《书》，禁私学，加强中央集权统治。秦始皇死后，他与赵高一起密谋，拥立胡亥为秦二世皇帝，后被赵高所杀。

《吕氏春秋》：

　　战国时吕不韦召集门客编写的杂家学派代表作，书名定为《春秋》，是因为吕不韦视其为史书，但就其内容来看，却是一部以道家思想为主，综合诸子百家的政论之书。书中论述了以国家利益为重的思想，要求君主应任贤无为，臣下要公而不私。该书提出的任贤无为的政治主张，反映了思想界的呼声，是较符合时代潮流的施政纲领，可惜没有被秦始皇所采纳。

公元前 227 年
荆轲刺秦王

太子丹：

　　战国时期燕国太子。姬姓，名丹，又称燕丹，战国末年燕王喜之子。秦灭韩前夕，被送至秦国当人质，受辱后回到燕国。回国后太子丹找到刺客荆轲，让他行刺秦王政。然而荆轲行刺秦王失败，秦王大怒，派将军王翦进攻燕国。公元前226年，秦军攻破蓟，秦王喜及太子丹逃奔辽东，匿于衍水，燕王喜听信赵代王嘉之计，将太子斩首以献秦国。

　　秦王政素有统一的志向。他重用尉缭，不断向各国进攻。秦国统一全国的战争爆发了。秦王政拆散了燕国和赵国的联盟，使燕国丢了好几座城池。燕国的太子丹原来留在秦国当人质，他见秦王政决心兼并列国，又夺去了燕国的土地，就偷偷地逃回燕国，决心为燕国复仇。

　　太子丹回国后，物色到一个很有本领的勇士，名叫荆轲。公元前230年，秦国灭了韩国。两年之后，秦国大将王翦占领了赵国都城邯郸，一直向北进军，逼近了燕国。燕太子丹十分焦急，就去找荆轲，要他去刺杀秦王。荆轲答应了，并提出要督亢的地图和秦国降将樊於期的首级，自己装作燕国派去投降的使者，借机接近秦王。太子丹应允了。

　　太子丹又派遣勇士秦武阳做荆轲的副手，随他一起行刺。公元前227年，荆轲从燕国出发，前往咸阳行刺。临行前荆轲吟唱了一首歌："风萧萧兮易水寒，壮士一去兮不复还。"

　　秦王政听说燕国派使者把樊於期的头颅和督亢的地图都送来了，十分高兴，就在咸阳宫接见荆轲。

荆轲捧着装了樊於期头颅的盒子，秦舞阳捧着督亢的地图，一步步走上秦国朝堂的台阶。

秦舞阳一见秦国朝堂那副威严样子，不由地害怕起来，脸变得又青又白，秦王政有些怀疑，便让荆轲一个人上去。荆轲从秦舞阳手里接过地图，捧着木匣上前，献给秦王政。秦王政打开木匣，果然是樊於期的头颅，他又叫荆轲拿地图来。

荆轲把一卷地图慢慢打开，到地图全都打开时，荆轲预先卷在地图里的一把匕首就露出来了。秦王政一见，惊得跳了起来。荆轲连忙抓起匕首，想要刺杀秦王，秦王在慌乱中躲闪着。

大殿上的官员和卫士都束手无策。有个医生夏无且，拿起手里的药袋对准荆轲扔了过去。荆轲用手一扬，那只药袋就飞到一边去了。就在这时，秦王拔出剑，砍断了荆轲的左腿。

荆轲站立不住，倒在地上。他拿匕首向秦王政扔过去，却被秦王政闪过。秦王见荆轲手里没有武器，又上前向荆轲砍了几剑。荆轲身上受了八处剑伤，自己知道已经失败，苦笑着说："我没有早下手，本来是想先逼你退还燕国的土地。"这时候，侍从的武士已经一起赶上殿来，将荆轲杀死。事后秦王还天旋地转了许久。

荆轲死后，秦对燕十分愤恨，增派军队赶往赵国旧地，命令王翦去攻打燕国，不久便攻陷燕都蓟城。燕王喜、太子丹等率领精锐部队退守辽东。秦将李信追击燕王，燕王无奈之下只好采用代王赵嘉的主意，杀了太子丹献首级给秦王。但秦军仍旧继续进攻，五年之后终于灭掉了燕国，俘虏了燕王喜，秦国统一天下。

高渐离：

高渐离，战国末燕人，荆轲的好友，擅长击筑。高渐离与荆轲的关系很好，荆轲刺秦王时，高渐离与太子丹送之于易水河畔，高渐离击筑，高歌"风萧萧兮易水寒，壮士一去兮不复还"。后来被秦王政诏入秦国，为其击筑。他再次袭击秦王，失败后被杀。

先秦

公元前 230～前 221 年
秦灭六国

秦王政亲政后，听取李斯进献的灭六国的建议，着手规划统一六国的大业。其总的战略方针是由近及远，集中力量，各个击破；先北取赵，中取魏，南取韩，然后再进取燕、楚、齐。

秦王政首先选择的攻击目标为赵国。因为赵国的实力在六国中最强，是秦国走向统一道路的最大障碍。但是，此时赵国还具有一定的军事实力。秦军屡次进攻赵国，均被赵国击退。在用主力进攻赵国的同时，秦对韩采取扶植亲秦势力以逐步肢解的策略。

公元前 231 年，韩国南阳郡代理郡守腾，向秦献出他所管辖的属地。腾被秦王政任命为内史，后又派他率军进攻韩国。腾对韩国了如指掌，所以进展顺利，于公元前 230 年俘获韩王，韩国灭亡。

公元前 229 年，秦利用赵国发生大地震和大灾荒的机会，又派王翦领兵攻赵。赵国派李牧、司马尚率兵抵御，双方相持了一年。后来，秦将王翦使用离间计，用重金收买了赵王的宠臣郭开，要他散布李牧、司马尚企图谋反的流言。赵王中计，派人

蒙恬：

秦始皇时期的著名将领，出身于秦国世代名将之家。其祖父蒙骜、其父蒙武皆为秦国大将，为秦国统一做出重要贡献。公元前 221 年，蒙恬被封为将军，领军灭齐。秦统一六国后，率军北击匈奴，并在北方修筑长城。他征战北疆十多年，威震匈奴。秦始皇死后不久，赵高与胡亥伪造秦始皇诏书，命其自杀，蒙恬最终冤死。

替代李牧。李牧在大敌当前的形势下拒不让出兵权，赵王竟暗地里派人逮捕李牧并处死了他，同时还杀掉了司马尚。赵王的行为无异于自毁长城。此后，秦军如入无人之境，攻城略地，痛击赵军。

公元前 228 年，秦军攻破赵都邯郸。不久，出逃的赵王迁被迫献出赵国的地图。赵国实际上灭亡了，但公子嘉却带着一伙人逃到代郡，自立为王。秦军在前 222 年灭燕国之后将其俘虏。随着韩、赵、燕的灭亡，秦统一了北方。

公元前 231 年，魏景湣王迫于秦国的强大威力，主动向秦献出丽邑，以求缓兵。此时，秦王政正调集兵力准备向赵国发起总攻，不想分散兵力攻魏，就接受了献地。这使得魏国又维持了数年残局。公元前 225 年，就在秦军主力南下攻楚之时，秦王政派遣王贲率军围攻魏都大梁。魏军紧闭城门，坚守不出。由于大梁城防经过多年修建，异常坚固，秦军强攻不下。王贲命令秦军士卒挖掘渠道，将黄河、鸿沟的水引来，灌入大梁城。三个月后，大梁的城墙壁垒全被浸坍，魏王假只得投降。魏国灭亡。

楚国疆域辽阔，山林茂密，物产丰富，号称拥有甲士百万。但是，楚国的内政一直不振，总是贵族争权夺利，这种状况到战国末期尤为严重。公元前 228 年，楚幽王死，统治集团发生内讧。哀王继位后仅两个多月就被杀死。楚王室愈发分崩离析。

公元前 226 年，秦王政从北方伐燕前线抽调出部分兵力，借楚国内乱的机会南下攻楚，连续夺得楚国十余个城池。公元前 224 年，秦国与楚国的决战展开。秦王政先派李信率二十万秦军攻楚，被楚军击败。随后秦王政又派大将王翦率六十万秦军攻楚。

王翦入楚境后，并未马上发动攻势。他采取了以逸待劳的战略，坚壁不出，麻痹敌人。一年后，秦军对楚地的情况基本适应，士气高昂，体力充沛。

楚虽三户，亡秦必楚：

秦国在灭亡六国、统一中原的战争中，楚国失败得最为冤枉。楚南公说，楚国即使只剩下三户人家，也一定会报仇雪恨消灭秦国。至秦朝末年，人民起义四起。起义军领袖陈胜、项羽皆为楚人，他们领导的军队也最终灭亡了秦国。这虽然只是巧合，但"楚虽三户，亡秦必楚"一词显示了楚人不甘失败勇于抗争的坚定决心。

同时，楚国部队斗志渐渐松懈，加上粮草不足，准备东归。楚军一撤，王翦就抓住时机下令全军出击。秦军一举击败了楚军的主力，并长驱直入，战胜楚军统帅项燕。接着，秦军攻占楚都寿春，俘虏了楚王，楚国灭亡。次年，刚在南方灭楚的大军，又乘胜降服了越君，设置会稽郡，长江流域全部并入秦的版图。

在灭赵的过程中，秦国大军已兵临燕国边境。燕王喜惶惶不可终日，眼见秦国扫平三晋，就要向自己杀来，却无计可施。燕太子丹派遣荆轲行刺秦王，但刺杀行动最终失败。秦王政由此深恨燕国，立即增兵对燕发动了大举进攻。

公元前 226 年，秦军攻下燕都蓟，燕王喜与太子丹逃亡辽东郡。后来，燕王喜经过权衡利害关系，派人将太子丹杀掉，将其首级献给秦国，想以此求得休战，保住燕国不亡。但这一行为并没有起到任何作用。公元前 222 年，王贲奉命攻伐燕国在辽东的残余势力，俘获燕王喜，燕国彻底灭亡。

公元前 221 年，秦王政命令王贲挥戈南下，攻打东方六国中的最后一个国家齐国。齐国在乐毅伐齐之后一直衰落，没有复兴，且统治者昏庸无能。在这种情况下，王贲南下伐齐，几乎没有遇到抵抗。王贲率军长驱直入，来到临淄，齐王不战而降，齐国就此灭亡。

至此，秦国完成了统一中国大业，建立起一个以华夏民族为主体的"大一统"国家。秦王政定都咸阳。秦灭六国是多方面的原因造成的，统一是历史发展的必然趋势，秦国顺应了时代的潮流。

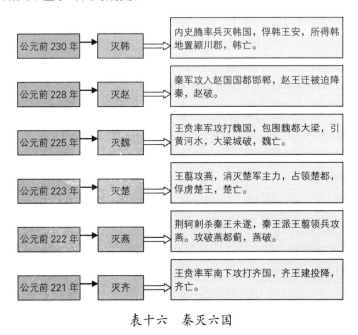

公元前 230 年 → 灭韩	内史腾率兵灭韩国，俘韩王安，所得韩地置颍川郡，韩亡。
公元前 228 年 → 灭赵	秦军攻入赵国国都邯郸，赵王迁被迫降秦，赵破。
公元前 225 年 → 灭魏	王贲率军攻打魏国，包围魏都大梁，引黄河水，大梁城破，魏亡。
公元前 223 年 → 灭楚	王翦攻燕，消灭楚军主力，占领楚都，俘虏楚王，楚亡。
公元前 222 年 → 灭燕	荆轲刺杀秦王未遂，秦王派王翦领兵攻燕。攻破燕都蓟，燕破。
公元前 221 年 → 灭齐	王贲率军南下攻打齐国，齐王建投降，齐亡。

表十六　秦灭六国

秦汉

公元前 221 年
秦王称始皇帝；郡县制建立

秦王政在他登上秦国王位的第二十六年，终于统一了中国。天下初定，三十九岁的秦王政第一件急着想做的事，就是要重新给自己确定一个称号。

春秋战国时期，各国诸侯都被称为"君"或"王"。战国后期，秦国与齐国曾一度称"帝"，不过这一称号在当时并不同行。已经一统天下的秦王政，以为过去的这些称号都不足以显示自己的尊崇，"今名号不更，无以称成功，传后世"。他下令左右大

皇帝：

古时最高统治者的称号。在中国，皇帝最早是皇、帝的合称，不同时用于一人身上。首次将二者合并，成为国家最高统治者的称号始于秦始皇。至此后，"皇帝"一词正式成为中国古代王朝最高统治者的专称。近代以来，"皇帝"也是对其它强大帝国的国君的翻译。

阴山深处的秦长城

臣们议称号。

经过一番商议，丞相王绾、御史大夫冯劫、廷尉李斯等人认为，秦王政"兴义兵，诛残贼，平定天下"，功绩"自上古以来未尝有，五帝所不及"。他们援引传统的尊称，说"古有天皇，有地皇，有泰皇，泰皇最贵"，建议秦王政采用"泰皇"头衔。然而，秦王政对此并不满意。他只采用一个"皇"字，因有"三皇五帝"而在其下加一"帝"字，创造出"皇帝"这个新头衔授予自己。

从此以后，"皇帝"就成为中国国家最高统治者的称谓。秦王政做了中国历史上第一位皇帝，自称"始皇帝"。他又规定：自己死后皇位传给子孙时，后继者沿称二世皇帝、三世皇帝，以至万世。秦始皇梦想皇位永远由他一家继承下去，"传之无穷"。

秦王称帝对中国和世界的历史均产生了深远而重大的影响，他被明代思想家李贽誉为"千古一帝"。秦始皇并不完全是司马迁《史记》中所记载的那个暴君——他既是中国历史上一位叱咤风云、富有传奇色彩的划时代人物，也是中国历史上第一个多民族中央集权制封建帝国的创立者。

秦统一六国后，在全国范围内施行郡县制。郡以下的一级行政机构是县或道。内地均设县，边疆民族地区设道。道和县是平行的，都是郡下一级的行政组织，其官制也大致相同。西汉时不断增立新郡，据平帝元始年间的记载，全国共有一百零三郡。

郡县制与分封制最大的不同是：郡守、县令和县长由皇帝直接任免，不得世袭。郡县制使君主有效地加强了中央集权，有利于政治的安定和经济的发展。

郡县制：

中国古代继宗法分封制度之后出现的以郡统县的两级地方行政制度，盛行于秦汉。郡县制是古代中央集权制在地方政权上的体现，它形成于战国时期。春秋时期，一些诸侯国在新兼并的地区设县，后来又在边地设郡。商鞅变法时，废分封，行县制。秦统一后，经过朝廷上的两次辩论，秦始皇决定在全国范围废除分封制，实行郡县制。郡县制下的郡守和县令都是由皇帝直接任免，从而使君主有效地加强了中央集权，有利于政治安定和经济发展；郡县制从根本上否定了分封制，打破了西周以来分封割据的状况，加强了中央对地方的管理，有利于防止地方割据分裂，有力地维护了国家的统一。

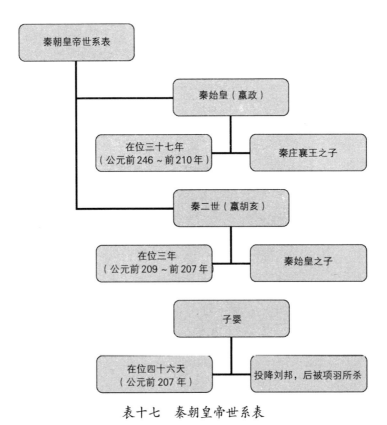

秦朝皇帝世系表

秦始皇（嬴政）

在位三十七年
（公元前 246～前 210 年）

秦庄襄王之子

秦二世（嬴胡亥）

在位三年
（公元前 209～前 207 年）

秦始皇之子

子婴

在位四十六天
（公元前 207 年）

投降刘邦，后被项羽所杀

表十七　秦朝皇帝世系表

公元前 213 ~ 前 212 年
秦始皇焚书坑儒

　　秦朝建立后，由于当时社会上百家争鸣，严重地阻碍了秦始皇对所征服的原六国民众思想的统一，并威胁到了秦朝的统治。公元前 213 年，秦丞相李斯进言，说愚儒诽谤朝政。于是，秦始皇为了统一原六国人民的思想，于当年开始销毁除秦记以外的所有六国史书和私藏于民间的《诗》《书》，一直到公元前 206 年秦朝灭亡，这一事件被称作"焚书"。

　　在焚书的第二年，又发生了坑儒事件。坑儒不是焚书的直接继续，而是由一些方士、儒生诽谤秦始皇引起的。秦始皇在统一中国之后，他异想天开地要寻求长生不死药。方士侯生、卢生等人迎合其需要，答应为秦始皇找到这种药。

　　按照秦律谎言不能兑现，或者所献之药无效验者，要处以死刑。侯生、卢生自知弄不到长生不死药，不但逃之夭夭，而且诽谤秦始皇天性刚愎自用，专任狱吏，事情无论大小，都由他一人决断，贪于权势等。秦始皇听后，盛怒不可抑止，以妖言以乱黔首的罪名，下令进行追查，并亲自圈定四百六十

徐福东渡：

　　徐福，即徐市，字君房，齐地琅琊人，秦著名方士。他是鬼谷子的弟子，出山的时候，是秦始皇登基前后，李斯任丞相的时代。后来被秦始皇派遣，出海采仙药，一去不复返。后来，有徐福在日本的平原、广泽为王之说，然而这仅仅是传说，并没有确实的记载。徐福东渡究竟去了何方，至今尚未有令人信服的答案。

六经:

　　六部儒家经典。是指经过孔子整理而传授的六部先秦古籍，包括《诗经》《尚书》《仪礼》《乐经》《周易》《春秋》。据说经秦始皇"焚书坑儒"，《乐经》便从此失传。现仅余五经存世，这五部书是中国保存至今的最古老的文献，也是中国古代的重要思想学术流派儒家的主要经典。

余人活埋于咸阳。这一事件被称作"坑儒"。

　　"焚书坑儒"在中国历史上是极其残暴的事件。秦朝统治者的目的在于打击旧贵族的政治思想，强化思想统治。但造成的后果却极其严重：一是使先秦大批文献古籍被毁，给中国文化造成重大损失；二是使春秋末叶以来发展起来的自由思索的精神，遭受了一次沉重打击。

　　焚书坑儒虽维持了秦朝的统治，但也加速了其政权的灭亡。秦始皇焚书坑儒，意在维护统一的集权政治，进一步排除不同的政治思想和见解，但并未收到预期的效果。这一点和秦始皇采用的其他措施有所不同，是秦始皇、丞相李斯所始料不及的。

公元前 210 年
秦始皇病死，胡亥继位为秦二世皇帝

　　公元前 210 年，秦始皇死于他第五次东巡途中。关于他的死因有两种不同的观点，一说死于疾病，一说死于非命。然而无论是哪一种原因，这位秦朝的开国皇帝终究死去了，留下的是一个岌岌可危的秦帝国。

　　秦始皇死后，赵高采取了说服胡亥威胁李斯的手法，三人经过一番密谋，秘不发丧，假借秦始皇旨意，发布诏书，由胡亥继承皇位。同时，还以秦

秦始皇兵马俑

指鹿为马：

　　"指鹿为马"一词出自《史记·秦始皇本纪》。相传赵高试图要谋朝篡位，为了试验朝廷中有哪些大臣顺从他的意愿，特地呈上一头鹿给秦二世，并说这是马。秦二世不信，赵高便借故问各位大臣。不敢逆赵高意的大臣们都说是马，而敢于反对赵高的人则说是鹿。后来说是鹿的大臣都被赵高用各种手段害死了。指鹿为马的故事流传至今，人们便用指鹿为马形容一个人是非不分，颠倒黑白。

扶苏：

秦始皇长子，是秦朝统治者中具有政治远见的人物。他认为天下未定，百姓未安，反对实行"焚书坑儒""重法绳之臣"等政策，因而被秦始皇贬到上郡监蒙恬军。秦始皇死后，赵高等人害怕扶苏继位执政，便伪造诏书，逼其自杀。

始皇的名义指责扶苏为子不孝、蒙恬为臣不忠，让他们自杀，不得违抗。扶苏接到诏令后，和蒙恬一起自杀。

在得到扶苏自杀的确切消息后，胡亥、赵高、李斯这才命令车队日夜兼程，迅速返回咸阳。为了继续欺骗臣民，车队不敢走捷径回咸阳，而是摆出继续出巡的架势，绕道回咸阳。由于暑天高温，秦始皇的尸体已经腐烂发臭。为遮人耳目，胡亥一行命人买了许多鱼装在车上，迷惑大家。

到了咸阳后，胡亥继位，是为秦二世，赵高任郎中令，李斯依旧做丞相。朝廷的大权实际上落到了赵高手中。赵高阴谋得逞以后，开始大肆排除异己。他布下陷阱，把李斯逐步逼上死路，李斯发觉赵高阴谋后，就上奏告发赵高。秦二世胡亥不仅偏袒赵高，并且将李斯治罪，最后将李斯腰斩干咸阳。赵高升任丞相，由于他可以出入宫禁，特称"中丞相"。

胡亥坐上帝王宝座之后，一心想享乐一生，这正合赵高心意，从此讨好胡亥享乐，自己更大胆地专权。赵高掌实权后，实行残暴的统治，终于在公元前209年激起了陈胜、吴广的农民起义。而胡亥不久后也在赵高逼迫下自杀，时年二十四岁。

公元前 209 年
大泽乡起义；刘邦、项梁起兵

　　公元前209年，秦政府征发闾左的贫苦农民九百人去渔阳戍边。陈胜和吴广被指定为这支队伍的屯长。陈胜，字涉，阳城人，曾为人佣耕，对地主阶级的剥削压迫怀有强烈仇恨，具有改变现实的鸿鹄之志，曾对同伴说：苟富贵，无相忘。吴广，字叔，阳夏人，同为贫苦农民。

　　这支戍卒队伍途经蕲县大泽乡时，遇到大雨，不能前进。按照秦朝法律，戍卒不按期报到，就要被斩首。在这生死攸关的时刻，陈胜与吴广商议，与其去渔阳送死，不如就地即刻起义。为了发动群众，增强起义的号召力，他们暗暗在帛书上写上"陈胜王"三个字，藏在鱼腹中，待戍卒剖鱼腹时发现这一帛书感到惊异。又在深夜到附近丛祠中模仿狐狸的声音，高呼：大楚兴，陈胜王。用这种鱼腹丹书、篝火狐鸣的方式，证明起义符合天意，说明陈胜已不再是雇农，而是他们的真命天子。

　　起义的准备工作就绪之后，陈胜和吴广利用押送他们的两个秦尉酒后行凶打人之机，将他们杀死。之后他们削木为兵，揭竿为旗，发动戍卒起义。陈

项梁：

　　秦末著名起义军首领之一，楚国贵族后代，项羽的叔父，其父为楚国名将项燕。生性豪放、骁勇善战。楚国灭亡后，项梁带着项羽避至吴中。他在当地暗中招兵买马，训练子弟。陈胜吴广起义爆发后，项梁叔侄杀会稽太守殷通响应，任张楚政权上柱国，渡江西进，屡胜秦军。陈胜死后，项梁听从军师范增之计，立楚怀王之孙熊心为王，仍称楚怀王，怀王封项梁为武信君。项梁曾率军击败秦将章邯，在雍丘镇斩秦将李由，后因轻敌，在定陶被章邯打败，战死。其侄项羽继续领导起义，后为西楚霸王。

大泽乡：

大泽乡，历史地名，其位置在今安徽省宿州市南蕲县的小刘村。秦朝末年陈胜、吴广于此地发动了中国历史上第一次农民大起义。秦朝大泽乡归属蕲县。蕲县建制保存了一千五百年左右，至元代废止，并入宿州。蕲县、大泽乡都已成为历史地名。

胜以大楚为号，自立为将军，吴广为都尉，中国历史上第一次农民大起义爆发了。

大泽乡起义成功之后，农民军迅速攻下蕲县。然后，分兵两路向东、西两面发展：一路由葛婴率领向东；另一路由陈胜率领向蕲县以西挺进。起义军以势如破竹之势，接连攻克安徽和河南的铚、酂、谯、苦、柘诸县。义军所到之处，被压迫的农民纷纷前来投奔，很快壮大为拥有兵车六七百乘、战马千余匹、战士几万人的队伍。

之后，起义军又集中兵力攻下秦的交通要道陈。陈胜在此召集各方人士会议，商讨反秦大计，确定了"伐无道，诛暴秦"的口号，并正式建立了农民政权，国号张楚，陈胜称王。

起义军在陈的胜利，鼓舞了分布在各地的革命力量，他们纷纷举起反秦的义旗，秦嘉、董緤、朱鸡石于淮北，项梁、项羽于吴县，刘邦于沛县，其余数千人为聚者，不可胜数，很快会聚成一股巨大的洪流，形成了以陈为中心的全国性伟大农民战争。

在农民起义的推动下，六国贵族和中小官吏也纷纷投奔起义队伍。农民军迅速壮大。之后不久，义军从起义中心陈县出发，兵分三路向秦王朝发起总攻。秦王朝陷入了农民起义的汪洋大海之中。

陈胜派兵遣将分头去接应各地起义，他们节节胜利，占领了大批地方。但是因为战线长，号令不统一，有的地方被六国旧贵族占了去。起义不到三个月，赵、齐、燕、魏等地方都有人打着恢复六国的旗号，自立为王。

陈胜派出周文率领的起义军向西进攻，很快攻进关中，逼近秦朝都城咸阳。秦二世惊慌失措，赶快派大将章邯把在骊山做苦役的囚犯、奴隶放了出来，编成一支军队，向起义军反扑。原来的六国贵族各自占据自己的地盘，谁也不去支援起义军。周文的起义军孤军作战，终于失败。吴广在荥阳被部下杀死。起义后的第六个月，陈胜在逃跑的路上被他的车夫庄贾设计杀害。

陈胜、吴广直接领导的农民起义军，在英勇奋斗六个月之后失败了。但他们点燃的反秦烈火并没有熄灭。陈胜的部将吕臣率领的苍头军继续斗争，曾一度收复了陈，处罚了叛徒庄贾，还与英布合军，在清波大败秦军。后来同项梁领导的起义军合在一起。

陈胜、吴广领导的农民起义，是中国历史上第一次农民起义。它沉重打击了秦王朝的黑暗统治，奠定了推翻秦王朝的基础。这次起义提出的伐无道、诛暴秦的革命思想，削木为兵，揭竿而旗的英雄气魄，鼓舞着中国漫长封建社会中千千万万农民，起来反抗封建统治的斗争，为他们指出了解放的道路。

公元前 207 年
巨鹿之战

章邯：

秦末著名军事家，上将军。秦二世时任少府，为秦朝的军事支柱，秦王朝最后一员大将。公元前 209 年 9 月，受命率骊山刑徒及奴产子迎击陈胜起义军周文部，屡战屡胜，使秦廷得以苟延残喘。又陆续攻灭义军田臧等部于荥阳直逼陈，迫陈胜遁走。后攻杀反秦武装首领魏咎、田儋、项梁，移师渡河攻赵。巨鹿之战中被项羽击败，漳污之战中再次被项羽击败而投降，随项羽入关，封雍王。楚汉战争中，章邯在公元前 206 年 8 月，与刘邦军屡战不利，退保废丘。次年 6 月城破自杀。

陈胜、吴广牺牲后，项梁召集各路义军在薛县计议，并接受谋士范增建议，立楚怀王之孙为王，仍称楚怀王。接着项梁率领楚军大败秦军于东阿，刘邦、项羽也在城阳、雍丘等地打败秦军，斩杀秦三川守李由。项梁在取得一系列胜利后骄傲轻敌，被章邯偷袭而死。

章邯破项梁军后，认为楚军主力已被消灭，于是就渡河北上，移兵邯郸，攻击以赵歇为王的河北起义军。赵歇退守巨鹿。秦朝派王离率几十万边防军包围巨鹿，章邯在巨鹿以南筑甬道，以运粮供给王离军。赵歇粮少兵单，危在旦夕，乃遣使求救于楚怀王。

楚怀王与起义军首领在彭城召开紧急军事会议，决定分兵两路：一路由刘邦率领向西直指关中。另一路以宋义为上将军，项羽为次将，范增为末将，率楚军主力北上救赵。援赵大军进至安阳后，宋义被秦军的气焰所吓倒，逗留四十余天不敢前进。项羽痛斥宋义的怯懦行为，很快找机会杀死了他。楚怀王遂拜项羽为上将军，并令英布和蒲将军归项羽指挥。

公元前 207 年，项羽率楚军到达巨鹿县南的漳水，立刻派遣英布和蒲将军率两万义军渡过漳水，援救巨鹿，初战告捷。接着，项羽率领全军渡过漳水，命令全军将船凿沉，炊具砸毁，只带三日口粮，以示不胜则死的决心，以迅雷不及掩耳之势直奔巨鹿，断绝秦军粮道，包围了王离军队。

项羽的决心和勇气，对将士起了很大的鼓舞作用。楚军把王离的军队包围起来。他们士气振奋，越战越勇。经过九次激烈战斗，活捉了王离，杀死了秦将苏角，其他的秦军将士有被杀的，也有逃走的，围巨鹿的秦军就这样被瓦解了。

当时，各路将领来救赵国的有十几路人马。可是他们害怕秦军强大，都扎下营寨，不敢跟秦军交锋。这会儿，听到楚军震天动地的喊杀声，挤在壁垒上看。他们瞧见楚军横冲直撞杀进秦营的情景，吓得伸着舌头，屏住了气。项羽打垮了秦军，请他们到军营来相见的时候，他们都跪在地上爬着进去，连头也不敢抬起来。大家颂扬项羽说："上将军的神威真了不起，自古到今没有第二个。我们情愿听从您的指挥。"自此，项羽实际上成了各路反秦军的首领。

巨鹿解围后，章邯军退至棘原，项羽军驻漳水之南，两军对峙，秦军的连续失败，使章邯失去了秦朝廷对他的信任。项羽抓住时机，派蒲将军击秦军于漳水南岸。接着又亲率大军破秦军于汗水。章邯固守棘原与项羽对峙，派部将司马欣向秦廷告急求援。当时，秦廷赵高专权，猜忌将相，欲杀司马欣。司马欣潜回棘原，劝章邯早图良谋。章邯在降楚、退军之间犹豫不决。项羽派蒲将军率军日夜兼程渡三户津，断秦军归路，自率主力大败秦军。

在项羽的沉重打击下，章邯进退无路，终于在公元前207年率其部众二十万投降项羽。项羽率军行至新安，担心秦朝降军生变，在新安城南将二十万降兵全部坑杀。秦国主力军队尽没，再也无力和起义军抗衡了。

破釜沉舟：

公元前207年，项羽的起义军与秦将章邯率领的秦军主力部队在巨鹿展开大战；项羽不畏强敌，引兵渡漳水。项羽就率领全部军队渡过漳河，把船只全部弄沉，把锅碗全部砸破，把军营全部烧毁，只带上三天的干粮，以此向士卒表示一定要决死战斗，毫无退还之心。巨鹿一战，项羽大破秦军，项兵威震诸侯。

公元前 206 年

刘邦入关，约法三章；秦灭亡，项羽称西楚霸王，楚汉战争爆发

公元前 206 年，刘邦率领大军攻入关中，到达离秦都咸阳只有几十里路的霸上。子婴在仅当了四十六天的秦王后，向刘邦投降。秦王朝就此灭亡了。

刘邦进咸阳后，本想住在豪华的王宫里，但他手下的重要将领樊哙和谋士张良却告诫他不要这样做，以免失掉民心。刘邦接受了他们的意见，下令封闭王宫，只留下少数士兵保护王宫和藏有大量财宝的库房，随即还军霸上。

为了取得民心，刘邦把关中各县的百姓都召集起来，郑重地向他们宣布了"约法三章"。内容是：杀人者死，伤人及盗抵罪。百姓都表示拥护刘邦的政策。接着，刘邦又派出手下，到关中地区周围的各县各乡去宣传"约法三章"。刘邦很快得到了关中百姓的拥戴。

自从陈胜牺牲后，刘邦和项羽的军队成为了反秦武装的主力。刘邦、项羽相继率兵入关，秦王朝被推翻。按照原来楚怀王的"先入定关中者王之"的约定，刘邦先入咸阳，理应做关中王，但项羽自

西楚霸王：

秦末著名军事家，上将军秦末起义军首领，项羽在灭秦后给自己加封的封号。项羽是楚国人，祖父为楚国名将项燕，秦始皇统一六国的过程中，在伐楚时项燕战死，项羽随其叔项梁在各地逃亡，后来发起了声势浩大的人民起义。项羽能征善战，在灭秦战争中发挥了巨大的作用，但是他为人刚愎自用，在与刘邦争夺统治权的战争中最终失败，在乌江边自刎。项羽以武勇著称于中国古代，被历代史家称为是"中国武将第一人"。

恃功高，企图独霸天下。公元前 206 年 2 月，项羽佯尊楚怀王为义帝，将他徙于郴县。4 月，项羽分封天下十八诸侯王，自立为西楚霸王，封刘邦为汉王。

项羽进入秦都咸阳后，大肆烧杀抢掠，此举使得他失去了民心，也导致他的军队无法在关中地区立足。此后他贬义帝于江南，迁刘邦于蜀地，徙故王于恶地，封亲信诸将于善地。这些行为挑起和加剧了各路诸侯之间的权力纷争，并且迅速激化了他与刘邦之间的矛盾。

刘邦被徙封汉王后，决定以汉中为基地，积蓄力量，安定巴蜀，然后收复三秦。三个月后，刘邦乘齐王田荣起兵反楚的有利时机，起兵东进，挑起了楚汉战争。

项羽分封诸侯后，率军回归楚都彭城。不久，齐、赵和彭越起兵反楚，对西楚构成直接威胁。项羽不得不调遣主力对抗齐军，以稳定局势。而刘邦此时乘项羽无暇西顾的机会，于 8 月出故道，迅速占领三秦地区，挑起了对楚的战争。项羽在战略上陷入两线作战的不利处境。

楚军主力一时之间被困于齐地，无法脱身，刘邦乘机占领洛阳。随后，刘邦又以项羽谋害义帝为由，率诸侯联军共数万人攻占了楚都彭城。项羽得知彭城失陷的消息后，亲自率精兵三万人回师彭城。在楚军突然袭击下，汉军拼凑起的数万乌合之众一败涂地，刘邦仅剩下数十骑突围。

彭城之战后，楚汉便进入了双方相持的阶段，此时项羽占有绝对的优势。刘邦为扭转局势，组建了骑兵部队，以阻挡楚军的进攻。与此同时，汉军一方面坚守荣阳、成皋一线，另一方面积极在楚军的后方和侧翼开辟新战场。这一部署打击了项羽在战略上的致命弱点，很快收到了成效。

汉初三杰：

指西汉建立之初的三位功臣：韩信、张良、萧何。韩信为汉朝著名战将，因其军事才能引起猜忌，后来由于被控谋反处死；张良是汉高祖刘邦的谋臣，为刘邦完成统一大业奠定了坚实基础，汉朝建立时封留侯，后功成身退；萧何是西汉重臣，楚汉战争时，他留守关中，支援刘邦作战，对刘邦战胜项羽，建立汉朝起了重要作用，高祖死后，他辅佐惠帝，公元前 193 年病死。

公元前205～前204年，汉将韩信接连平定魏、代、赵、燕，随后矛头直指齐地，逐渐形成包围西楚的态势。而项羽却始终不能摆脱两线作战的困境，形势反而愈发艰难。因为项羽不能用人，在政治上、军事上连连失策，这使刘邦得以调兵遣将，完成了对项羽的战略包围。

公元前204年，汉军在成皋大破楚军，韩信尽得齐地。项羽腹背受敌，进退无路，楚军完全陷于汉军的包围中。公元前203年，项羽向刘邦提出议和，楚汉约定以鸿沟为界，鸿沟以西为汉，以东为楚。至此，项羽已经处于极为不利的境地，刘邦占据了局面上的主动。决定楚汉命运的决战，即将展开。

公元前 202 年

垓下之战，楚汉战争结束；刘邦称帝，西汉王朝建立

公元前 202 年，刘邦率领军队追击楚军至固陵，韩信、彭越的军队均未赶来增援。这给了楚军反击的机会。项羽率领楚军转身发动突然进攻，汉军不敌，只得退入壁垒固守。但项羽却未能乘胜扩大战果，进一步围歼汉军，而与之对峙于固陵，这样就给了刘邦喘息之机。

为使韩信、彭越安心助汉击楚，打败项羽，刘邦采纳了张良的建议，封彭越为梁王，并明确了韩信和彭越的封地。韩信、彭越不久后果然率部前来会师。10 月下旬，韩信引兵进占彭城，同时攻下楚国许多领土。

被刘邦封为淮南王的英布也遣将进入九江地区，诱降了楚大司马周殷，随后合军北上进攻城父。刘邦也由固陵东进，此时的形势对楚极为不利，项羽被迫向东南撤退。11 月，项羽退至垓下，筑垒安营，整顿部队，恢复军力，此时楚军尚有约十万人。12 月，刘邦、韩信、彭越、英布四路大军在垓下会师，对楚军形成了合围。

韩信的军队共三十万人，分三路首先与楚军交

四面楚歌：

楚汉垓下之战时，项羽大军被汉军围困，但是实力尚存，汉军一时之间难以取胜。为了尽快取胜，谋士张良用计，让汉军夜夜高唱楚歌，以瓦解楚兵斗志。项羽听到四面皆楚歌，以为楚国领地已经被汉军占领，认为自己大势已去，连夜突围，后在乌江边自刎，楚军也被汉军全歼。

霸王别姬：

霸王项羽在垓下之战中，听到四面楚歌，自知大势已去，在突围前夕，不得不和虞姬诀别。《楚汉春秋》和《史记·项羽本纪》中有"霸王别姬"故事的最早记载。虞姬，吴中虞氏美女。慕项羽英名，嫁与项羽为妻，陪伴左右。相传项羽兵败之时，虞姬自刎。

战。韩信统领中路兵马，进攻失利，向后撤退，同时下令左、右两路兵马投入战斗。楚军受挫，韩信又率军返回冲杀，三路兵马合击，楚军大败，项羽被迫退入壁垒中据守。韩信指挥各路大军将楚军重重包围，楚军屡战不胜，陷入重围之中。但是，汉军一时也难以彻底打败楚军。

为了尽快取胜，谋士张良用计，让汉军夜夜高唱楚歌，以瓦解楚兵斗志。项羽听到四面皆楚歌，以为楚国领地已经被汉军尽数占领，认为自己大势已去，便连夜率领八百精锐骑兵突围南逃。天明以后，汉军得知项羽突围，便派遣五千骑兵追击。项羽渡过淮水后，仅剩百余骑相随，行至阴陵因迷路耽搁了时间，被汉军追上，一番拼杀后，项羽突至东城，手下仅剩二十八骑。

项羽指挥这二十八骑，将汉军骑兵杀得人仰马翻。他再次杀开一条血路，向南突围逃走，至乌江边，自觉无颜见江东父老，便命令手下皆下马，以短兵器与汉军搏杀，项羽一人杀汉军数百人，自己也受了十余处创伤，最后，一代名将在乌江边自刎而死，年仅三十一岁。项羽死后，汉军全歼了楚军的残余兵马，楚地也都向汉投降。至此，历时近五年之久的楚汉战争终以刘邦的胜利而告终。

楚汉战争是由秦末农民战争直接演变而来的。秦朝被推翻后，项羽和刘邦便展开了争夺统治权的战争。项羽不善用人，且残暴不仁，失去了民心。而刘邦知人善用，并且得到了百姓的拥护，所以能够战胜项羽。从秦灭亡之后，经过五年的战乱，分裂的中国再次归于统一。刘邦取胜后建立了汉朝，汉朝是一个"大一统"国家，中国也在其统治下走向了新的发展时期。

表十八　西汉前期主要外姓诸侯王

公元前 200 年
白登之围

公元前 201 年，刘邦称帝，建立西汉政权。登基后，刘邦平定了诸侯王的叛乱，巩固了统一的局面，同时建章立制，采用休养生息的宽松政策治理天下，迅速恢复了经济生产。这些政策起到了安抚百姓，增强民族凝聚力的效果。

但是，汉王朝建立之后，统治仍不稳固，时刻面临着诸侯王的叛乱以及游牧民族的袭扰问题。为了巩固刚刚建立起来的汉王朝，公元前 200 年冬，汉高祖刘邦亲率三十二万大军，出征匈奴，同时镇压韩王信叛乱。

汉军进入太原郡后，取得了一系列的胜利。韩王信的军队遭到重大伤亡，其部下将领王喜被汉军杀死，韩王信被迫逃奔匈奴。韩王信手下的将领拥立战国时赵王的后裔赵利为王，聚集韩王信的残兵败将，准备匈奴合谋再度攻汉。

此时，匈奴冒顿单于派左、右贤王各自统领一万多兵马与韩王信的残兵聚集在广武以南至晋阳一带，企图阻挡汉军北进。汉军士气高昂，在晋阳打败了韩王信与匈奴的联军。敌军败逃，汉军乘胜

冒顿单于：

冒顿，姓挛鞮，匈奴首领。于公元前 209 年，杀父头曼单于而自立。他是中国少数民族中第一位雄才大略的军事家、统帅。公元前 209 ~ 前 174 年在位挛鞮氏，在政治、军事等方面多有建树，使匈奴迅速强大起来。他率兵向北征服了浑庾、屈射、丁零、鬲昆、薪犁等国，尽使北方各族服从匈奴的统治。西汉建立之初，冒顿单于多次侵攻汉朝，曾围困汉高祖于白登山。后与西汉和亲，汉匈才停止战争。公元前 174 年去世。

追至离石，再次击败韩王信与匈奴的联军。匈奴再次在楼烦西北集结兵力，却又被汉骑兵部队击溃。

汉军节节胜利，开始产生了麻痹轻敌的思想。刘邦到达晋阳后，听说匈奴驻兵于代谷，派使臣十余批出使匈奴，匈奴故意将精锐部队隐藏，将老弱病残列于阵前。派去的使臣十余批回来都说匈奴可以攻击。刘邦于是更加骄傲轻敌，决定继续进兵。

刘邦率骑兵先到达平城，此时汉军步兵还未完全赶到。冒顿单于见汉兵蜂拥赶来，在白登山设下埋伏。刘邦带领兵马一进入包围圈，冒顿单于马上指挥四十万匈奴大军，截住汉军步兵，将刘邦的兵马围困在白登山，使汉军内无粮草、外无援兵，不能相救。

刘邦发现被包围后，组织突围，经过几次激烈战斗，也没有突围出去。之后，冒顿率领骑兵从四面进行围攻，企图将汉军冲散。结果，双方损失很大，一直相持不下。此时正值隆冬季节，气候严寒，汉军士兵不习惯北方生活，冻伤很多人。但是匈奴也没有办法击败汉军，围困了七天七夜，白登也没有被占领。

刘邦在此时采用了谋士陈平的计策，贿赂匈奴单于的阏氏，阏氏得了贿赂，便建议单于放汉军一条生路。冒顿单于此时也怀疑韩王信的兵马与汉军勾结，担心继续相持下去会对自己不利，便采纳了阏氏的建议，打开包围圈的一角，让汉军撤出。当天正值出现大雾，汉军趁着大雾逃出，这才得以脱险。刘邦率军狼狈逃走。

白登之围后，冒顿单于屡次违背汉朝与匈奴所订立盟约，不断对边界地区进行侵扰劫掠活动。刘邦为了休养生息，采纳了大臣刘敬的建议与匈奴和亲，以宗室女为公主嫁给冒顿单于，并派刘敬作为使者陪同前往。此外，汉朝每年又送给匈奴大批

和亲：

西汉为缓和汉、匈关系，嫁宗室女与匈奴单于的政策。和亲在历朝历代时有发生，直至清朝末期才完全停止。和亲在客观上有利于国家的统一和民族的团结，对促进各民族之间的经济文化交流起着一定的作用。但并非所有的和亲都是出于自愿，也并不是所有的和亲都可以达到希望的效果。

物资。

自此，汉与匈奴约定结为兄弟之国，各自以长城为界，两国的关系得到了暂时的缓和。但是，和亲政策只是一种权宜之计，并没有在实质上解决匈奴对汉朝的威胁，之后匈奴仍然不断侵扰汉朝，成为西汉初年国家统治的重要隐患。

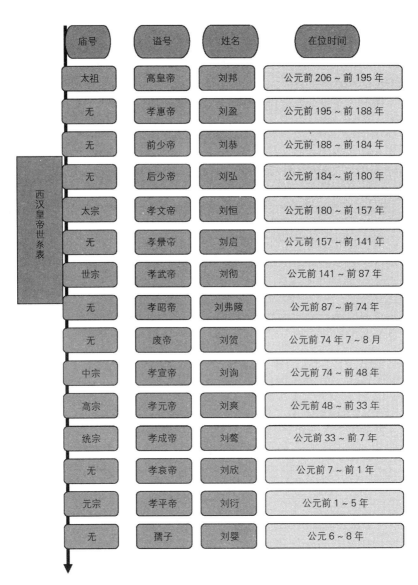

庙号	谥号	姓名	在位时间
太祖	高皇帝	刘邦	公元前 206 ~ 前 195 年
无	孝惠帝	刘盈	公元前 195 ~ 前 188 年
无	前少帝	刘恭	公元前 188 ~ 前 184 年
无	后少帝	刘弘	公元前 184 ~ 前 180 年
太宗	孝文帝	刘恒	公元前 180 ~ 前 157 年
无	孝景帝	刘启	公元前 157 ~ 前 141 年
世宗	孝武帝	刘彻	公元前 141 ~ 前 87 年
无	孝昭帝	刘弗陵	公元前 87 ~ 前 74 年
无	废帝	刘贺	公元前 74 年 7 ~ 8 月
中宗	孝宣帝	刘询	公元前 74 ~ 前 48 年
高宗	孝元帝	刘奭	公元前 48 ~ 前 33 年
统宗	孝成帝	刘骜	公元前 33 ~ 前 7 年
无	孝哀帝	刘欣	公元前 7 ~ 前 1 年
元宗	孝平帝	刘衍	公元前 1 ~ 5 年
无	孺子	刘婴	公元 6 ~ 8 年

西汉皇帝世系表

表十九　西汉皇帝世系表

公元前 196 年
韩信被吕后处死

韩信是西汉开国名将，汉初三杰之一，留下许多著名战例和策略。韩信为汉朝立下汗马功劳，历任大将军、左丞相、相国，封齐王、楚王、淮阴侯等，却也因其出色的军事才能而引起刘邦猜忌。

公元前 201 年，有人告韩信谋反。刘邦用陈平的计策，说天子要出外巡视会见诸侯，通知诸侯到陈地相会，其实是想要袭击韩信。刘邦将到楚国时，韩信打算起兵谋反，但又认为自己无罪，想去谒见刘邦，又怕被擒。这时有人向他建议，杀掉前来投奔的项羽旧将钟离昧，高祖必定高兴，也就不用担心祸患了。于是韩信把此事与钟离昧商议，结果钟离昧自杀而亡。

韩信持钟离昧首级去陈谒见刘邦。刘邦令武士把韩信捆绑起来，放在随从皇帝后面的副车上。韩信说："狡兔死，走狗烹；高鸟尽，良弓藏；敌国破，谋臣亡。"以此来鸣不平。高祖将韩信押回洛阳，赦免了韩信的罪过，改封他为淮阴侯。

韩信被贬为淮阴侯之后，深知高祖刘邦畏惧他的才能，所以从此常常装病不参加朝见或跟随出行，

一饭千金：

韩信在未得志时，境况很是困苦，时常要饿着肚子。有一个妇女，很同情韩信的遭遇，便不断地救济他，给他饭吃。韩信在艰难困苦中，得到那位妇女的恩惠，很是感激她，便对她说，将来必定要重重地报答她。妇女听了韩信的话，很是不高兴，表示并不希望韩信将来报答她的。后来，韩信替汉王立了不少功劳，被封为齐王，他想起从前曾受过那位妇女的恩惠，便命从人送酒菜给她吃，更送给她黄金一千两来答谢她。这便是"一饭千金"的典故。见于《史记·淮阴侯列传》。

成也萧何，败也萧何：

西汉开国功臣韩信，经萧何举荐，被刘邦任为大将军，为汉朝的建立立下汗马功劳，汉朝建立后被封为楚王。后因韩信功高震主，刘邦深为忌惮，便决心将他除去，而萧何又替吕后设计，杀死了韩信。后来用"成也萧何，败也萧何"来比喻事情的成败、好坏都由一个人造成。

只是在家中闷闷不乐。这段时间里他与张良一起整理了先秦以来的兵书，共得一百八十二家，这也是中国历史上第一次大规模兵书整理，为中国军事学术研究奠定了科学的基础。同时还收集、补订了军中律法。韩信著有兵法三篇，已佚。

不久后，韩信的好友陈豨被封为巨鹿郡郡守，前来向韩信辞行。韩信建议陈豨谋反，他愿意做内应。陈豨平素就了解韩信的才能，相信他的计谋，表示一切听从韩信的指示。

公元前197年，陈豨果然谋反。刘邦亲自率兵前去征讨，韩信称病不随高祖出征。有人向韩信建议，可以在夜里假传诏旨，赦放那些在官府中的囚徒和官奴，然后率领他们去袭击吕后和太子。这时，韩信的一位门客因为得罪了韩信而被囚禁。那位门客的弟弟就向吕后密告韩信要谋反的情况。吕后无明确证据，只有把韩信骗来，于是与相国萧何商议，说陈豨已被杀死，诸侯群臣都前来进宫朝贺。韩信因为和萧何的友情，前去进贺。入朝后，吕后命令武士把韩信捆绑起来。不久后便将他杀死。

公元前196年初，大汉开国元勋淮阴侯韩信死于长乐钟室，年仅三十三岁。随后，韩信三族被诛，时人无不哀叹。

公元前 195 年
刘邦病死

公元前 196 年，吕后诛杀了淮阴侯韩信。因此，同为开国功臣的淮南王英布内心感到了恐惧。同年，刘邦又诛杀了梁王彭越，并把他剁成了肉酱，分别赐给诸侯。送到淮南，英布正在打猎，看到肉酱特别害怕。便暗中使人部署并集结军队，决意造反。

英布造反后，汉高祖率军亲自平乱。英布的军队向西挺进，在蕲县以西的会甀和刘邦的军队相遇。英布的军队非常精锐，刘邦就躲进庸城壁垒，坚守不出。他见英布列阵的方式如同项羽的军队，感到非常厌恶。刘邦和英布遥相望见，远远地对英布说："何苦要造反呢？"英布说："我想当皇帝啊！"刘邦大怒，两军随即展开大战。

英布最终被刘邦击败，但是在战斗中，刘邦也中了箭伤，回到长安后病情加重。吕后找来名医，刘邦问他病情，医生说能治，刘邦一听口气，就知道不会好了，他说："吾以布衣提三尺剑取天下，此非天命乎？命乃在天，虽扁鹊何益！"说完便打发医生走了。

吕后看着弥留中的刘邦，问他死后人事的安排：

英布：

英布又名黥布，是中国秦朝末期农民起义领袖之一，后投靠项羽，为西楚名将，作战十分英勇，是项羽帐下五大将之一，被封为九江王。后叛楚归汉，被刘邦封为淮南王。英布与韩信、彭越并称汉初三大名将，彭越被刘邦处死后，英布担心自己也会被杀，遂起兵造反，刘邦亲自率军将其击败，逃亡中被杀死。

《大风歌》：

《大风歌》是汉朝皇帝刘邦所作的诗歌。公元前196年，刘邦平定了英布后，路过家乡沛县，置酒招父老宴，酒酣，刘邦击筑《大风歌》使当地儿童歌唱。全文仅二十三字："大风起兮云飞扬，威加海内兮归故乡，安得猛士兮守四方！"这首《大风歌》生动地显示出刘邦的豪迈与壮志。

"萧相国死后，由谁来接替呢？"刘邦说曹参。吕后问曹参之后是谁，刘邦说："王陵可以在曹参之后接任，但王陵智谋不足，可以由陈平辅佐。陈平虽然有智谋，但不能决断大事。周勃虽然不擅言谈，但为人忠厚，日后安定刘氏江山肯定是他，用他做太尉吧。"吕后又追问以后怎么办，刘邦说："以后的事你不会知道了。"

刘邦驾崩于公元前195年，享年六十二岁，葬于长陵，谥号为高皇帝，庙号是太祖。他开创的汉朝奠定儒家思想影响下的中国文化制度，对后世影响深远。刘邦死后，刘盈继承了皇位，是为汉惠帝。

惠帝继位后，实施仁政，减轻赋税，提拔曹参为丞相。他在位时政治比较清明，社会也很安定。但是，惠帝优柔寡断、软弱无能，在位后期处处受到吕太后牵制，以致最后抑郁而终，死去时年仅二十四岁。

公元前188年

吕太后临朝

刘邦死后，十七岁的刘盈继帝位，吕雉为太后。刘盈年幼仁弱，大权便落在吕太后手中。为翦除异己，吕太后毒杀赵王如意、砍断戚夫人手足，挖眼烧耳，给她吃哑药使她变哑，并置之厕中，任其哀号，名为"人彘"。刘盈不满其母的残忍，以不理朝政的方式表示抗议。

公元前188年，惠帝刘盈忧郁病逝，少帝刘恭继位，吕太后临朝称制，行使皇帝职权。吕后是中国皇后专政的第一人。少帝因其生母为吕后所杀，颇有怨言。公元前184年，吕后杀少帝刘恭，立刘弘为（后）少帝，吕太后照旧临朝天下。

吕后有政治家的风度，匈奴冒顿单于乘刘邦之死，下书羞辱吕后，说："陛下独立，孤愤独居，两主不乐，无以自虞，愿以所有，易其所无。"吕后采纳季布的主张，压住怒火，然后赠予车马，婉言谢绝，终于化干戈为玉帛，匈奴自愧失礼，遣使向汉朝认错。

吕太后为了强化自己的统治，在采取无为而治的政策巩固政权的同时，又着力于打击诸侯王和政

汉惠帝：

汉惠帝刘盈，西汉第二位皇帝，刘邦次子，母亲吕雉。刘邦死后继位，他优柔寡断，软弱无能，在位期间大权掌握在母亲吕后之手。他实施仁政，减轻赋税，提拔贤人曹参为丞相，政治比较清明，社会也很安定。在位7年，死时年仅24岁。谥号"孝惠"，葬于安陵。

曹参：

西汉开国功臣，名将，是继萧何后的汉代第二位相国。公元前209年，曹参跟随刘邦在沛县起兵反秦，身经百战，屡建战功，攻下两国和一百二十二个县。刘邦称帝后，对有功之臣，论功行赏，曹参功居第二，赐爵平阳侯，汉惠帝时官至丞相，继续实行萧何制定的政策方针，继相三年后病逝，汉史上与萧何齐名，"萧规曹随"一词也以此流传后世。

治上的反对派。她重用宠臣审食其，又大封吕氏子孙为王侯。随后不久，她杀掉了刘氏诸侯王赵王刘友和梁王刘恢。

右丞相王陵坚决反对封诸吕为王的政策，坚持高祖与大臣的盟约，"非刘氏而王，天下共击之"。吕太后不高兴，就让他担任皇帝的太傅，夺了他的丞相职权。王陵只得告病回家。

吕后随即任命审食其为左丞相。陈平、周勃虽然不服，却也只好顺从。审食其无能，吕太后却常与他决断大事，公卿大臣处理事务都要通过审食其才能决定。吕后这些做法遭到刘氏宗室和大臣的激烈反对。

吕太后先后分封吕氏家族十几人为王为侯，并且残酷迫害刘邦的子孙。以此壮大吕家势力。公元前180年，吕后病重，她临终前仍没有忘记巩固吕氏天下。在她病危之时，下令任命侄子赵王吕禄为上将军，统领北军；吕王产统领南军。并且告诫他们要牢牢掌握军队不能放松警惕，以防止刘氏皇族宗室的反扑。

不久后，吕太后病死，与汉高祖合葬长陵。由于吕后执政时期培植起一个吕氏外戚集团，从而加剧了汉统治阶级内部的矛盾。在她死后不久，刘氏皇族集团与吕氏外戚集团便展开了争权夺利的流血冲突。诸吕阴谋叛乱，齐、楚等诸侯国起兵伐吕，消灭了诸吕势力。平定诸吕是统治集团内部刘氏和吕氏权力之争，刘氏的胜利也使得汉朝的统治得到了巩固，避免了社会动乱。

公元前 180 年
汉文帝继位，文景之治时代开始

公元前 180 年吕后死，众臣拥立二十四岁的刘恒继位。他就是汉文帝。文帝以俭约节欲自持，是个谦逊克己的君主。他好黄老之学，施行无为之治。这对稳定汉初封建统治秩序、恢复利发展经济，都起到了重要作用。

汉文帝十分重视农业生产，鼓励农民发展生产。他注意减轻百姓负担，常颁布减省租赋诏令。文帝对秦代的苛刑峻法十分厌恶，在高祖、吕后改革的基础上，又对律法做了重大改革。文帝对周边少数民族采取安抚友好的政策，不轻易动兵，尽力维持相安的关系。这种做法既起到了抵抗外来入侵的目的，又起了开发边境的作用，为汉代屯田之先河。

在生活方面，文帝崇尚省俭克奢，他在位的二十三年中，生活上极为简朴。公元前 157 年，文帝去世，终年四十六岁，不久后，太子刘启继位，刘启便是汉景帝。

汉景帝是汉文帝的长子。他在位时继续施行黄老治术，实行无为政治，节俭爱民。后因采用晁错的主张，削夺诸侯王封地，引起七国之乱，幸赖太

七国之乱：

汉景帝时期，晁错上《削藩策》，以削弱诸侯国。汉景帝用晁错之言对诸侯国施行削藩政策，引起诸侯王的严重不满，以吴王濞为首，共有七个诸侯国一起发动叛乱，史称七国之乱。汉景帝任用周亚夫率军平叛，在三个月内，将叛乱彻底平定。之后，汉景帝继续施行削藩策略，降低诸侯王权力。诸侯国强大难治的局面大为缓和，中央集权逐渐巩固。

无为而治：

无为而治是道家的基本思想，也是其修行的基本方法，该思想首先是由老子提出的。汉朝文、景二帝统治时期，将无为而治作为治国方针，使人民得以休养生息，生产得到恢复发展。最终开创了西汉初年的治世——文景之治。

尉周亚夫平定，自此中央权力巩固，诸王毫无实力。

此外，汉景帝比较节约朴素，希望引导人们走向善良，使西汉王朝的统治在人们心目中高度合理化，所以"文景之治"得以实现。不过他统治了仅十六年，在四十八岁时就去世了。但是，他身后留下了一个富强繁荣的汉帝国。

汉初至汉武帝继位的七十年间，文、景二帝仁慈恭俭，笃信黄老，以清静不扰民为政策，海内富庶，国力强盛，世称为"文景之治"。文帝和景帝实行的政策符合当时社会的发展状况，促进了政治的进步和经济的繁荣，从而建立起了强大安定的治世。"文景之治"是中国历史上有名的空前盛世，为之后汉武帝的大一统局面打下了坚实的基础。

公元前 141 ～ 前 87 年

汉武帝大一统时代，罢黜百家独尊儒术，丝绸之路的开辟

公元前 141 年，汉景帝驾崩。刘彻继位，刘彻就是汉武帝。他登基时仅有十六岁，继位后一改文景时代无为而治的治国策略，开始在政治、经济、军事等方面实行一系列的调整和改革，以适应统一国家的需要。

汉武帝派名将卫青、霍去病三次大规模出击匈奴，旨在彻底解决匈奴对西汉的威胁。公元前 127 年，匈奴入侵，卫青率军反击。他收复河套地区，解除了匈奴对长安的直接威胁。公元前 121 年，汉武帝命霍去病发动远征，沉重地打击了匈奴右部，夺取河西走廊，打通至西域的道路，令匈奴受到了很大的损失。公元前 119 年，卫青和霍去病统军十万，再伐匈奴，出塞两千余里，至狼居胥山，将当时汉朝的北部疆域从长城沿线推至阴山甚至更远。经过这几次重大战役之后，匈奴力量大为衰竭，再也无力与西汉政府抗衡，转而向西发展，匈奴数百年来对西汉的威胁彻底解除了。

在对匈奴的战争同时，汉武帝采取和平手段和军事手段使西域诸国臣服，派张骞两次出使西域，

霍去病：

霍去病，河东郡平阳县人。中国西汉武帝时期的杰出军事家，是名将卫青的外甥，任大司马骠骑将军。好骑射，善于长途奔袭。霍去病多次率军与匈奴交战，在他的带领下，匈奴被汉军杀得节节败退，霍去病也留下了"封狼居胥"的佳话。他用兵灵活，注重方略，不拘古法，勇猛果断，每战皆胜，深得武帝信任。留下了"匈奴未灭，无以家为也"的千古名句。公元前 117 年病卒，年仅二十四岁（虚岁）。

昭宣中兴：

西汉昭帝和宣帝时代，西汉处于恢复稳定及发展阶段。汉昭帝八岁继位，霍光辅政，继续实行汉武帝后期以来的政策，多次下诏赈贷农民，减免田租、口赋等税收，减轻农民的负担。宣帝刘询继位后，更着力整顿吏治，推行一系列政治经济的措施，如招抚流亡、安定民生等，使社会生产重新得到恢复和发展。史称"昭宣中兴"或"西汉中兴"。

获得了大量前所未有的西域资料，打通了著名的丝绸之路，进一步加强了与西域的联系，促进了西域社会的进步，丰富了中原的物质生活，并发展了中西经济文化的交流。为后来把西域并入中国版图奠定了基础。

汉武帝对内则实行"推恩令"，进一步削弱诸侯王的力量，诸侯王强大难治的局面不复存在。之后又颁布"左官律"和"附益法"，使诸侯王丧失了原有的政治地位。通过上述政策，汉武帝完成了对诸侯国的削弱，西汉中央政权的统治更加稳定了。

汉武帝还召开"盐铁会议"，将制盐和制铁的事业收为国有，创立"均输""平准"官，与民争利，国家的税收有所增加，但也因此引发了一些暴乱。汉武帝还下令统一货币，发行五铢钱，使得币值得到了较长期的稳定，国家的经济力量在上述政策下也逐渐被加强了。

西汉五铢钱

汉武帝的另一重要政策，便是"罢黜百家，独尊儒术"。他将儒家以外的各家学说一律罢黜，使儒家学说成为了中国固有的文化潮流。这种情况对于学术文化的发展是极其不利的，但同时却加强了国家专制制度，巩固了国家的统一。

武帝晚年，听信方士之言，酿成了"巫蛊之祸"。同时，西汉政府在军事和经济上也受到了一系列的打击，阶级矛盾日益加深，农民暴动时有发生。汉武帝对自己过去几年中的所作所为颇有悔意，发表了著名的《轮台罪己诏》。这份诏书表达了汉武帝对自己深刻的反省。颁布后不久，国家也渐渐稳定下来。武帝进一步推行马复令和代田法，缓和了阶级矛盾。

公元前 87 年，汉武帝驾崩，时年七十岁。他统治的五十余年，是西汉王朝的鼎盛时期，也是中华民族的蓬勃发展时期。汉武帝在临终之前，委任霍去病之弟霍光为辅政大臣，让他在自己死后辅佐他的儿子刘弗陵。

武帝死后，刘弗陵继位，他就是汉昭帝。霍光不辱使命，全力辅佐汉昭帝，延续了武帝以来的辉煌。昭帝和之后的宣帝也始终坚持执行武帝晚年制定的与民休息的政策，因而在西汉中期出现了被后世称颂的昭宣中兴局面。

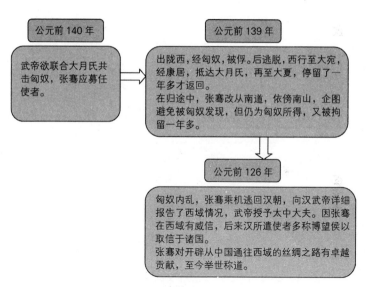

公元前 140 年

武帝欲联合大月氏共击匈奴，张骞应募任使者。

公元前 139 年

出陇西，经匈奴，被俘。后逃脱，西行至大宛，经康居，抵达大月氏，再至大夏，停留了一年多才返回。
在归途中，张骞改从南道，依傍南山，企图避免被匈奴发现，但仍为匈奴所得，又被拘留一年多。

公元前 126 年

匈奴内乱，张骞乘机逃回汉朝，向汉武帝详细报告了西域情况，武帝授予太中大夫。因张骞在西域有威信，后来汉所遣使者多称博望侯以取信于诸国。
张骞对开辟从中国通往西域的丝绸之路有卓越贡献，至今举世称道。

表二十　张骞出使西域

公元前 33 年
昭君出塞

呼韩邪单于：

西汉后期匈奴单于。公元前 58～前 31 年在位。名稽侯珊。虚闾权渠单于之子。公元前 58 年，被其兄郅支单于击败，率部归附汉朝，对汉称臣。公元前 51 年，朝见汉宣帝，受特殊礼遇。数年后，鉴于郅支单于西迁，内患已消，力量渐强，率部重归漠北。公元前 33 年，第三次朝汉，自请为婿，娶汉宫女王嫱为妻，号为宁胡阏氏。此后，汉与匈奴四十余年无战事。

汉宣帝死后，刘奭继位。他就是汉元帝。汉元帝继承了昭宣以来的盛世景象，继续维持着西汉王朝的统治。与此同时，北方的匈奴部落内部也出现了新的变化，开始与汉朝有了新的接触和交流。

匈奴由于内部相互争斗，结果越来越衰落，最后分裂为五个单于势力。公元前 54 年，匈奴呼韩邪单于被他哥哥郅支单于打败，南迁至长城外的光禄塞下。同西汉结好，约定"汉与匈奴为一家，勿得相诈相攻"。呼韩邪单于一直保持和汉朝交好，曾亲自带部下来朝见汉宣帝。并三次进长安入朝，向汉元帝请求和亲。呼韩邪在公元前 33 年再次亲自到长安，第三次要求同汉朝和亲时，汉元帝同意了，决定挑选一名宫女当公主嫁给呼韩邪单于。

宫女王嫱深明大义，主动"请行"。元帝便命他出塞和亲。昭君出塞，实现了匈奴百姓向往和平的愿望，呼韩邪单于封她为"宁胡阏氏"。象征她将给匈奴带来和平、安宁和兴旺。后来呼韩邪单于在西汉的支持下控制了匈奴全境，从而使匈奴同汉朝和好达半个世纪。

昭君去世后，她的女儿须卜居次、当云居次、外孙大且渠奢、侄子王歙和王飒等人，都继续为汉匈和平友好做过努力。昭君出塞六十年，"边成宴闭，牛马布野，三世无犬吠之警，黎庶无干戈之役"。

西汉通过和亲保证了边境地区的安宁，这也在客观上保证了社会的稳定和发展。匈奴在数十年中没有和西汉发生武装冲突，同时也学习到了先进的汉朝文化，发展得也很迅速。昭君出塞是西汉后期极其重要的事件，这促进了地区交流，加强了中央统治，为中华文明的发展做出了重要的贡献。

公元8年
王莽称帝，建立新朝，西汉王朝灭亡

西汉末年，土地高度集中，政治日益腐败，社会动荡不安。种种迹象表明，西汉政权已经走到穷途末路。面对这种形势，有不少人向统治者提出各种解救危机的办法。

哀帝时，大司马师丹针对当时社会上土地兼并严重、贫富差距急剧加大的严重情况，建议对贵族豪富占有土地和奴婢的数量加以限制。丞相孔光、大司空何武则提出了更为详尽的措施，提议从诸侯王到吏民百姓，拥有田产最多不能超过三十顷，占有奴婢的数量，诸侯王不得超过两百人，列侯、公主不得超过一百人，关内侯、吏民百姓不得超过三十人，富商大贾不得做官、不得拥有田产，田产、奴婢数量超过以上限制者，一律没收入官，官奴婢年在五十岁以上者，可以免为庶人。

这种措施虽然正确，但触及到了统治阶级的利益，在当时根本行不通。因为当时包括丁、傅两家外戚和董贤在内的绝大多数豪强地主、贵族官僚，都早已超过最高限额，他们绝不愿放弃既得利益。所以，这个建议刚一提出，即被束之高阁，成为一

新朝：

王莽建立的王朝。从公元9年到公元23年，仅存十四年时间。王莽建立新朝后实行改革，引起国家动乱，之后又引发了绿林、赤眉大起义。公元23年，在昆阳，王莽军被更始帝大军打败。同年，赤眉绿林军攻入长安，王莽被杀，新朝灭亡。

纸空文。

切中时弊的建议无法实施，荒诞、迷信的理论却大行其道。成帝时，有人宣扬汉家逢天地之大终，当更受命于天的理论。也就是说，汉代将终，应当改朝换代。这当然不被西汉统治者所接受，散布流言者也被处死。

哀帝继位后，又有人提出汉历中衰，当更受命的理论，哀帝无力改变社会现状，打算依靠更改年号和国号，以此来挽救汉政府的颓势。公元前5年，哀帝宣布再受命，改建平二年为太初元将元年，改号为陈圣刘太平皇帝。但是这些行为完全没有起到任何作用，只是一场闹剧而已。

再受命丑剧的上演，充分显示出汉朝统治者在内外交困中走投无路、空虚绝望的心情，也表明刘姓皇统在社会上已经失去威望。外戚世家出身的王莽就是在这种情况下，趁机夺取最高统治权，充当了统治集团内部易姓受命的主角。

公元前1年，汉哀帝去世，并未留下子嗣。太后王政君听说皇帝驾崩，当天就起驾到未央宫，收回传国玉玺。王太后下诏，要求朝中公卿推举大司马人选，群臣纷纷举荐王莽。不久后，王太后诏命王莽任大司马，录尚书事，兼管军事令及禁军。其后拥立九岁的汉平帝登基，由王莽代理政务，得到朝野的拥戴。此后王莽的政治野心逐渐暴露。

由于社会矛盾空前激化，王莽则被朝野视为能挽危局的不二人选，甚至被看作是周公再世。由于汉末以来，政治腐败，朝廷奢华无度，地方搜刮盘剥，再加上豪强地主大量兼并土地，使得百姓流离失所，生活困苦，经济凋敝。当时人心浮动，政治危机愈演愈烈。

王莽执政以来，为了获取民心，虽然采取了一系列缓和社会矛盾政策，但也始终未能在根本上解

五德：

五德，指五行的属性，即土德、木德、金德、水德、火德。五德之说，源于五行理论，五德相克，改朝换代。后世历代帝王革命，皆沿用五德之说来为历史变迁、皇朝兴衰作解释。后来，皇帝上谕中所书的"奉天承运皇帝诏曰"当中所谓"承运"就是意味着五德终始说的"德"运。

秦汉

决问题。王莽信奉儒家思想，他认为天下要恢复到孔子所宣称的"礼崩乐坏"前的礼治时代，才可能实现政通人和。公元9年，王莽代汉建新，建元"始建国"，西汉就此灭亡。

王莽当上皇帝后，企图通过复古西周时代的周礼制度来达到他治国安天下的理念，于是仿照周朝的制度开始推行新政，史称王莽改制。但是，由于王莽改制只求名目复古，很多都是与实际情况相违背的，而且在推行时手段和方法不正确，在遭到激烈反对后，又企图通过严刑峻法强制推行，使诸侯、公卿直到平民因违反法令而受重罪处罚者不计其数，加剧了社会的动荡。人们未蒙其利，先受其害，各项政策朝令夕改，使百姓官吏不知所从，因此导致全国各阶级的不满。新朝的统治很快便陷于崩溃之中。

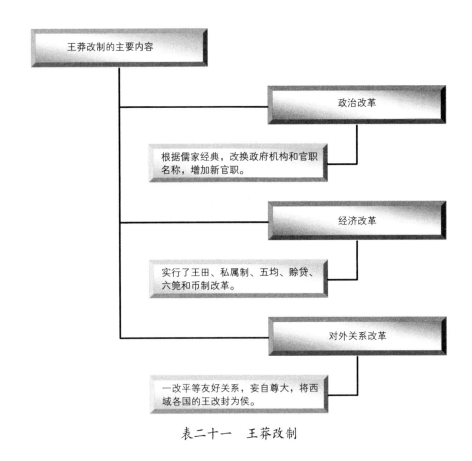

表二十一　王莽改制

公元 17 ~ 37 年

绿林军、赤眉大起义，昆阳之战，新朝灭亡，刘秀称帝，东汉建立

　　王莽统治时期，荆州地区连年灾荒，广大农民生活无着，纷纷逃离故土。公元 17 年，饥民们在新市人王匡、王凤兄弟的领导下发动起义，以绿林山为根据地，故称绿林军。队伍得到广大民众和附近起义军的响应，迅速扩大。

　　公元 21 年，王莽的荆州牧发兵进攻绿林军，绿林军出山迎击获胜，部众增至数万人，战斗意志高涨起来。公元 22 年，绿林山中疾疫流行，绿林军出山，一支由王常、成丹等率领，西入南郡，称下江兵；另一支由王匡、王凤、马武等率领，北上南阳，称新市兵。

　　新市兵攻随县时，平林人陈牧、廖湛率众响应，于是绿林军中又增添了一支平林兵。西汉宗室刘玄，这时也投身于平林兵中。公元 23 年 2 月，绿林军领袖王匡、王凤等拥立刘玄为皇帝，国号汉，年号更始。刘秀的哥哥刘縯反对刘玄称帝，被刘玄、王匡等杀死，刘秀因兵力薄弱，不敢公开反抗，忍辱负重，表示忠顺于起义军。

　　绿林军不断发展壮大，接连攻城略地。王莽终于认识到，绿林军对关中威胁最大，遂将镇压重点从东方的赤眉军转向绿林军。公元 23 年，王莽派大

云台二十八将：

　　指的是汉光武帝刘秀麾下助其一统天下、重兴汉室江山的二十八员大将。汉明帝永平年间，明帝追忆当年随其父皇打下东汉江山的功臣宿将，命绘二十八位功臣的画像于洛阳南宫的云台，故称"云台二十八将"。有邓禹、吴汉、贾复等人。

班超：

班超，字仲升，汉族，汉扶风平陵人，是东汉著名的军事家和外交家。班超是著名史学家班彪的幼子，其长兄班固、妹妹班昭也是著名的史学家。班超为人有大志，不修细节，但内心孝顺恭谨，审察事理。他曾出使西域，为平定西域、促进民族融合做出了巨大贡献。

司空王邑、大司徒王寻征发各郡兵四十二万，号称百万，从洛阳南下援救宛城，企图一举消灭绿林军。

各地郡兵奉命向洛阳集中。王邑、王寻率先头部队十万人，在颍川会合了严尤、陈茂军后，直逼昆阳。此时，驻守昆阳的绿林军仅八九千人。面对强敌，绿林军将领在弃城而走、还是坚守拒敌的问题上发生激烈的争执。刘秀从全局出发，坚决主张坚守昆阳，以保证主力攻克宛城。正当议而未决之时，王莽军已逼近昆阳城北，绿林军将领们终于同意刘秀的意见，决定由王凤、王常坚守昆阳，派李轶、宗佻、刘秀等十三骑乘夜突围，到郾县、定陵一带去调集援兵。

王莽手下将领严尤颇知用兵之道，他根据当时的战略形势分析：昆阳虽小，但城坚难攻，大军应绕过此城，先攻宛城绿林军主力，绿林军主力一破，昆阳必将不战自破。但主帅王邑不知兵法，自恃兵众，打算先血洗昆阳，再救宛城。这就给了起义军攻克宛城以充足的时间。

王莽军列营百余座，将昆阳层层包围，日夜攻打，发动了数次强攻。绿林军形势极为艰难，损失很严重。守将王凤一度动摇，向王邑乞降，但王邑认为攻克昆阳指日可待，不许王凤投降。这使昆阳守军认识到，只有拼死坚守，以待援军才能有生路，于是更加顽强地与王莽军搏杀，打退了王莽军数次进攻。

严尤见昆阳久攻不下，便建议网开一面，撤去一角包围，让守军出逃，传播战败的消息，使宛城绿林军胆寒。但王邑仍拒绝采纳，自恃兵多将广，一定要强攻下昆阳，以显示兵威。然而，他又不认真指挥作战，将攻城之事搁置一边，整日忙于向附近郡县勒索受贿。

正当昆阳激战时，李轶、宗佻、刘秀等人在定陵、郾县紧急调集各路援兵，但一些将领贪惜自己的财物，想就地分兵留守，不愿救援昆阳。刘秀提醒他们：如果能破敌，将来珍宝财物会比现在多万倍；如果为敌人所败，脑袋都保不住，还谈什么金银财物。于是各路援兵跟随李轶、刘秀开赴昆阳。

公元 23 年，李轶、刘秀率一万余援军赶回昆阳。刘秀率精锐步骑兵一千余人为前锋，李轶领主力在后，前至距莽军四五里列成阵势。王邑、王寻见绿林军援兵人少，根本未将刘秀放在眼里，只派几千人开营迎战。刘秀立即向莽军发动猛攻，斩杀数十人，鼓舞了士气，接着又向王莽军发动连续进攻，歼敌近千人，大败王莽军，绿林军士气大振。

此时，宛城在绿林军的长期围困下，内无粮草，外无援军，守将岑彭终于被迫投降。但这个消息尚未传到昆阳，刘秀为了进一步鼓舞士气，动摇王莽军军心，假传宛城已破，绿林军主力将至昆阳。消息传到昆阳城内，守军立刻士气高涨，更加坚决守城，并随时准备出城歼敌。王莽军得此消息，个个心情沮丧，士气低落。绿林军在气势上已占据了优势。

刘秀在取得初战胜利后，决定对王莽军中坚发起进攻，使其丧失指挥功能，造成王莽军混乱，再乘机破敌，解除昆阳之围。他又精选了三千勇士，迂回到城西，涉过昆水，直攻王莽军中坚。此时，王邑、王寻仍不以为然，他们见刘秀来攻自己，乃亲率万余人迎战。为了防止各营出现混乱，他们下令各军不准擅自出战。刘秀指挥三千勇士，猛攻王邑、王寻军。王莽军士兵大多是被胁迫来的，本无斗志，经不住刘秀军的猛攻，很快溃败奔逃，其余各军因未得到出击的命令，不敢轻举妄动。刘秀军很快击败王邑、王寻的中坚，斩杀王寻。

此时昆阳城绿林军见王莽军阵脚已乱，立即开城杀出，与援军内外夹击，一时间杀声震天。王莽军失去主帅，各军不知所措，乱作一团，很快全军崩溃，四散奔逃。此时又逢狂风暴雨，瓦掀石滚，绿林军穷追猛撵，王莽军互相践踏，积尸遍野，无数兵卒溺于水，水为之不流。

王邑、严尤、陈茂仅率极少数残军逃回洛阳。绿林军缴获了王莽军大量辎重和装备，各种战利品堆积如山，绿林军一连搬了一个多月还没搬完。

昆阳之战，绿林军消灭了王莽的主力军，震动了新莽朝廷上下，使其统治临于土崩瓦解之势。这次战役是中国古代军事史上以少胜多、以弱胜强的著名战役。刘秀为绿林军的胜利，立下了极大的功劳。

昆阳保卫战之后，绿林军内部将领之间的矛盾激化。刘玄在农民将领李轶、朱鲔等人的支持下，将对自己威胁最大的刘縯及其部将刘稷处死。刘秀表面无所举动，暗中却窥测时机，积蓄力量，为日后缔造东汉王朝开辟道路。

同年，绿林军攻破长安，王莽死于变民之手，新朝灭亡。之后，曾与绿林军并肩作战的刘秀北渡黄河，与绿林军彻底决裂，从而开始了他占有河北，逐鹿中原，进而兼并天下的霸业。

公元 25 年，刘秀在河北登基称帝，年号建武。因为刘秀是西汉皇族的后裔，故国号仍为汉，刘秀就是汉世祖光武皇帝。因刘秀所建立的汉王朝首都在洛阳，刘邦所建立的汉王朝首都在长安，在地理位置上一东一西，故后世称刘邦所建汉朝为西汉，刘秀所建汉朝为东汉。

刘秀定都洛阳之后，不断对四方用兵，进攻盘踞关中、号称百万的赤眉军，割据陇右立地称王的隗嚣以及在西蜀称帝的公孙述等大小数十个割据势力。经过十二年的东征西讨，刘秀终于在公元 37 年扫灭了最后一个割据势力公孙述，自此，经历了自新莽末年长达近二十年的纷争混战结束，中国再次归于一统。

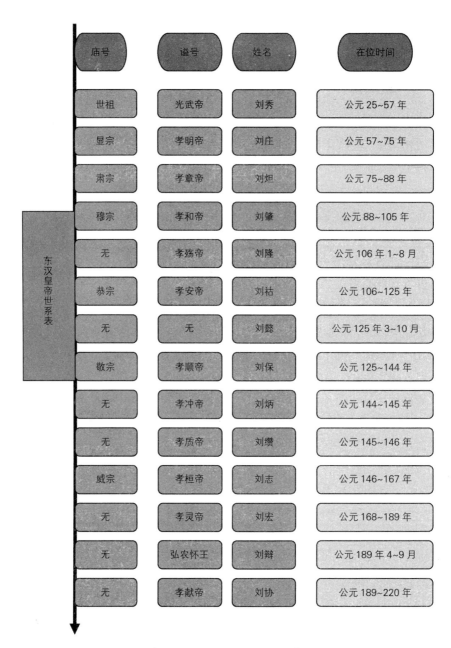

东汉皇帝世系表	庙号	谥号	姓名	在位时间
	世祖	光武帝	刘秀	公元 25~57 年
	显宗	孝明帝	刘庄	公元 57~75 年
	肃宗	孝章帝	刘炟	公元 75~88 年
	穆宗	孝和帝	刘肇	公元 88~105 年
	无	孝殇帝	刘隆	公元 106 年 1~8 月
	恭宗	孝安帝	刘祜	公元 106~125 年
	无	无	刘懿	公元 125 年 3~10 月
	敬宗	孝顺帝	刘保	公元 125~144 年
	无	孝冲帝	刘炳	公元 144~145 年
	无	孝质帝	刘缵	公元 145~146 年
	威宗	孝桓帝	刘志	公元 146~167 年
	无	孝灵帝	刘宏	公元 168~189 年
	无	弘农怀王	刘辩	公元 189 年 4~9 月
	无	孝献帝	刘协	公元 189~220 年

表二十二　东汉皇帝世系表

公元 184 年
黄巾大起义

　　光武帝刘秀在平定天下之后，重视生产与人民生活的恢复与发展，遭战乱破坏的生产和生活得到了迅速的恢复，人口与垦田数目大大增加，史称"光武中兴"。之后历经汉明帝、汉章帝三十多年的统治，东汉的国力空前强盛，四夷臣服。

　　公元 121 年，摄政长达十七年之久的邓太后驾崩，东汉王朝自此结束了它的黄金岁月，朝政急转直下。东汉自和帝起，皇帝都是年幼继位，而摄政的阎氏、梁氏、何氏等太后皆无邓太后的政治才能与贤淑品德，她们或私欲过重，或优柔寡断，使得外戚势力与宦官横行朝堂，朝政日益衰败。汉灵帝继位之后，沉迷酒色，重用宦官，十常侍乱政。以至于在东汉中平元年引发了震惊朝野的黄巾大起义。

　　黄巾起义的主导力量是太平道。东汉末年，农民生活困苦。张角、张梁、张宝兄弟三人在魏郡用法术、咒语到处为人"治病"，许多生病的百姓喝下他们的符水后，都不药而愈，张角被百姓奉为活神仙，张角又派出八使到外传教。不久后，追随的信徒越来越多，甚至高达数十万人，遍及青、徐、幽、

《太平要术》：

　　即《南华经》。本名《庄子》，道家经文，战国早期庄子及其门徒所著，到了汉代道教出现以后，便尊之为《南华经》，且封庄子为南华真人。《南华经》今存三十三篇，分为三部分。内篇七，外篇十五，杂篇十一。它和《周易》《老子》一起并称"三玄"。

党锢之祸：

党锢之祸指中国古代东汉桓帝、灵帝时，士大夫、贵族等对宦官乱政的现象不满，与宦官发生党争的事件。事件因宦官以"党人"罪名禁锢士人终身而得名。前后共发生过两次。党锢之祸以宦官诛杀士大夫一党而结束，当时的言论以及日后的史学家多同情士大夫一党，并认为党锢之祸伤汉朝根本，为黄巾之乱和汉朝的最终灭亡埋下了伏笔。

冀、荆、扬、兖、豫八大州，几乎占了当时全国的四分之三。

张角在民间活动十多年，有三四十万人加入，张角见信徒渐多，便创建了太平道管理信徒，自称大贤良师，他把势力范围分三十六区，称为方，大方一万多人，小方六七千人，每方推一个领袖，全由张角控制，反抗汉室之声日盛，不过信众中不乏豪强、官员、宦官等，所以汉室并未多加理会。

此次起义于公元184年爆发于冀州巨鹿郡。起义军主力为张角所领导的太平道信徒，起义军分为三个主要部分，分别为张角三兄弟所领导的黄巾军主力，波才、彭脱所领导的东方黄巾军和张曼成领导的南方黄巾军，这三部分起义军分别和东汉官军鏖战于河北地区、颍川地区、宛城地区以及兖州。

黄巾起义爆发后，张角自称"天公将军"，他的弟弟张宝称"地公将军"，张梁称"人公将军"，统一指挥战斗。他们率领起义军攻打州郡，焚烧官府，没收豪族财物，许多地方官吏闻风逃窜。不到十天时间，全国各地纷纷响应，京师为之震动。

黄巾军英勇善战，战果辉煌，沉重地打击了东汉王朝。由张曼成领导的南阳郡黄巾军，攻杀了郡守褚贡；由波才领导的颍川郡的黄巾军，在颍川大败官军；而汝南郡的黄巾军，在邵陵击败太守赵谦；广阳郡的黄巾军攻杀幽州刺史郭勋和广阳太守刘卫。黄巾军的节节胜利，使东汉政府惊恐万状。他们急忙调兵遣将，部署对洛阳的军事防御。首先派外戚何进为大将军，统率左、右羽林军，负责保卫京师；又在洛阳之外的重要关口，设重兵加强防守。接着，分别派卢植、皇甫嵩、朱儁率领官军，进攻黄巾军的主力。

同年4月，皇甫嵩、朱儁率领官军四万余人，首先扑向颍川地区。颍川的黄巾军在波才的领导下，主动迎战，一举击败朱儁所部官军。皇甫嵩见势不妙，领兵退守长社，黄巾军乘胜追击，又把皇甫嵩围困在长社。本来形势发展，对起义军有利，但是，他们缺乏作战经验，"依草结营"，又给了敌人可乘之机。皇甫嵩乘风纵火，对起义军发起突然袭击，汉灵帝又派来增援的官兵，结果起义军失败，数万名起义士兵遭到血腥屠杀。皇甫嵩和朱儁乘胜进攻汝南、陈国的黄巾军，波才率领的余部和彭脱领导的黄巾军，先后都受挫失败。

在南阳战场上，黄巾军作战英勇。自从张曼成斩杀郡守褚贡后，同年 6 月，东汉政府派秦颉率兵向起义军反扑，张曼成战死。于是，起义军推赵弘为首领，队伍发展成十几万人，不久就占领了宛城，把新任太守秦颉赶跑了。起义军声势浩大，东汉政府决定联合朱儁、荆州刺史徐璆和秦颉的力量，共同围攻宛城的起义军。

从 6 月至 8 月，起义军与官军经过无数次激烈的战斗，被推为首领的赵弘、韩忠都相继战死，然而宛城却一直由起义军固守。这时起义军又推孙夏为首领。后来敌人不断增兵，起义军毫无后援，只好在这年的 11 月间，向西鄂县境内的精山转移。朱儁乘此机会，追击起义军，结果孙夏战死，起义军又有一万多人战死。南阳的黄巾主力也遭到了挫折。

当宛城正在激战的时候，东汉官军又加紧对河北起义军的进攻。河北的黄巾军是由张角亲自领导的。起义爆发后，张角首先率领义军攻占广宗、下曲阳等地，东汉政府派卢植前往镇压。卢植是汉末大儒，文武兼备，与黄巾军交战数次皆胜，斩首万余人，黄巾只能据守广宗，攻城本来就很困难，汉军虽然精锐但是却少于黄巾军，几经变换攻城办法，却一直没有能攻下广宗城。

东汉政府派出宦官前来督军，但卢植由于生性刚正，拒绝贿赂来督军的宦官，宦官回洛阳后将卢植说成无能之辈，东汉政府将其撤职，改派董卓去河北镇压。由于董卓之前在凉州声望很高，已经遭到朝中官员猜忌，所以董卓听从军师李儒的建议，战败以减少自己在军中的威望，以达到减弱东汉政府的猜忌，所以就在下曲阳与起义军遭遇战中，成了张角的手下败将。董卓围攻广宗两三个月，广宗岿然不动。8 月底，东汉政府再次交换人马，撤了董卓的职，调镇压起义军老手皇甫嵩北上。

皇甫嵩到达广宗时，正值河南的黄巾主力或者相继失败，或者军事上处于被动处境，加以这时张角病死，形势发展转为有利于官军。尽管如此，当时由张梁统率的广宗义军，依然骁勇善战，敌人束手无策，以致皇甫嵩不得不紧闭营门，伺机而动。到了 10 月间，由于起义军疏忽大意，皇甫嵩利用深夜出兵，突然袭击义军阵营，起义军仓促应战，结果张梁在阵前战死，赵义军死伤三万多人，还有五万多名义军投河。同年 11 月，皇甫嵩攻破下曲阳，张宝领导的十多万起义军，也遭到了屠杀。

虽然黄巾大起义失败了，但是它加速了东汉封建统治的灭亡。

公元 196 年

曹操挟天子以令诸侯，汉献帝迁都许城

公元 189 年，汉灵帝病死，十常侍趁机杀死外戚大将军何进，另立少帝，企图把持朝政。袁绍诛灭了十常侍，不久后又被以打着勤王旗号进京的董卓赶走。董卓率兵进入洛阳，废少帝，立陈留王刘协为汉献帝，自任相国，独揽朝政。史称"董卓之乱"。

次年，关东诸侯推袁绍为盟主讨伐董卓，董卓战败，挟持汉献帝逃往长安，并驱使洛阳数百万人口西迁长安。行前，董卓的士卒大肆烧掠，洛阳周围两百里内尽成瓦砾。公元 192 年，董卓被王允、吕布所杀，董卓之乱结束。董卓之乱历时三年，在这三年中，西汉社会经历了深刻的变革，基本决定了以后历史的走向，三国群雄在此期间先后登场，这便是三国乱世的开端。

董卓之乱结束后，李傕和郭汜占据了长安，汉献帝也处于他们的控制之下。这两人因争权夺利而发生了内讧，汉献帝趁机出逃。时任兖州刺史的曹操迎接汉献帝入驻洛阳，刘协赐曹操节钺，标志着曹操"挟天子以令诸侯"的时代开始了。不久后，曹操胁迫刘协迁都到许，改称许都。但刘协依然是

吕布：

吕布字奉先，汉族，五原郡九原县人。东汉末年名将，汉末群雄之一，著名武将与割据军阀。曾先后为丁原、董卓的部将，也曾为袁术效力，被封为徐州牧，后自成一方势力，于公元 198 年在下邳被曹操击败并处死。在平定董卓之乱时居功至伟。

汉献帝：

汉献帝刘协，字伯和，汉族，祖籍沛县，生于洛阳。汉灵帝之子，汉朝最后一任皇帝，公元 190~220 年在位。公元 196 年，曹操控制了刘协，并迁都许昌，"挟天子以令诸侯"。公元 220 年，曹操病死，刘协被曹丕控制，随后被迫传位于曹丕。公元 234 年病死，享年五十四岁。

一位没有实权的皇帝。曹操虽然利用刘协来试图实现他统一中国的目的，却不敢直接取代他而自立为皇帝。

汉献帝虽然一直受到各方势力的控制，一直是一个傀儡，但他并不甘心受制于人。公元199年，车骑将军董承受献帝密诏，与刘备一起密谋诛杀曹操。次年春，密谋败露，董承等人均被处斩，灭三族。刘备先前借故出走，得免于难。这是献帝跟曹操一次近乎公开的抗争，事后曹操进而加强了对献帝的控制，京官大多调为曹操的官员，左右侍卫全是曹操之人。曹操深知献帝的价值，对献帝本人始终不敢加害，但献帝的日子过得愈发艰难了。

大权的旁落使得东汉政府名存实亡，失去实权的东汉政府也没有能力控制地方诸侯的势力发展，军阀混战的时代也就此开始，袁绍、孙坚、刘备等人纷纷登上了历史的舞台。三国时代即将来临了。

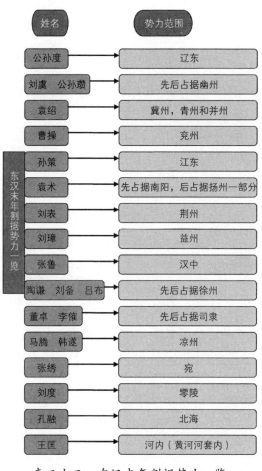

姓名	势力范围
公孙度	辽东
刘虞 公孙瓒	先后占据幽州
袁绍	冀州，青州和并州
曹操	兖州
孙策	江东
袁术	先占据南阳，后占据扬州一部分
刘表	荆州
刘璋	益州
张鲁	汉中
陶谦 刘备 吕布	先后占据徐州
董卓 李傕	先后占据司隶
马腾 韩遂	凉州
张绣	宛
刘度	零陵
孔融	北海
王匡	河内（黄河河套内）

（东汉末年割据势力一览）

表二十三　东汉末年割据势力一览

公元 200 年

官渡之战；曹操统一北方

公元 196 年，曹操迎献帝于许都，开始挟天子以令诸侯，威势大增。之后几年中他先后击败了吕布、袁术，占据了兖州、徐州、豫州的一部分以及司隶。与此同时，北方的强大军阀袁绍也在公元 199 年最终战胜了公孙瓒，拥有了幽州、冀州、青州、并州之地，统一了黄河北方地区，开始打算南下，问鼎中原。

这样一来，当时中国北方地区最强大的两个军事集团矛盾日益尖锐，决战在所难免。当时的形势，袁绍的实力较强，他已无后顾之忧，而且地广人众，兵源充足。相比之下，曹操却是四面受敌。除了袁绍之外，南方的刘表、张绣，东南方的孙策，以及暂时依附的刘备都是他危险的敌人，这样的形势对曹操很不利。

尽管如此，曹操却依然很有信心能够击败袁绍。公元 198 年，吕布被曹操消灭，袁术也在诸侯的一致打击中忧虑病死。张绣自知势单力孤，在谋士贾诩的建议下向曹操投降。荆州刘表态度中立，孙策则据守江东。这时的局势开始变得对曹操有利了。

公元 200 年，袁绍决意发起对曹操的进攻，他

郭嘉：

郭嘉，字奉孝，颍川阳翟人。东汉末年曹操帐下谋士，官至军师祭酒，洧阳亭侯。他初从袁绍，后来发现袁绍难成大业，遂转投曹操，为曹操统一中国北方立下了功勋，史书上称他"才策谋略，世之奇士"。而曹操称赞他见识过人，是自己的"奇佐"。后于曹操征伐乌丸时病逝，年仅三十八岁。谥曰贞侯。

《观沧海》：

公元 207 年 9 月，曹操北征乌桓，消灭了袁绍残留部队，胜利班师，途中登临碣石山，作诗一首，便是《观沧海》。此诗共五十六字，抒发了曹操希望统一中国、建功立业的抱负。此时，曹操也已经统一了中国北方大部分区域，并实行一系列政策恢复经济生产和社会秩序，奠定了曹魏立国的基础。

在精心准备后，亲率十万兵马南下。而在此之前，曹操也做好了与袁绍决战的准备。为避免腹背受敌，曹操已先击溃与袁绍联合的刘备，并进驻易守难攻的官渡。

战争开始后不久，曹操以声东击西之计，于白马击杀了袁绍手下大将颜良，袁军挫败。袁绍初战失利，但实力未损，于是他改分兵进攻为结营紧逼。曹袁两军对垒于官渡，进入了相持阶段。

曹操的兵粮不济，进入相持阶段后感到压力极大，一度产生了退守许都的想法。谋士荀彧认为，曹军以弱敌强，此时退兵必然要受到莫大的损失。但是，此时袁军轻敌，而且内部不和，一旦与曹军长期相持，必将出现变故，这一定会成为曹操胜利的契机。曹操接受了荀彧的建议，不久后，袁绍的谋士许攸因为不受袁绍重用，心生怨愤，向曹操投降，并向曹操透露了袁绍粮草的地点。曹操及时出击，亲率五千精锐兵马奔袭袁军粮草囤积地乌巢，全歼了守卫的袁军，烧毁了袁绍的全部囤粮。

粮草被烧，袁绍军顿时士气大挫，军心动摇。袁军士兵纷纷溃散投降。曹操乘机全线出击，袁军士气已衰，无力作战，被曹操彻底击败。战争中曹操击杀袁军数万，袁绍父子仅率八百余骑北逃。如此一来，袁绍实力大损，再也无力与曹操争夺北方霸权，曹操经此一战，声望大盛，奠定了统一北方的基础。

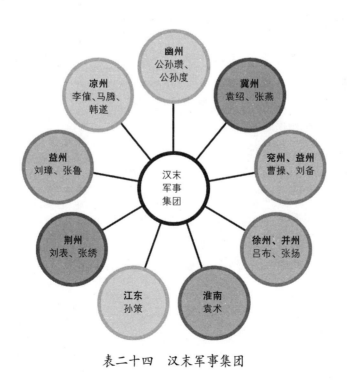

表二十四　汉末军事集团

公元208年
赤壁之战

曹操基本上统一了北方之后，于公元208年回到邺城，开始为继续南征做准备。一方面，他建造了玄武池训练水军，派遣张辽、乐进等驻兵许都以南，准备南征；同时为了解除后顾之忧，对可能动乱的关中地区的马腾势力采取措施。另一方面，他罢三公，置丞相、御史大夫，自任丞相，进一步巩固了自己的统治地位。

同年7月，曹操亲率大军南征荆州，向宛城、叶县进发。8月，荆州牧刘表病死，其次子刘琮继位。9月，曹军先锋曹洪大破荆州军，曹军先头部队已经进至荆州腹地。刘琮惊慌失措，于是偷偷地纳表投降曹操。依附于刘表势力的刘备，直至曹操大军已经到达宛城的附近时，才意识到刘琮已向曹操投降，于是派人询问刘琮，这时刘琮才派宋忠告知刘备，刘备既惊骇又气愤，为避免陷入孤立，只好立即弃樊南逃。

在渡河至襄阳时，刘备的谋士诸葛亮曾劝刘备夺取襄阳，但刘备不愿意，继续南走，另派部将关羽率水军从水路前进。然而，刘琮左右及荆州士民

周瑜：

周瑜字公瑾，汉族，庐江舒县人。东汉末年东吴名将，因其相貌英俊而有"周郎"之称。周瑜精通军事，又精于音律，江东向来有"曲有误，周郎顾"之语。公元208年，孙、刘联军在周瑜的指挥下，于赤壁以火攻击败曹操的军队，此战也奠定了三分天下的基础。公元210年，周瑜因病去世，年仅三十六岁。

荆州：

荆州是古"九州"之一，在荆山、衡山之间。汉为十三刺史部之一。辖境相当于湘、鄂二省及豫桂黔粤一部分，汉末以后辖境渐小。东晋定治江陵，为当时及南朝长江中游重镇。东汉荆州原辖七郡：南阳郡、南郡、江夏郡、零陵郡、桂阳郡、武陵郡、长沙郡。东汉末年，从南阳郡、南郡分出一部分县，设置襄阳、章陵二郡，于是荆州共辖九郡，这就是后世称"荆襄九郡"的来历。

很多都投归刘备，随刘备逃走，结果使刘备军队的速度大大减慢，只能日行十多里。当时江陵贮有大量粮草、兵器等，有人劝刘备留下民众，先攻占江陵，但刘备也不愿意。曹操听到了刘备南走的消息，生怕他得到江陵城的物资，于是放弃辎重，轻装前进至襄阳，亲自与曹纯以及荆州降将文聘等率虎豹精骑五千追击刘备。

曹军虎豹骑以日行三百里的速度在长坂追上了刘备，当时刘备虽有十多万众，辎重数千，但能作战的士兵很少。刘备于是抛下妻儿，与张飞、赵云、诸葛亮等数十骑逃走。曹军夺得刘备军马、辎重不计其数。刘备幸得张飞等人舍命保护才得以逃脱，曹操也没有继续追击刘备，而是赶往江陵。

此前，盘踞江东的孙权势力不断壮大，他击败守卫江夏的刘表部将黄祖，占领了江夏数县，打开了西入荆州的门户，伺机吞并荆襄。听闻曹操南下后，孙权接受鲁肃的建议以为刘表吊丧为名派遣鲁肃前往荆州，而实际上是去探听刘备等人的意向及消息。鲁肃到达南郡时，刘琮投降、刘备南逃的消息传来。鲁肃于是北走，在当阳长坂与刘备会面，随即劝说刘备与孙权联合。刘备听从，转向东行，与自汉水东下的关羽水军会合，又遇到前来增援的刘表长子、江夏太守刘琦所部一万余人，遂一起退至长江东岸的夏口。

曹操占领江陵后，立即采取安顿州吏民的措施。曹操以投降过来的荆州水军作水战主力，准备东征，有说目标仍是刘备，亦有指为顺势侵吞江东的孙权。贾诩劝说曹操宜先利用荆州的资源、休养军民、稳定新占地，可是曹操并不赞同他的意见。

10月，曹操留曹仁驻守江陵，自己亲率大军东下。诸葛亮见曹操东下，建议刘备马上与孙权结盟。刘备同意后，诸葛亮与鲁肃同回柴桑，面见孙权。

刘备也移师长江南岸，驻军樊口。诸葛亮到达柴桑后，声明刘备的军力仍不下两万，有能力与曹操作战。然后又分析出曹操的劣势：劳师远征，士卒疲惫；北人不习水战；荆州之民尚未真心归附曹操。诸葛亮认为如果孙刘联合，是可以逆转取胜的，并明示战后将有三分天下之势，孙权被说动了。

此时曹操又送来劝降书，信中恐吓意味极重。孙权谋士张昭等人打算投降曹操，孙权一时难以抉择。但鲁肃却指出，投降的结局对孙氏家族一定是不利的。孙权认同了鲁肃的看法，鲁肃建议召回周瑜共商对策。

周瑜回来后，亦坚决主张抗曹，他逐一分析曹军的弱点，与诸葛亮的分析亦大致相同。于是孙权终于做出了抗战的决定，并当众拔剑砍下桌角表示了自己奋战到底的决心。他任命周瑜和程普为左、右都督，率领三万士卒沿江而上，与刘备共同抗曹。

此时，曹营之中许多人都认为孙权不敢抵抗曹操，会杀掉刘备，然后步刘琮后尘。而从曹操的劝降书中亦透露出这种想法，但程昱却认为众人对孙权缺乏了解，可能错误估计了孙权的胆识，而刘备有英名，关羽、张飞又是当世名将，孙权自知独木难支，必会资助刘备，与刘备联合来对抗曹操。结果果然和程昱所预测的一样。

12 月，周瑜率领军队在樊口与刘备会合。然后两军逆水而上，行至赤壁，与正在渡江的曹军相遇。曹军当时已遭瘟疫流行，而新编水军及新附荆州水军难以磨合，士气明显不足，因此初战被周瑜水军打败。曹操不得不把水军和陆军会合，把战船靠到北岸乌林一侧，操练水军，等待良机。周瑜则把战船停靠南岸赤壁一侧，隔长江与曹军对峙。当时曹操因为北方士卒不习惯坐船，所以将舰船首尾连接起来，人、马于船上如履平地。周瑜部将黄盖于是建议使用火攻，周瑜采纳了黄盖的计策，并让黄盖向曹操写信诈降，以接近曹操战船。

黄盖准备了十艘轻利之舰，满载薪草膏油，外用赤幔伪装，上插旌旗龙幡。当时东南风急，十艘船在江中顺风而前，黄盖手持火把，来到曹军营前诈降，曹军官兵毫无戒备。靠近曹营后，黄盖下令点燃柴草，同时发射火种，火借风势，很快便将曹操的战船全数烧毁，火势随即又蔓延到了陆军的营地。顷刻之间，曹军人马烧、溺死者无数。

此时，在对岸的孙刘联军横渡长江，趁乱向曹军发起总攻。曹操见败局已无法挽回，当即自焚剩下的战船，引军沿华容小道向江陵方向退却，周瑜、刘备军队水陆并进，一直尾随追击。此战中曹军伤亡过半，曹操回到江陵后，恐赤壁失利而使后方政权不稳，立即自还北方，只留下一部分军力留守南郡、襄阳和当阳。

孙刘联军取得了赤壁之战的胜利。

赤壁之战的失利使曹操失去了在短时间内统一全国的可能性，而孙、刘双方则借机开始发展壮大各自势力，曹、刘、孙三家争夺荆州之战揭开序幕。此后，曹操退回北方，再没有机会大规模进行南征，但他仍旧占据着南阳、南郡二郡；刘备势力开始挥军向长江以南的零陵、武陵、桂阳、长沙四郡发起进攻，不久后便取得了胜利，随后又趁势完成了对蜀中的占领；孙权则命令周瑜围攻南郡治所江陵县，并逐渐沿长江中下游构建起了完整的作战防线，巩固了自身的统治。曹操、孙权、刘备三方势力鼎足而立的局面已经形成，三国时代就此来临。

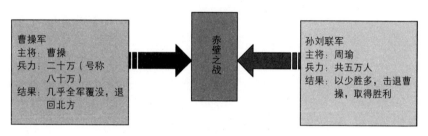

曹操军
主将：曹操
兵力：二十万（号称八十万）
结果：几乎全军覆没，退回北方

赤壁之战

孙刘联军
主将：周瑜
兵力：共五万人
结果：以少胜多，击退曹操，取得胜利

表二十五　赤壁之战

三

国

公元 220 年
曹丕称帝，国号魏；东汉王朝灭亡

公元 220 年，曹操病死，其子曹丕继位为魏王，同年十月，汉献帝刘协在曹丕的胁迫下被迫宣布退位，将象征皇位的玉玺诏册奉交曹丕。曹丕三让之后升坛受禅，正式成为天子，改国号为魏，建元黄初，定都洛阳。东汉王朝就此灭亡了。

曹丕封刘协为山阳公，允许他行使汉朝正朔和使用天子礼乐。他又追尊曹操为武皇帝，庙号太祖。曹丕在改朝换代的时候，对职官制度进行了一些重要改革，他制定了"九品中正制"，作为选拔官吏的制度，承认士族有做官特权，又按公卿以下官吏等级分给牛畜和客户，在经济上予以优待。这样，曹丕就得到了士族的支持，稳固了自己的统治。

在经济方面，曹丕继续推行屯田制，重视水利建设。这样，魏国实力进一步增强，开始着手攻打吴、蜀，以图统一大业。

曹丕意图继续曹操的战略计划，继位后不久开始征讨东吴，前后共出征三次。第一次是在公元 222 年，曹军围攻江陵，但是，魏军中爆发疫病，曹丕被迫率军撤退。公元 224 年，曹丕亲率大军第

九品中正制：

又称"九品官人法"，是魏晋南北朝时期重要的选官制度，是魏文帝曹丕为了拉拢士族而采纳陈群的意见开始使用的。曹丕篡汉前夕，即公元 220 年由魏吏部尚书陈群制定。此制至西晋渐趋完备，南北朝时又有所变化。它上承两汉察举制，下启隋唐之科举，在中国古代政治制度史上占有十分重要的地位，乃中国封建社会三大选官制度之一，从曹魏始至隋唐科举的确立，约存在了四百年之久。

二次攻吴，因遇暴风雨，江水暴涨，再度退兵。最后一次伐吴是在公元 225 年，也以无功而返告终。这三次进攻没能达到预期的目的，反而使魏国遭受了一定损失。曹丕也在返回后的第二年去世，太子曹睿继位，是为明帝。

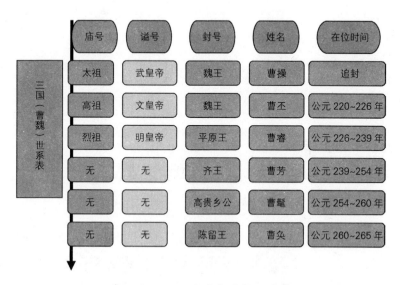

	庙号	谥号	封号	姓名	在位时间
三国（曹魏）世系表	太祖	武皇帝	魏王	曹操	追封
	高祖	文皇帝	魏王	曹丕	公元 220~226 年
	烈祖	明皇帝	平原王	曹睿	公元 226~239 年
	无	无	齐王	曹芳	公元 239~254 年
	无	无	高贵乡公	曹髦	公元 254~260 年
	无	无	陈留王	曹奂	公元 260~265 年

表二十六　三国（曹魏）世系表

公元 221 ～ 265 年

刘备称帝，国号汉；吴蜀彝陵之战

公元 220 年，曹丕篡汉称帝，建立魏国。次年，蜀中传言汉献帝已经遇害，刘备为了延续汉朝，兴复汉室，完成自己的霸业，便于成都称帝，国号汉，史称蜀汉或季汉。

荆州位于扬州上游，东吴对这里始终虎视眈眈，势在必得。公元 219 年，东吴偷袭荆州，袭杀刘备部将关羽，刘备受到了很大的损失。为报东吴偷袭荆州、杀害关羽之仇，公元 221 年，刘备亲率蜀汉军队七十多万人，对吴国发动了大规模的战争。

当时，吴国和蜀国的国界已西移到巫山附近，长江三峡成为两国之间的主要通道。刘备派遣部队，夺取峡口，攻入吴境，在巫地击破吴军，占领秭归。孙权在面临蜀军战略进攻的情况下，奋起应战。他任命陆逊为大都督，统率五万军队开赴前线，抵御蜀军；同时又遣使向曹丕称臣修好，以避免两线作战。

陆逊仔细分析了形势，指出刘备兵势强大，锐气正盛，求胜心切，吴军应暂时避开蜀军的锋芒，再伺机破敌。他耐心说服了吴军诸将放弃立即决战

《隆中对》：

原名《草庐对》，是指中国东汉末年诸葛亮与刘备初次会面的谈话内容，选自《三国志·蜀志·诸葛亮传》。但《隆中对》提法并非由作者陈寿提出，而是由后人添加。公元 207 年冬至公元 208 年春，当时驻军新野的刘备在徐庶的建议下，三次到隆中拜访诸葛亮。《隆中对》中，诸葛亮为刘备分析了天下形势，提出先取荆州为家，再取益州成鼎足之势，继而图取中原的战略构想。三顾茅庐之后，诸葛亮出山成为刘备的军师，刘备集团之后的种种攻略皆基于此。

的要求。果断地实施战略退却，一直后撤到夷道、猇亭一线。然后在那里停止退却，转入防御，遏制蜀军的继续进兵。并集中兵力，准备相机决战。这样，吴军完全退出了高山峻岭地带，把兵力难以展开的数百里长的山地留给了蜀军。

公元 222 年，蜀国水军进入夷陵地区，屯兵长江两岸。不久后，刘备亲率主力从秭归进抵猇亭，建立了大本营。这时，蜀军已深入吴境，开始遭到吴军的抵抗，东进的势头也变得缓慢下来。吴军坚守不战，蜀军无奈之下在巫峡、建平至夷陵一线数百里地上设立了几十个营寨。

为了挑动陆逊出战，刘备调遣部分兵力进攻夷道。夷道城坚粮足，陆逊分析形势后，拒绝了分兵援助夷道的建议，避免了分散和过早地消耗兵力。两军继续相持将近半年，陆逊始终坚守不战，破坏了刘备期望速战速决的战略意图。

随着相持时间日长，蜀军逐渐斗志涣散，失去了主动优势地位。同时，由于江南夏季暑气逼人，蜀军不胜其苦。刘备无可奈何，只好将水军舍舟转移到陆地上，把军营设于深山密林里，依水结营，屯兵休整，准备等待到秋后再发动进攻。由于蜀军是处于吴国境内的崎岖山道上，远离后方，后勤保障非常困难。同时，刘备百里连营，兵力分散，从而使陆逊拥有了实施战略反击的机会。

陆逊看到蜀军士气低下，认为战略反攻的时机已经成熟。他首先派遣小部队进行了一次试探性的进攻。这次进攻虽未能奏效，但却使陆逊想到了火攻蜀军连营的作战方法。

因为当时江南正是夏季，气候闷热，而蜀军的营寨都是由木栅所筑成，其周围又全是树林、茅草，一旦起火，就会烧成一片。决战开始后，陆逊即命令吴军兵士各持茅草一把，乘夜突袭蜀军营寨，顺风放火。顿时间火势猛烈，蜀军大乱。陆逊乘势发起总攻，蜀军大败，被迫西退。

吴军进展顺利，很快就攻破蜀军营寨四十余座，并且用水军截断了蜀军长江两岸的联系。刘备见全线崩溃，逃往夷陵西北马鞍山，命蜀军环山据险自卫。陆逊集中兵力，四面围攻，又歼灭蜀军数万之众。至此，蜀军溃不成军，大部死伤和逃散，军用物资丧失殆尽。刘备乘夜狼狈突围，逃往白帝城。抵达后不久，他恼羞于夷陵惨败，一病不起，次年亡故。夷陵之战至此结束。

夷陵之战后，蜀、吴两国暂时处于平衡状态，相互之间都无力将对方灭亡。同时，由于曹魏的威胁，两国也不得不采取结盟的方式来共同对抗曹魏，以此维持统治。三国鼎立的局面正式形成了。

公元 223 ～ 263 年
诸葛亮治蜀，蜀魏战争，蜀国的灭亡

刘备死后，其子刘禅于公元 223 年继位，是为蜀后主。诸葛亮任丞相辅政。当时的蜀国，在三国之中是实力最为弱小的国家，形势堪忧。诸葛亮执政后，首先调解与东吴的关系，吴蜀联盟重归于好，这就使得蜀汉可以专心对抗曹魏而免除了东面的威胁。

诸葛亮还加强了对蜀中的建设，他执法严谨，注意发展经济，稳固了蜀汉政权的统治，缓和了社会矛盾，提高了蜀汉国力。公元 227 年，诸葛亮在"益州疲弊"的情况下，率军进驻汉中，同魏国展开了争夺关陇的激战。诸葛亮急于北进，一方面是因为蜀国以刘汉正统自居，另一方面也是因为蜀国国力弱小，只有采取以攻为守的战略才能图存。

从公元 227 年到公元 234 年，诸葛亮数次率军进攻魏国，蜀军训练良好，纪律严明，在战斗中取得了一些胜利。但是蜀军倾力进攻，后备不继，越来越疲弱，而魏国的力量却蒸蒸日上，超过蜀军。这是由两国的国力所决定的，诸葛亮的个人才能不能在战争中起到决定作用，他于公元 234 年病死于

平定南中：

公元 223 年，蜀汉南中地区发生叛乱。蜀汉丞相诸葛亮决定亲自率军平定南中叛乱。参军马谡为诸葛亮送行时提出平定叛乱要采取"攻心为上，攻城为下，心战为上，兵战为下"的战略，诸葛亮亦接纳此建议。蜀军大破益州郡叛军，南中少数民族首领孟获多次败于诸葛亮之手，遂诚心归降。南中地区至此平定。

五丈原，蜀军撤回。

诸葛亮死后，蒋琬、费祎、董允等执政，因循守成而已。公元258年以后，蜀国宦官当权，政治腐败，力量更趋衰弱。大将军姜维连年北伐，与魏军战于陇西，劳而无功，反而耗竭了蜀国最后的力量。公元263年，魏军三路攻蜀，姜维由陇西退守剑阁，抗拒魏军。魏将邓艾轻军出阴平险道，战死于绵竹。蜀军无力再抵抗邓艾的奇兵。魏军于公元263年冬天兵临成都，成都兵少，无力抵抗，后主刘禅出降，蜀汉就此灭亡。

刘禅投降后，遣使令姜维等投降。姜维得到诏令后诈降钟会，不久再度反叛，事泄被杀，蜀汉最后的复国希望也告破灭。蜀汉自刘备建立以来，共历二帝，历时四十二年。蜀汉灭亡后魏国尽占其地，国力有了更大的提高，统一全国已成大势所趋。

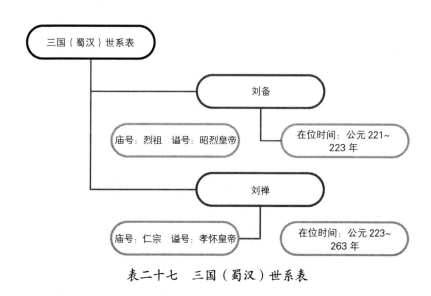

表二十七 三国（蜀汉）世系表

公元229～280年
孙权称帝，国号吴，吴国的发展与衰落，晋灭吴之战

吴国的政治制度和魏、蜀基本相同。孙权依靠江东士族大家建立起了孙氏政权。公元222年，孙权称王，公元229年称帝，定都武昌，吴国建立，孙权就是吴大帝。

孙权统治时，江东有显著发展。通过招讨山越民族，东吴增加了劳动力，扩大了兵源，经济和军事水平都有了很大的提高。历代陆续修成的浙东运河和江南运河在孙吴时发挥了通航效益。由于河海交通的需要，造船业很兴旺，海船经常北航辽东，南通南海诸国。公元230年，孙权派遣船队到达夷洲，这是大陆与台湾联系的最早记录。

孙吴诸将以私兵随孙氏征战，孙吴屡以国家佃客赐给功臣，功臣往往拥有多至于数县的俸邑，因而逐渐形成吴国武将世袭领兵的制度。同时，江南也出现了像吴郡的顾、陆、朱、张那样的占有大量土地和童仆，而且各有门风、世居高位的大族。他们和世袭领兵的武将同是孙吴政权的主要支柱。

赤壁之战后，曹魏数次向东吴发起进攻。文帝曹丕在位时，曾三次起兵伐吴，最终无功而返。公

世袭领兵制：

世袭领兵制是孙吴统治政治中一种特别的政治现象，指统兵的将领死后，其子或兄弟、部属等袭领其生前所辖的军队，并担任军中将领。孙吴通过世袭领兵制扩大了军队，培养了领兵将领，巩固了孙吴对地方的统治。世袭领兵制对孙吴政治产生了深刻和深远的影响。

元 234 年，蜀丞相诸葛亮死，蜀魏之战告一段落。魏国加强了对东吴的攻势。吴国以长江天险为屏障，组织水军积极抵抗，使得魏军虽有优势却始终无法取胜，只能隔江兴叹。魏国和吴国之间相持了数十年。

魏国灭蜀之后不久，司马氏取代曹氏，建立了西晋政权。并开始在长江上游地区打造战船，训练水军，积极准备灭吴。这时吴国经历了内部争夺皇位的斗争，力量大为削弱。吴帝孙皓刚愎自用，统治残暴，引起了东吴各阶层人民的普遍不满，人民起义时有发生。东吴日益衰弱，灭亡只是时间问题了。

公元 279 年，晋军五路大举攻吴，晋将王濬率领水师沿江而下，直捣建业，吴军一路望风而降。公元 280 年，西晋军队逼近建业，孙皓出降，吴国灭亡。

吴国统治江东数十年，对江南地区的经济发展做出了重要的贡献。后世江南地区经济的发达，便是从东吴时期开始积累的。但是，统治者的高压政策加重了人民的负担，使得人民更加贫苦，起义时有发生。东吴灭亡后，西晋统一全国，建立起了统一的国家，东吴地区也有了新的发展。

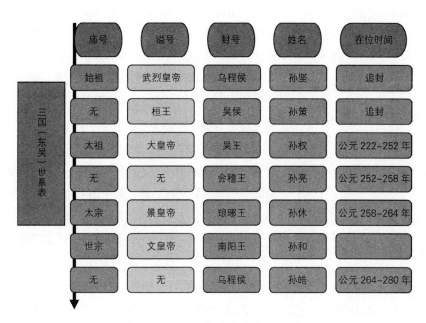

三国（东吴）世系表	庙号	谥号	封号	姓名	在位时间
	始祖	武烈皇帝	乌程侯	孙坚	追封
	无	桓王	吴侯	孙策	追封
	太祖	大皇帝	吴王	孙权	公元 222~252 年
	无	无	会稽王	孙亮	公元 252~258 年
	太宗	景皇帝	琅琊王	孙休	公元 258~264 年
	世宗	文皇帝	南阳王	孙和	
	无	无	乌程侯	孙皓	公元 264~280 年

表二十八　三国（东吴）世系表

公元 265 年
司马炎称帝，建立西晋，魏亡

司马懿：

司马懿，字仲达，汉族，河内郡人。三国时期魏国杰出的政治家、军事家，西晋王朝的奠基人。曾任职过曹魏的大都督、太尉、太傅。是辅佐了魏国三代的托孤辅政之重臣，后期成为全权掌控魏国朝政的权臣。平生最显著的功绩是多次亲率大军成功对抗诸葛亮的北伐。死后次子司马昭被封晋王，他追封司马懿为宣王；司马炎称帝后，追尊司马懿为宣皇帝。

公元 263 年，司马昭派遣钟会、邓艾及诸葛绪率军伐蜀。最后邓艾经阴平直袭涪城，进逼成都，刘禅投降，蜀汉灭亡。战后不久，钟会伙同蜀将姜维意图叛变，但被司马昭平定。不久司马昭去世，其子司马炎最后于公元 265 年篡位，曹魏灭亡。司马炎建立晋朝，他就是晋武帝。

当时孙吴局势混乱，吴帝孙皓不修内政又穷极奢侈。司马炎在此时先做好伐吴准备，他派羊祜守襄阳与孙吴名将陆抗对峙，派王濬于益州大造船舰。经过多年准备，公元 279 年王濬、杜预上疏司马炎，认为伐吴的时机已经成熟。该年年末，晋军兵分五路，进攻东吴，最后于公元 280 年逼近建业，孙皓投降，东吴灭亡。从董卓之乱时期开始出现的分裂局面终于结束，全国重新归于统一。

司马氏建立的晋国，是以曹魏的政治经济为基础的。魏国是三国时期最强盛的一国，有良好的统一基础。而多年的分裂也使得全国人民迫切希望统一，司马氏因势而起，完成了统一大业，也是人心所向的表现。

西晋统一后，全国出现了一个短暂的和平安定的局面，社会经济有了较大的恢复和发展。晋武帝推行了一些积极的政策，他顺应民意，大力发展农业，颁行户调制，减免徭役，设立常平仓以备不时之需，他在位时是西晋社会经济最发达的时期。

两晋南北朝

公元 291 ～ 306 年
八王之乱

西晋统一全国后，国家有了一定的发展。西晋统治者逐渐不理政事，骄奢淫逸。贵族中奢侈斗富的风气大盛，这急剧加重了社会各阶层的负担，西晋王朝很快衰落下去。

公元 290 年，晋武帝驾崩，他临终前命杨骏为太傅、大都督，掌管朝政。继位的晋惠帝愚鲁，皇后贾氏为了让自己的家族掌握政权，在公元 291 年与楚王司马玮合谋发动禁卫军政变。杨骏在政变中被杀，而大权却落在汝南王司马亮和元老卫瓘手中。

五胡乱华：

五胡乱华，是中国东晋时期塞北多个胡人的游牧部落联盟乘中原的西晋王朝衰弱空虚之际大规模南下建立胡人国家而造成与华夏正统政权对峙的时期。"五胡"指匈奴、鲜卑、羯、羌、氐五个胡人的游牧部落联盟。百余年间，北方各族及汉人在华北地区建立数十个强弱不等、大小各异的国家，开启了五胡十六国时期。

魏晋墓壁画中的西域骑马者

贾后政治野心未能实现，当年 6 月，又使楚王司马玮杀汝南王司马亮，然后反诬楚王司马玮矫诏擅杀大臣，将司马玮处死。贾后遂执政，于公元 300 年废杀太子司马遹。而她自己也在不久后的动乱中被杀死。诸王为争夺中央政权，不断进行内战，史称八王之乱。

混战的诸王拥兵自重，为争夺权势不惜大打出手。战争被进一步扩大，战场遍及北方大部分地区。后来甚至有人勾结鲜卑、乌桓等少数民族参战。战争对经济造成了很大的破坏，北方生产受到了极大的摧残，人民痛苦不堪。

八王之乱是导致西晋灭亡的重要原因。在长达十六年的战乱中，参战诸王多相继败亡，贾后被杀，惠帝被毒死，西晋统治集团的力量消耗殆尽。与此同时，战争使得西晋的国力受到严重削弱，社会矛盾激化，中国进入了"五胡乱华"时期。

公元 316 年
匈奴刘曜攻占长安，西晋亡

延续十六年的八王之乱，极其严重地破坏了社会生产，加剧了人民的痛苦。大量的难民被迫背井离乡，四处逃难，人民起义时有发生。而西晋的统治者既无法制止各族人民的流亡，又无力平息暴动。在这样的情况下，流民越来越多，起义地区也日益扩大，全国范围内形成了各族人民反对西晋统治的起义浪潮。

公元304年，匈奴人刘渊开始起兵。刘渊字元海，是匈奴左部帅刘豹之子，汉化程度很高。刘豹死后，他代为左部帅，惠帝时为五部大都督。他的起义队伍很快发展到五万人，定都于离石，建国号汉，自称汉王。胡汉各族很多人都来归附于他。

刘渊攻降了许多地方武装的坞堡和壁垒，向南发展，屡次打败晋军。在东方各地起义失败的义军也纷纷投靠刘渊部下。刘渊实力日盛，他于公元308年称帝，又称大单于，以表明自己对汉族和匈奴拥有同样的统治地位。他于当年派兵开始攻打洛阳，但并未攻下。两年后，刘渊病死，其子刘聪继位。刘聪继位后继续向西晋进攻，公元311年，他派遣族弟刘曜攻破洛阳，俘虏晋怀帝，洛阳城也化为灰烬。同年，匈奴军又攻下长安。但不久后西晋政府在关中地区汉人的支持下夺回长安，迎司马邺为帝，是为愍帝。公元 316 年，刘曜再度围攻长安，愍帝出降，西晋灭亡。

西晋的统治仅有短短的几十年，由于统治者的腐败无能，导致了社会的大动乱，继而引起了国家的再度分裂和"五胡乱华"，中国历史进入了分裂割据的南北朝时期。

公元 317 年

永嘉南渡，东晋时期开始，东晋北伐

八王之乱导致了西晋的衰落，并直接招致了永嘉时期的割据势力混战。匈奴和羯族的首领刘曜、石勒等率领部众，残酷地屠杀汉人。公元 311 年，刘曜攻陷洛阳，纵兵大肆屠杀焚掠，洛阳化为灰烬。就在这样的情况下，晋朝的官民实在无法生存，开始大量南逃，史称"永嘉南渡"。

公元 316 年，晋愍帝向刘曜投降，西晋灭亡。西晋灭亡后，南下的西晋宗室在江南建立政权，镇守建康的司马睿称王，次年称帝，他就是晋元帝。因为该政权偏安于江东地区，故被称为东晋。

东晋政权是依靠士族的势力建立的，因此士族大家在东晋政权中拥有极高的地位和极大的特权。朝廷和地方官吏，几乎都由士族或其子弟所担任。王导和王敦兄弟以拥立之功分别受封为丞相和大将军，权倾朝野，当时有"王与马，共天下"的说法。

东晋初年，司马睿陆续控制或消灭了一些心怀不满的南方豪族武装，稳定了自己在江南的统治。北方各族统治者之间混战不止，暂时也无力南侵，东晋获得了暂时的安定。

石勒：

字世龙，原名匐勒，上党武乡人，羯族。十六国时期后赵建立者，公元 319~333 年在位。青年时由于生活贫困，曾当过佃客，后归附匈奴刘渊建立的前赵，势力日盛。后自立为帝，建立后赵。继位后为统一北方做出过许多努力，并致力于恢复经济发展。但当时北方战乱四起，成效甚微。333 年病死，时年六十岁。

但是，东晋统治阶级之间却又爆发了争夺权力的斗争。公元 322 年，掌握荆州重兵的王敦为反对晋元帝对他的控制，起兵攻入建康，逼死晋元帝。东晋内部持续混乱。统治集团随即镇压了这些叛乱，东晋政权由此得以继续下去。士族势力依旧保持着对东晋政府的强大控制力和影响力。

在东晋统治时期，统治阶级也曾出兵北伐，意图收复中原地区，完成国家统一。其中最重要的是由祖逖和桓温领导的北伐。

祖逖是范阳人，出身士族，永嘉南渡时南逃。晋元帝司马睿任命他为徐州刺史，后来又任为京口祭酒。当时，中原地区陷入匈奴的统治之下，各地人民起义很多。祖逖上疏司马睿，要求北伐。他估计，只要晋兵一出，北方人民必然群起响应，中原便可以收复。可是司马睿只想偏安江南，对北伐并无兴趣，所以只给了祖逖少量军需，让他自行招募士兵。

祖逖于公元 313 年率领部下沿江北上，他在长江中流拍击船桨，慷慨发誓道："祖逖不能清中原而复济者，有如大江！"他在淮阴冶炼兵器，招募士兵，很快建立起一支数千人的队伍。随后他进兵河南地区，大破石勒军，北伐获得了很大的成果。可是此时司马睿派来戴渊为都督牵制祖逖，东晋统治集团内部的矛盾和斗争日益加剧。不久后祖逖忧愤成疾，于公元 321 年病死，后来祖逖收复的土地又相继失去。

祖逖之后，北伐一度停止。直到公元 354 年，晋将桓温率晋军北伐。桓温是东晋名将，他率军进攻前秦，连续取胜，直抵霸上。当地百姓"持牛酒迎温于路者十八九"。但这次北伐因军粮不继，未能攻克长安，桓温退返襄阳。公元 356 年，桓温再度北伐，一度收复洛阳。桓温请晋穆帝还都，但建议未被采纳。不久后桓温返回江南，洛阳再度失陷。

门阀：

门第和阀阅的合称，指世代为官的名门望族，又称门第、衣冠、世族、士族、势族、世家、巨室等。门阀制度是中国历史上从两汉到隋唐最为显著的选拔官员的系统，其实际影响造成国家重要的官职往往被少数姓氏家族所垄断，个人的出身背景对于其仕途的影响要远远大于其本身的才能特长。直到唐代，门阀制度才逐渐被以个人文化水平考试为依据的科举制度所取代。

闻鸡起舞：

东晋时期将领祖逖年轻时就很有抱负，每次和好友刘琨谈论时局，总是慷慨激昂，满怀义愤。为了报效国家，他们在半夜一听到鸡鸣，就披衣起床，拔剑练武，刻苦锻炼。祖逖是东晋初有志于恢复中原而致力北伐的大将，一度率军北伐，但因得不到东晋朝廷支持而失败。

公元 369 年，桓温最后一次出兵北伐，大破前燕军，却因前秦军队前来援助，截断了晋军的粮道，晋军只得退兵。桓温北伐就此结束。

东晋的北伐虽然得到了广大人民的支持，但东晋统治集团内部却争权夺利，钩心斗角，破坏北伐。在这种情况下，北伐是无法成功的。虽然如此，但北方的诸国也无力灭亡东晋，东晋的统治得以继续延续了下去，长期与北方政权对峙。

（最新修订版）一张大事年表 ｜快读中国历史｜

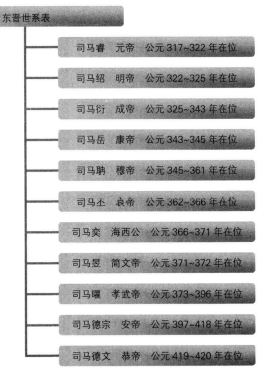

东晋世系表

司马睿　元帝　公元 317~322 年在位

司马绍　明帝　公元 322~325 年在位

司马衍　成帝　公元 325~343 年在位

司马岳　康帝　公元 343~345 年在位

司马聃　穆帝　公元 345~361 年在位

司马丕　哀帝　公元 362~366 年在位

司马奕　海西公　公元 366~371 年在位

司马昱　简文帝　公元 371~372 年在位

司马曜　孝武帝　公元 373~396 年在位

司马德宗　安帝　公元 397~418 年在位

司马德文　恭帝　公元 419~420 年在位

表二十九　东晋世系表

公元 383 年

淝水之战

西晋灭亡后，北方地区各少数民族政权纷争迭起。其中，由氐族人建立的前秦先后灭掉前燕、代、前凉等割据国，统一了黄河流域。公元 373 年，前秦又攻占了东晋的梁、益二州，将势力扩展到长江和汉水上游。前秦皇帝苻坚因此踌躇满志，打算一举灭掉东晋，统一南北。

公元 383 年，苻坚亲率步兵六十万、骑兵二十七万、羽林郎三万，共九十万大军从长安南下，进攻东晋。近百万行军队伍"前后千里，旗鼓相望。东西万里，水陆齐进。"苻坚宣称："以吾之众旅，投鞭于江，足断其流。"

东晋王朝在此危急关头，以丞相谢安为首的主战派决意奋起抵御。经谢安举荐，晋帝任命谢安之弟谢石为征讨大都督，谢安之侄谢玄为先锋，率领北府兵八万沿淮河西上，迎击秦军主力。又任命桓冲为江州刺史，率十万晋军控制长江中游，阻止秦军顺江东下。

开战之初，秦前锋部队攻占了寿阳和郧城。之后秦军又攻打硖石。苻融部将梁成率兵五万进攻洛

刘牢之：

中国东晋名将。出身将门，骁勇善战。公元 377 年，应募参加兖州刺史谢玄统辖的"北府兵"，初任参军。随谢玄在盱眙一带击败前秦军的进攻，升鹰扬将军、广陵相。淝水之战时，他率精兵夜袭前秦军，并分兵断其退路，使前秦军腹背受敌，迅速崩溃。东晋初战告捷，对整个战争的胜利起了重大作用。后随谢玄北伐，收复了今河南、山东、陕西南部等地区。又镇压了孙恩起义。后其兵权为桓玄所夺，并于元兴元年被迫自缢。

北府兵：

东晋孝武帝时期由谢玄组建训练的军队。377 年，朝廷因前秦强大，诏求文武良将镇御北方。朝廷拜谢玄建武将军、兖州刺史，领广陵相、监江北诸军事，镇广陵，招募劲勇，徐、兖人民纷纷应募入伍。谢玄以刘牢之为参军，常领精锐为前锋，战无不捷。后来谢玄加领徐州刺史，镇守京口。东晋称京口为"北府"，所以称这支军队为北府兵。

涧，截断淮河交通，阻断了晋援军的退路。晋军困守硖石，粮草用尽，难以支撑，写信向谢石告急，但送信的晋兵被秦兵捉住，此信落在秦将苻融手里。苻融立刻向苻坚报告了晋军兵少、粮草缺乏的情况，建议迅速起兵，以防晋军逃遁。苻坚得报，把大军留在项城，亲率八千骑兵疾趋寿阳。

苻坚一到寿阳，立即派原东晋襄阳守将朱序到晋军大营去劝降。朱序到晋营后，不但没有劝降，反而向谢石提供了秦军的情况。他说："秦军虽有百万之众，但还在进军中，如果兵力集中起来，晋军将难以抵御。现在情况不同，应趁秦军没能全部抵达的时机，迅速发动进攻，只要能击败其前锋部队，挫其锐气，就能击破秦百万大军。"谢石起初认为秦军强大，打算坚守不战，待敌疲惫再伺机反攻。听了朱序的话后，认为很有道理，便改变了作战方针，决定转守为攻，主动出击。

谢玄派遣勇将刘牢之率精兵五千奔袭洛涧，揭开了淝水大战的序幕。秦将梁成率部五万在洛涧边上列阵迎击。刘牢之分兵一部迂回到秦军阵后，断其归路；自己率兵强渡洛水，猛攻秦军。秦军惊慌失措，勉强抵挡一阵，就土崩瓦解，主将梁成和其弟梁云战死，官兵争先恐后渡过淮河逃命，万余人丧生。洛涧大捷，极大地鼓舞了晋军的士气。

由于秦军紧逼淝水西岸布阵，晋军无法渡河，只能隔岸对峙。谢玄就派使者去见苻融，用激将法对他说："君悬军深入，而布置阵逼水，此乃持久之计，非欲速战者也。若移阵少却，使晋兵得渡，以决胜负，不亦善乎？"秦军诸将都表示反对，但苻坚认为可以将计就计，让军队稍向后退，待晋军半渡过河时，再以骑兵冲杀，这样就可以取得胜利。苻融对苻坚的计划也表示赞同，于是就答应了谢玄的要求，指挥秦军后撤。

但是，秦兵士气低落，结果一后撤就失去控制，阵势大乱。谢玄率领八千多骑兵，乘势抢渡淝水，向秦军猛攻。朱序则在秦军阵后大叫："秦兵败矣！秦兵败矣！"秦兵信以为真，于是转身竞相奔逃。苻融眼见大事不妙，急忙骑马前去阻止，以图稳住阵脚，不料战马被乱兵冲倒，被晋军追兵杀死。失去主将的秦兵愈发混乱，彻底崩溃。

前锋的溃败，引起后续部队的惊恐，也随之溃逃，形成连锁反应，结果全军溃逃，向北败退。秦军溃兵沿途不敢停留，风声鹤唳，都以为是晋军追来。晋军乘胜追击，一直到达寿阳附近的青冈。秦兵人马死伤无数，苻坚本人也中箭负伤，逃回至洛阳时，军队仅剩十余万人。

淝水之战后，北方各族首领乘机反秦自立。两年后，苻坚被羌族人所杀。而东晋却乘机收复了山东、河南、陕西的部分地区，国力有所增强。随着东晋的胜利，国家的统治进一步稳定下来，但是，东晋无力收复中原，南北对峙的局面长期延续了下来。

公元 399 ～ 420 年

孙恩、卢循起义，刘裕建立刘宋，东晋王朝亡

侨置：

东晋初年，北方人口大量南迁。为安置大量南下遗民，东晋南朝政权利用侨寄的办法，设立了众多的侨州、侨郡和侨县。政府在流民聚居之地，按流民原籍之州、郡、县的名称设立临时性地方行政机构，进行登记和管理，并以流民中的大族首领充任刺史、太守和县令。侨州郡县只是名义上的郡县，原意本是令侨民寄寓在这里，并无实土，侨州郡县的户籍也只属于临时机构。由于侨州郡县数目繁多，所以在管理上存在诸多不便，统属、行政区划都十分混乱。但侨置一方面使控制人口变为合法，另一方面也稳定了统治秩序。

东晋政府取得了淝水之战的胜利，北方胡族的威胁暂时解除了。东晋统治阶级内部的矛盾却开始进一步加深。经过激烈的政治和军事斗争，东晋趋于分裂，朝廷实际控制的地域仅剩下江南一隅，赋税徭役的沉重负担全部落在江南八郡农民身上。江南农民苦不堪言，终于在公元 399 年发起了规模浩大的孙恩、卢循起义。

孙恩发动起义后，自称为征东将军，转战于东南各郡，许多地方官吏被杀掉，孙恩建立起了起义军政权。但是起义遭到了东晋统治阶级的残酷打击，孙恩转战数年，被东晋名将刘牢之击败，投海自杀。卢循继续带领起义军转战各地，对东晋王朝实施打击。起义军坚持战斗十余年，多次打败晋军的进攻，加速了东晋王朝的灭亡。公元 410 年，卢循战死，起义宣告失败。

孙恩、卢循起义打击了东晋统治者的同时，也给割据势力提供了方便。东晋将领刘裕开始崛起，他于公元 404 年攻灭桓玄，恢复晋安帝的皇位，自己掌握了东晋的实权，成为了东晋政府的实际统治

者。刘裕是一个有才能、有野心的人物，在他大权在握之后，便开始进行一系列提高自己威望的活动。

公元 409 年，刘裕开始北伐，他看准时机，首先向南燕发起进攻。不久后俘虏南燕君主慕容超，南燕灭亡。刘裕取得胜利后，又率军镇压了卢循，剿灭了割据长江中上游的刘毅、谯纵势力，逼走司马休之，使南方出现了百年来从未有过的统一局面。

公元 416 年，刘裕亲率大军分四路北伐，进攻后秦。后秦诸将领皆望风降附，晋军进军十分顺利，不久后占领洛阳。次年，刘裕率大军北上。公元 417 年，晋军攻入长安，后秦灭亡。

刘裕战功赫赫，使他在朝廷的地位显赫无比。公元 418 年末，刘裕毒杀晋安帝，立司马德文为傀儡皇帝。公元 420 年，刘裕胁迫司马德文禅位，东晋灭亡。刘裕即皇帝位，国号宋，改元永初，他就是宋武帝。

宋武帝削弱地方藩镇力量，加强中央集权。又下令整顿户籍，厉行土断。他还降低农民租税，废除苛繁法令，让百姓在宽松的环境中休养生息，发展生产。宋武帝出身寒微，深知百姓疾苦。他平时清俭寡欲，十分节俭。刘宋王朝建立后呈现出一片欣欣向荣的景象，国力也日渐强盛，但是，刘裕在位的时间仅仅两年，公元 422 年便病逝了，时年六十岁。

刘裕死后，其子义隆继位，他就是宋文帝。文帝继位后继续实施武帝时期的政策，社会生产有所发展，国势比较强盛，国家呈现出一派繁荣景象，开创了治世的局面，这一时期是南朝最为强盛的时期，史称元嘉之治。

土断：

东晋南朝撤销侨州郡县，将侨人编入所在郡县户籍，称之为土断。侨州郡县没有定界，侨人都不用缴税服役，严重影响东晋财政收入。东晋成帝时期开始施行土断之策，之后各帝也多次施行。公元 364 年，桓温厉行土断，检括户口，被称为"庚戌土断"。公元 413 年，刘裕再申前令，取消白籍，裁并侨州郡县。此后南朝各代，亦数次土断。

南朝更替表

南朝宋　刘裕　公元 420~479 年在位

南朝齐　萧道成　公元 479~502 年在位

南朝梁　萧衍　公元 502~557 年在位

南朝陈　陈霸先　公元 557~589 年在位

表三十　南朝更替表

公元 439 年
北魏统一北方

　　淝水之战后，前秦统治瓦解。公元 386 年，鲜卑拓跋珪恢复代政权，后改国号为魏，史称北魏。公元 395 年，后燕攻北魏，拓跋珪在参合陂大败后燕军，并乘胜南下，夺取中山、邺等重要城镇，拥有黄河以北地区，成为北方的强大势力之一。

　　公元 398 年，北魏迁都平城，拓跋珪称皇帝，他便是北魏道武帝。拓跋珪击败后燕进入中原后，鼓励农业生产，其奴隶主贵族也逐渐汉化，转变为封建地主。拓跋珪招纳汉族大地主参加统治集团，加快了鲜卑拓跋部的汉化进程。

　　拓跋珪死后，其子拓跋嗣继位。他起用汉族大地主担任要职，形成了拓跋贵族与汉人世家豪族的联合封建政权，国势大盛。拓跋嗣死后，拓跋焘继位，继位之初就以少胜多，顶住了柔然的入侵。拓跋焘开始主动反击柔然，先后十三次出兵，于公元 429 年征服了漠北一带，柔然臣服。这为日后统一北方打下了坚实的基础。

　　公元 427 年，北魏攻破统万城，此时北魏统一北方的形势已经不可逆转。公元 431 年，北魏灭夏，

柔然：

　　是公元 4 世纪末至 6 世纪中叶，活动于中国大漠南北和西北广大地区的古代民族之一。源于东胡族，北魏时称其所建政权为柔然。公元 5 世纪初，柔然首领郁久闾社仑迁漠北，称丘豆伐可汗。与北魏、南朝都有联系。后逐渐衰落，一部分内迁后与汉族同化，另一部分留在北方逐渐并入突厥。

宗主督护制：

宗主，也叫作坞主或壁帅。十六国末期，南逃的豪强大族拥有众多的宗族、部曲，修有坞壁，建有甲兵，是一些大大小小的割据势力。依附其下的农民人数众多，均为豪强的私家人口。这些豪强被称作宗主，依附于他们的农民则是宗主的佃客，形同农奴。北魏统一之初，对这些遍地存在的宗主无法根除。为稳定统治，便于征徭征税，于是就采取妥协政策，承认宗主对于农民的控制和奴役，并且以此作为地方基层政权，以世家大族为宗主，督护百姓，于是形成宗主督护制。

平山胡，西逐吐谷浑。公元436年，北魏灭北燕，公元439年又灭北凉，使北方长期的分裂割据局面复归于统一，进入北朝时代，南北朝对峙局面正式形成。

拓跋焘统一北方，结束了长达一百五十年的中原混战，同时为以后社会经济的发展以及孝文帝的汉化改革创造了较为安定的环境。

公元 479 年

萧道成称帝，建立南齐，刘宋灭亡，南齐的短暂统治

刘宋时期，由鲜卑拓跋氏建立的北魏统一了北方。北魏势力强大，时常与刘宋发生战争。刘宋在北方的领土逐渐被北魏夺去，势力日衰。

而不久之后，刘宋政权内部又发生了多次争权夺位事件。公元 453 年，宋文帝刘义隆被他的长子所杀。不久后他的三子又杀兄自立，继位为宋孝武帝。从此，宗室诸王间内战连年不断，政治更加黑暗，横征暴敛日益严重，社会动荡不安，各地人民起义不断。

刘宋末年，皇族之间又连年混战，大权集中在大将萧道成手中。公元 479 年，萧道成废宋顺帝刘准，刘宋灭亡。萧道成自立为帝，国号齐，史称南齐或萧齐。

萧道成称帝后，为了稳定社会秩序，以巩固他的统治，采取了一些比较积极的措施。主要包括：继续实行"土断"政策，整理户籍，减轻租税等，这些措施起到一定的作用。

萧道成在位仅有四年。他的子孙奢侈腐朽，对人民剥削十分残酷。同时，皇族之间也发生了争夺

检籍：

南朝时期审定、核实户籍称为检籍。晋、宋以来，由于户籍登记多作伪失实，已严重影响了国家的赋役收入。南朝宋始行检籍之法。至南齐时，别置版籍官，又置令史，限每人每日须检查出一定数量的户籍作伪者，查实作伪者，改回原有户籍，这被称之为"却籍"。而被定为却籍者都被发配充军。由于官吏舞弊，检籍不实，错判无数，继而引起民愤。公元 485 年，就有富阳人唐㝢之率众反检籍。公元 490 年，检籍停止，以宋末所注的户籍为正。

皇位的斗争，后来扩大为内战。由于混战极其严重，社会日益动荡不安。公元485年，富阳爆发农民起义，各地农民纷起响应。之后益州等地也有大规模起义爆发，严重冲击了南齐的统治。公元501年，雍州刺史萧衍率军进入建康，任大司马录尚书事。次年，萧衍任相国，晋爵梁王。不久后他自立为帝，国号梁，史称萧梁，南齐灭亡。

　　齐是四个朝代中存在时间最短的，仅有二十三年。自齐高帝萧道成死后，南齐后继的统治者皆为昏庸腐朽之辈，统治残暴黑暗，引发了严重的社会动乱，使得南朝的国力日渐衰落下去。

公元 501 年
萧衍称帝，建立梁朝，侯景之乱，梁朝的衰亡

公元 501 年，萧衍自立为帝，建立萧梁。他就是梁武帝。梁武帝为人节俭，勤政爱民，使得梁朝前期国力有所提高。而此时北方地区的北魏内部统治混乱，日益衰落。在这样的情况下，南北之间很少发生战争，相对比较安定。

鉴于宋齐宗室的屠杀，梁武帝对皇族宗室在生活上十分宽容，即使犯罪也不追究，但在政治上严加防范。他给予宗室诸王以崇高的政治地位，但却又很提防他们的政治动向。

梁武帝学问渊博，提倡学术发展，使得南朝梁教育发达，南朝的文化发展到极致。然而，在梁武帝统治后期，他喜听人奉承，又迷信佛教，三次舍身同泰寺，群臣又聚钱将他赎出。

由于僧侣道士不用赋税，以致近一半的户口记名其下，国家财政蒙受重大损失。当时的宗室及官员贪财奢侈，十分腐朽。就是在这样的统治下，萧梁日益衰弱，社会秩序混乱，阶级矛盾日益尖锐。

梁武帝喜用降将，以期不劳而获。北魏发生六

陈庆之：

字子云，汉族，义兴国山人，南北朝时期南朝梁将领。初为梁武帝萧衍随从，后任武威将军。为人有胆略，善筹谋，带兵有方，深得军心，是一个刚柔并济的文雅儒将。他用兵如神，有胆有谋；曾亲自训练了一支由三千人组成的精锐骑兵部队，部队着装统一为白马白袍，人称"白袍军"。当时洛阳流传一首儿歌："名师大将莫自牢，千军万马避白袍。"陈庆之一生未尝败绩，曾多次与兵力数倍甚至数十倍于己方的敌军对阵周旋并出奇制胜。公元 539 年去世，时年五十六岁。

镇之乱时，梁武帝派陈庆之护送北魏北海王元颢北返继位。当时的北魏主力尚在河北关中一带平叛，陈庆之与元颢攻至洛阳，但因孤军无援，魏军主力又回师洛阳，最后失败。

东西魏时期，东魏将领侯景受东魏及西魏逼迫，投奔萧梁，梁武帝任用他北伐东魏。但在梁军战败后，梁武帝意图送还侯景以求和。侯景得知后举兵叛变，南攻建康，史称侯景之乱。

梁将萧正德引侯景渡江，使他攻入建康，梁武帝退至台城。之后各地虽有勤王之师，但皆观望。侯景最终攻陷台城。建康沦陷后他屠杀江南世族，给南朝政治带来毁灭性打击。梁武帝最后饿死，侯景先后废立萧正德、萧纲及萧栋，最后篡位，建国汉。但是侯景势力仅在江东一带，湖广、四川一带依旧由梁室掌控，只是各军互相牵制，不愿讨伐。之后由广州太守陈霸先率军与王僧辩合进攻灭侯景。

梁元帝此时于江陵继位。之后据守益州的武陵王纪称帝并攻击江陵。梁元帝向西魏求救，武陵王纪后为西魏攻灭，益州亦被夺走。次年，萧詧引西魏军趁机攻陷江陵，梁元帝被杀。西魏立萧詧为梁朝皇帝，史称西梁。

梁元帝被杀后，陈霸先与王僧辩立晋安王萧方智为帝，即梁敬帝。而后北齐迎萧渊明南下，梁军被击败，王僧辩投降，迎立萧渊明为梁帝。陈霸先于是率军杀王僧辩，复立梁敬帝，之后陆续击溃北齐南侵部队及王僧辩余党，获得了梁朝大权。他于公元557年篡位，建国南朝陈，史称陈武帝，南朝梁灭亡。

公元 534 年
北魏分裂为西魏、东魏

北魏中期以来，北方衰败的经济开始逐步恢复。以后经过孝文帝的改革，到 6 世纪初期，北方社会经济有了明显的发展。北魏迁都洛阳后，当地得到了进一步的开发，农业水平有所提高，手工业和商业也有所发展，逐渐呈现出一派繁荣景象。

但是，孝文帝的改革并没有对阶级关系进行太大的调整，阶级矛盾日益加深。孝文帝死后，继任的北魏统治者奢侈腐败，激化了阶级矛盾，人民起义时有发生。起义同时又加深了统治阶级内部矛盾，黄河以南的汉族官吏纷纷投向南朝，鲜卑贵族之间也经常发生内战，北魏的统治已经摇摇欲坠了。

公元 523 年，北方人民爆发六镇起义。起义声势浩大，连败魏军，全国各地人民纷起响应，继而又引发了河北起义、山东起义和关陇起义。被起义军震撼的北魏朝廷此时又发生了变乱，契胡部落酋长尔朱荣趁胡太后和孝明帝争权之际率兵入京，杀死了胡太后，围杀北魏王公百官两千多人，史称"河阴之变"。

经过数年斗争后，各地起义军遭到北魏军队镇

> **高欢：**
>
> 名贺六浑。世居怀朔镇，成为鲜卑化的汉人。高欢掌东魏兵权，称大丞相，他以晋阳为基地，东征西讨。东西魏彼此抗争，柔然的倾向对双方有举足轻重之势。高欢娶柔然公主，表示对柔然结交求和。孝静帝继位，高欢即决定迁都于邺，他多次与西魏作战，双方各有胜负。高欢死后其子高洋逼迫东魏孝静帝禅位，建立北齐，追尊高欢为神武帝。

六镇：

　　六镇指的是北魏前期在都城平城以北边境设置的六个军镇，自西而东为沃野、怀朔、武川、抚冥、柔玄、怀荒六镇。设立六镇的目的是为了防御来自北方的侵扰，拱卫首都平城。后来陆续增加，但仍沿用六镇之称。北方六镇是北魏的北方防线，在北魏国家的军事、政治生活中享有重要的地位，因此边镇军官成为国家的显贵，享有较高的特权。

压，宣告失败。但是腐朽的北魏政权经过各族起义的打击，陷入分崩离析的状态，尔朱荣部将高欢与北魏将领宇文泰各自拥立新帝，互相征伐，引起北方大乱。北魏旋即分裂为东魏和西魏，中国北方又出现了东西对峙的局面。

公元 550 ～ 557 年

高洋建立北齐，东魏亡；宇文觉建立北周，西魏灭亡

六镇起义爆发后，尔朱荣部将高欢收编起义军败将，以山东的冀、定、相诸州为自己的据点。不久后，尔朱荣被北魏孝庄帝杀死，尔朱氏族人控制朝廷。公元 531 年，高欢起兵声讨尔朱氏，在信都拥立元朗为魏帝。

公元 532 年，高欢夺取邺城，大败内部不和的尔朱氏联军，进入洛阳，废尔朱氏和他自己所立的两个皇帝，另立孝武帝元修。高欢任大丞相、太师、世袭定州刺史，随即平定并州，在晋阳建立大丞相府，开始专擅朝政。

孝武帝想依靠宇文泰以消灭高欢，计划不成，逃奔长安。高欢在洛阳另立新帝，东魏建立。公元535 年，宇文泰杀孝武帝，又立新帝，西魏建立。东西魏皇帝，实际是高欢、宇文泰分别操纵的傀儡。

魏分东西后，彼此抗争。高欢娶柔然公主，表示对柔然结交求和。高欢迁都于邺，多次与西魏作战，双方各有胜负。公元 546 年，高欢攻西魏，围攻玉壁五十余日，士卒战死、病死者七万人，被迫退军。高欢忧怒成疾，次年病死。

苏绰：

西魏大臣，字令绰，京兆武功人。少时好学，博览群书，尤擅算术，深得宇文泰信任，拜为大行台左丞，参与机密，协助宇文泰改革制度。他曾创制户籍等法，精简冗员，设置屯田、乡官，增加国家赋税收入。晚年奉命据《周礼》改定官制，未成而卒。

柱国：

柱国是北朝武官名，源于旧制。原为保卫都城安全的军将，后为中央最高武官或勋官，也称上柱国。北魏、西魏均置柱国将军、上柱国将军等，以统领府兵。北周以柱国为最高荣誉，共置八柱国，均以皇帝的心腹、亲信担当。每一柱国统大将军两员，专掌国家禁军精锐。隋代设上柱国及柱国，借以酬报功勋之臣。

高欢死后，其子高洋袭位。他于公元550年逼迫东魏皇帝禅位，自立为帝，定国号为齐，改元天保，建都邺，年仅二十岁，他就是北齐文宣帝。

公元557年，宇文泰之子宇文觉废西魏皇帝自立，建立北周。北周建立后积极实行改革，使得国力大大增强。

东魏及西魏表面上由拓跋氏后裔所继承，实际上分别由高欢及宇文泰控制，所以在数年后二人的后继者得以分别篡位，随后即形成了北周与北齐的对峙局面。

公元 557 年
陈霸先称帝，建立陈朝，梁灭亡

萧梁末年，南朝政治混乱，社会动荡不安。梁将陈霸先于公元 557 年废梁敬帝，萧梁就此灭亡。陈霸先自立为帝，建立了陈朝。他就是陈武帝。

此时，中国南方经过了多年的战乱，经济遭到了严重的破坏，许多地方势力也建立割据政权。陈朝便是在这样的条件下建立起来的。

陈霸先只在位两年，就病死了。随后陈蒨继位，是为陈文帝。此时盘踞两湖的王琳叛变，联合北齐、北周大军东征建康。陈文帝先是击溃王琳北齐联军，继而封锁巴丘，阻止北周顺江东进。至此国势方定。他在位时期励精图治，复苏江南经济，使陈的国势日益强盛。

文帝去世后由太子伯宗继位，即陈废帝。不久，其叔陈顼废伯宗自立，即陈宣帝。当时北周意图灭北齐，于是邀南朝陈共伐北齐。陈宣帝有意收复淮南，于是同意，并于公元 573 年派吴明彻北伐，两年后收复淮南。

北伐恢复了淮南故土，这在一定程度上巩固了陈的统治，但陈国毕竟国力衰微。当时北齐衰落，

陈叔宝：

字元秀，南北朝时期南朝陈国皇帝。公元582~589年在位，在位时大建宫室，生活奢侈，不理朝政，日夜与妃嫔、文臣游宴，制作艳词。隋军南下时，自恃长江天险，不以为然。公元589年，隋军攻入建康，陈叔宝被俘。后在洛阳城病死，终年五十二岁，追赠大将军、长城县公，谥曰炀。

陈宣帝本能趁机攻灭，但他只想守成即可。而后北周趁机攻灭北齐，并在公元577年南征，陈军惨败，南朝陈岌岌可危。然而北周武帝突然去世，北周内乱，北周遂停止南征。

杨坚建立隋朝后，陈宣帝去世，由太子叔宝继位，即陈后主。陈后主荒淫奢侈，国政大乱，朝政极度腐败。当时官吏剥削严重，人民苦不堪言。隋军在南方收成季节，火烧南方的田地，致使陈国国力大衰。

公元588年，隋文帝任杨广为主将，发动南征。陈叔宝恃长江天险，不加防范。次年，隋军攻入建康，陈叔宝被俘，南朝陈灭亡。至此，持续了近三百年的南北朝分裂时期宣告结束，国家再度归于统一。

南北朝时期是中国历史上一个重要的时期，由于北方长期的战乱，导致了生产水平的下降；同时大量的难民南迁，也有效地发展了江南的经济。而少数民族的内迁也使得中国作为多民族国家有了更大的发展，各族人民共同斗争，加深了民族之间的了解，促进了民族团结和民族融合，对后世的发展影响非常深远。

公元 581 年
杨坚称帝，建立隋朝，北周灭亡

公元578年，周武帝去世后，由太子宇文赟继立，他就是周宣帝。周宣帝荒淫昏庸，大权落入外戚杨坚之手。

杨坚为北周开国元勋杨忠之子，他的女儿为太子妃。杨坚集结北周文武诸臣，形成一个庞大的集团。周宣帝去世后，其子宇文阐继位，即周静帝。杨坚总领军事，入朝辅政，开始专权。

随着北周在政治、经济上的逐步衰落，身为辅政大臣的杨坚，在公元581年迫使周静帝让位，自立为帝，北周灭亡。杨坚改年号开皇，建都大兴，他就是隋朝的开国皇帝隋文帝。

公元587年，隋文帝废西梁后主萧琮，西梁灭亡。公元588年，隋文帝发动灭陈之战，以杨广为主将，同贺若弼和韩擒虎等名将发兵攻陈。隋军于公元589年攻陷建康，陈朝灭亡，中国再度归于统一。自西晋灭亡以来，中国分裂近三百年之久，至此，南北朝时代宣告结束。隋朝开始了对中国的统治。历经民族混成后的新汉族，不久后开创了隋唐盛世。

杨坚登基后，果断地进行了一系列的政治、经

大索貌阅：

为了查实应纳税和负担徭役的人口，隋政府下令州县官吏大规模地检查户口，叫作"大索貌阅"。即按户籍上登记的年龄和本人体貌核对，检查是否谎报年龄，诈老诈小。如有不实，保长等要办罪。通过检查，大量隐漏户口被查出，增加了政府控制的人口和赋税收入。

三省六部制：

是中国古代封建社会一套组织严密的中央官制。它确立于隋朝，此后一直到清末，六部制基本沿袭未改。尚书省形成于东汉，书省和门下省形成于三国时期，目的在于分割和限制尚书省的权力。在发展过程中，组织形式和权力各有演变，至隋代才整齐划一为三省六部，主要掌管中央政令和政策的制定、审核与贯彻执行。各不同时期的统治者做过一些有利于加强中央集权的调整和补充。

济等方面的社会改革，巩固了隋朝的统治，他在位二十四年，于公元604年去世。时年六十四岁。隋文帝是一位有作为的君主，为中国统一多民族国家的形成做出了重要的贡献。他开创的隋朝虽然没有长久，但却为后来唐朝的繁荣打下了坚实的基础。

隋唐

公元 605 年
隋炀帝兴建东都，开凿大运河

隋王朝建立后，隋文帝采取了一系列的措施来巩固统治。经过几十年的发展，隋王朝逐渐出现了社会安定、经济繁荣的景象。至隋炀帝继位时，隋王朝国富民强，府库殷实，国力强盛，正处于蓬勃发展的时期。

隋炀帝继位后，决定迁都洛阳，他于公元604年下令于洛阳附近营建东都。工程每月役丁两百万人，规模浩大。为营建新都，隋炀帝耗费无数人力、物力，费时达一年。洛阳日渐繁荣，成为政治、军事和漕运的中心。

漕运：

中国古代历代封建王朝将征自田赋的部分粮食经水路解往京师或其他指定地点的运输方式。水路不通处辅以陆运，多用车载，故又合称"转漕"或"漕辇"。运送粮食的目的是供宫廷消费、百官俸禄、军饷支付和民食调剂。这种粮食称漕粮，漕粮的运输称漕运，方式有河运、水陆递运和海运三种。

长安古城假想复原图

公元 605 年，隋炀帝下令开挖、修建南北大运河，将钱塘江、长江、淮河、黄河、海河连接起来。大运河连接黄河流域长江流域，使黄河流域、长江流域逐渐成为一体，满足了将已成为全国经济中心的长江流域同仍是政治中心的北方连接起来的迫切需要。大运河的修建使中国水运畅通、发达，为中国后世的繁荣富强打下了坚实的基础。

隋炀帝为中国后代子孙万代带来了巨大的好处，隋朝大运河的建造，功在隋朝，利在千秋。他的这一功绩是不朽的。但是，由于急政劳民伤财，为此付出的代价太大，最终导致了隋朝的崩溃与灭亡。

科举制度：

自隋朝以来，历代王朝通过考试选拔官吏的一种制度。由于采用分科取士的办法，所以叫作科举。科举制从公元 605 年开始实行，到 1905 年举行最后一科进士考试为止，经历了一千三百多年。对隋唐以来中国的社会结构、政治制度、教育、人文思想，产生了深远的影响。

隋
唐

公元611年
隋末农民大起义，隋朝的灭亡

隋朝繁重的徭役和兵役使得人民生活艰苦，在隋炀帝统治后期，国内人民起义时有发生，地方势力纷纷割据自立，严重动摇了隋王朝的统治基础。

地方割据势力接二连三的混战，整个社会经济遭到严重地摧残，从而激化了贫苦人民与统治者之间的矛盾。隋末时期的社会凋敝，民不聊生，各地农民纷纷举兵反抗，形成了声势浩大的全国性战争。

公元611年，长白山发生人民起义，之后两三年间，起义席卷全国，农民军多达百余支，人数百万众。在同隋军的作战中，逐渐从分散走向联合，形成三支强大的起义军：河南的瓦岗军，河北的窦建德军和江淮的杜伏威军。

公元616年，瓦岗军在李密的领导下，攻占荥阳，并于荥阳附近多次击败隋军，声威大振，控制了河南大部分郡县。次年，瓦岗军进逼洛阳。公元618年，在洛水南一战，大败隋军王世充部，围困洛阳。此时，窦建德领导的河北起义军也接连取得胜利，占领了河北许多郡县。在江淮，杜伏威、辅公祏击败隋军，夺占高邮，进据历阳，威胁江都。隋朝统治摇摇欲坠，

瓦岗军：

瓦岗军是隋末农民起事军队中战斗力最强的队伍。公元611年，东郡韦城县人翟让因畏罪逃亡到瓦岗寨，继而聚众起事。不久后，同郡的王伯当、单雄信、徐世绩纷纷加入，势力渐强。公元617年，瓦岗军发生严重的内讧，李密杀翟让，并坚持在东都城外与隋军相峙的错误战略。次年3月，宇文化及引兵西归，在洛阳城下与瓦岗军相遇，瓦岗军被宇文化及军和王世充军前后夹击，大败。李密逃走，降于唐朝，瓦岗军起义至此失败。

此时许多地方官吏豪强也乘势起兵反隋，纷纷割据一方。其中以太原留守李渊部较为强大，乘虚进军关中，夺占长安。

隋炀帝于公元616年到达江都，此时瓦岗军节节胜利，隋炀帝惧怕，不敢返回洛阳。在这样的情况下，隋朝已经失去了对北方的控制。农民军日益发展，已成燎原之势，隋朝已经陷入崩溃的边沿。隋炀帝也知道大势已去，整日长醉，贪图享乐。李渊起兵之后，隋军愈发士气低落，江都人人自危。公元618年，隋将宇文化及等发动兵变，逼缢隋炀帝，又杀隋朝宗室。隋朝就此灭亡。

隋代统治全国仅有三十七年，很快便在多方起义的打击下灭亡了。究其原因，主要是因为统治者不恤民力，施行急政，大兴土木，遭到了全国上下一致反对所造成的。但是，隋代在短短的几十年中，改善了国家的经济实力，修建大运河联通了南北漕运，这些功绩是不可忽略的。隋灭亡后，唐朝在隋朝的基础上开创了贞观之治，这与隋朝的经济发展是有很大关系的。

杨玄感：

杨玄感，汉族，弘农华阴人。其父杨素，曾协助炀帝夺取皇位与平定汉王谅的叛乱，代理楚公，位至司徒。杨素死后，杨玄感袭其位，后起兵反隋，是隋末最先起兵反隋炀帝杨广的贵族首领。玄感起兵，是隋统治集团的大分裂，隋给隋政权震动很大，隋炀帝闻讯后仓皇从辽东撤军南下。玄感屯兵洛阳城下，久战不克，隋援军到来，杨玄感腹背受敌，被迫西撤，为追兵所及，大败，奔上洛，8月，死于葭芦戍。杨玄感起兵为时虽短，但他削弱了隋统治势力，支持了农民起义。

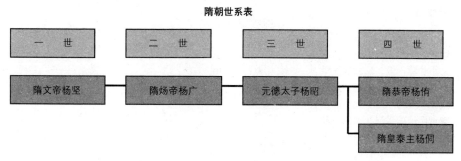

隋朝世系表

表三十一　隋朝世系表

公元618年
李渊称帝，建立唐朝

隋朝末期，军阀割据，战乱四起，民不聊生。在这样的背景下，爆发了大规模的农民起义。公元617年，唐国公李渊在晋阳起兵，不久后占领长安，拥立隋炀帝孙子代王杨侑为帝，改元义宁，即隋恭帝。李渊自任大丞相，进封唐王。公元618年，李渊称帝，定国号为唐。李渊改元武德，都城仍定在长安。李渊就是唐高祖。

李渊称帝时，全国正处于分裂割据状态，各军事割据集团可分为两类：一类是农民起义军，如瓦岗军等；另一类是隋朝的反叛将领，如王世充等。这些势力各据一方，混战不止，李渊称帝后的第一件事情，便是剿灭这些割据势力。

李渊首先平定的是陇右地区。公元618年，唐军破薛仁杲、李轨，占领天水、武威等地。同年10月，瓦岗军向唐军投降，首领李密降而复叛，被唐军所杀。次年，瓦岗军余部全部投降于唐军，瓦岗军至此也消亡了。公元620年，唐军占领山西，刘武周势力消亡。公元621年，唐军攻洛阳，王世充投降，窦建德被俘虏，河北起义军至此灭亡。唐王朝至此基本统一了黄河流域。

为压服河北起义军，唐军杀窦建德，其部下刘黑闼领导窦建德旧部复叛。各地纷纷响应，不久后恢复了窦建德故地。唐军于公元622年采取水攻，击败刘黑闼。公元623年，刘黑闼被俘，河北重归唐朝统治下。

公元624年，唐军击败辅公祐，平定江东。至此，隋末分裂割据的局面基本结束，全国再度归于统一。李世民在继位后进一步扫清了国内的分裂势力，使得国家的统治得到了巩固。

唐朝世系表			
庙号	姓名	在位时间	备注
唐高祖	李渊	公元 618~626 年	
唐太宗	李世民	公元 627~649 年	
唐高宗	李治	公元 650~683 年	
唐中宗	李显	公元 684 年	被废
唐睿宗	李旦	公元 684 年	被废
武周	武则天	公元 690~705 年	
唐中宗	李显	公元 705~710 年	复辟
唐恭宗	李重茂	公元 710 年	
唐睿宗	李旦	公元 710~712 年	复辟
唐玄宗	李隆基	公元 712~756 年	
唐肃宗	李亨	公元 756~762 年	
唐代宗	李豫	公元 762~779 年	
唐德宗	李适	公元 780~805 年	
唐顺宗	李诵	公元 805 年	
唐宪宗	李纯	公元 806~820 年	
唐穆宗	李恒	公元 821~824 年	
唐敬宗	李湛	公元 824~826 年	
唐文宗	李昂	公元 826~840 年	
唐武宗	李炎	公元 840~846 年	
唐宣宗	李忱	公元 846~859 年	
唐懿宗	李漼	公元 859~873 年	
唐僖宗	李儇	公元 873~888 年	
唐昭宗	李晔	公元 888~904 年	
唐景宗	李柷	公元 904~907 年	

表三十二　唐朝世系表

公元 626 年
玄武门之变

公元 617 年，李渊在李世民支持下在太原起兵反隋并很快占领长安。公元 618 年，隋炀帝被弑之后，李渊建立唐朝，并立长子李建成为太子。但李渊次子李世民对于立太子的事情很不满意。

公元 626 年，李建成向李渊建议，由李元吉做统帅出征突厥，借此要把握住李世民的兵马，然后趁机除掉李世民。李世民在危急时刻决定背水一战，先发制人。他向李渊告发了李建成和李元吉的阴谋，李渊决定次日询问二人。李建成获知阴谋败露，决定先入皇宫，逼李渊表态。

在宫城北门玄武门，执行禁卫总领的常何本是李建成亲信，却被李世民策反。6 月 4 日，李世民亲自带一百多人埋伏在玄武门内。李建成和李元吉一同入朝，待走到临湖殿，发觉形势不对，急忙拨马往回跑。李世民带领伏兵从后面追杀而来。李元吉情急之下向李世民连射三箭，无一射中。李世民一箭就射死李建成，其部将尉迟恭也射死李元吉。东宫的部将得到消息后前来报仇，和李世民的部队在玄武门外发生激烈战斗，尉迟敬德将二人的头割

凌烟阁二十四功臣：

唐初二十四位开国功臣。公元 643 年，唐太宗为怀念当初一同打天下的诸多功臣，命阎立本在凌烟阁内描绘了二十四位功臣的画像。这二十四位功臣包括房玄龄、杜如晦、长孙无忌、魏徵、尉迟敬德、李靖、侯君集和秦叔宝等人。后来凌烟阁毁于战乱，二十四功臣图仅见于史学家和诗人的描写之中，而无图像可稽考。

下示众，李建成的兵马才不得已散去。之后，李世民跪见父亲，将事情经过上奏。三天后，李世民被立为皇太子，诏曰："自今军国庶事，无大小悉委太子处决，然后闻奏"。两个月后，李渊退位，李世民登基，是为唐太宗。而这次事件也被称作"玄武门之变"。

李世民是一位雄才大略的领袖，为唐代的发展有莫大的贡献。他继位之后励精图治，开启了"贞观之治"的盛世局面。唐帝国成为当时世界上最繁荣强大的国家之一。

公元 641 年
唐文成公主入藏

唐朝初年，吐蕃国王松赞干布统一西藏地区，吐蕃有了较大的发展。当时，唐朝处于鼎盛时期，拥有最先进的科技文化。相传，禄东赞携带众多的黄金、珠宝等，率领求婚使团，前往唐都长安替松赞干布请婚。唐太宗答应了他的请求，遣文成公主入藏和亲。

公元 641 年，文成公主出长安前往吐蕃，松赞干布在柏海亲自迎接。之后，他携文成公主同返逻些。文成公主在吐蕃生活了近四十年，一直备受尊崇。

文成公主进藏后，受到了藏族人民的热烈欢迎。她带来的诗文、农书、佛经、史书、医典、历法等典籍，促进了吐蕃经济、文化的发展，加强了汉藏人民的友好关系。公元 650 年，松赞干布去世后，文成公主一直居住在西藏。她热爱藏族同胞，深受百姓爱戴。她曾设计和协助建造大昭寺和小昭寺。在她的影响下，汉族的碾磨、纺织、陶器、造纸、酿酒等工艺陆续传到吐蕃；她带去的金质释迦佛像，至今仍为藏族人民所崇拜。

吐蕃：

公元 7～9 世纪时古代藏族建立的政权，是一个位于青藏高原的古代王国，由松赞干布到达磨延续两百多年，是西藏历史上创立的第一个政权。吐蕃在松赞干布统治时期崛起，迁都逻些，兼并许多部落，统一了青藏高原，并且占有今四川西部、滇西北等地。安史之乱后，吐蕃向东、南扩展，取得了唐朝大片土地。公元 8 世纪后期至公元 9 世纪初，吐蕃的疆域达到极盛。公元 9 世纪中叶，吐蕃发生内乱，国势衰落，之后内部分裂。公元 10 世纪时日益衰弱，终灭亡。

公元 680 年，文成公主逝世，吐蕃王朝为她举行隆重的葬礼，唐遣使臣赴吐蕃吊祭。至今拉萨仍保存藏人为纪念她而造的塑像，距今已一千三百多年历史。文成公主为中国统一多民族国家的团结和发展做出了重大的贡献。

金城公主：

金城公主，李姓，唐宗室女，和亲公主之一。生父为嗣雍王李守礼，养父为中宗皇帝。继文成公主之后，前往吐蕃和亲。金城公主在吐蕃三十年，使唐蕃成为甥舅宿亲，"和同为一家"，对中国多民族统一国家的建立做出了极大贡献。

公元 690 年
武则天称帝，改国号为周

唐太宗是一位有为的君主，他为唐代的兴盛打下了坚实的基础，开创了第一个盛世时代。他死后，其子李治继位，李治就是唐高宗。唐高宗封武则天为皇后，后高宗患病，武则天代其处理部分朝政，被称为"天后"。

公元 683 年，高宗去世，中宗李显继位，武氏为皇太后。武则天是一位有政治野心的人物，她于公元 684 年废李显为庐陵王，立李旦为帝，自己临朝称制。

武后临朝称制后，开始了真正独断朝纲的时代。同年九月，徐敬业在远离洛阳的扬州组织了十万人马，发动了一场针对武则天的叛乱，武则天派遣三十万大军迅速将其平定。与此同时，武则天诛杀了顾命大臣裴炎等人，基本清除了朝中的反对派。她还设计逼反李唐宗室，借机大开杀戒，扫除称帝的障碍。为了打击潜在的对她不满的人，公元 686 年，武则天开始奖励告密，任用酷吏。

在打击反对派的同时，武则天还造祥瑞，建明堂，并在佛教经典中找到了女人称帝的依据，为自己称帝大造舆论。公元688年，武太后加尊号"圣母神皇"，向称帝试探性地迈出了一步。公元690年，武则天废睿宗，自称圣神皇帝，改国号为周，定东都洛阳为神都，史称武周。武则天以六十七岁的高龄君临天下，成为中国历史上唯一一位女皇帝。

武则天以皇后掌权，一直到称帝、退位，共执政五十余年。她是一个有才能的统治者和政治家，在她当政期间，国家延续着唐太宗以来的发展轨迹，有条不紊地继续发展、进步。但是，在她统治期间，也有一些问题存在，她任用酷吏，大修庙宇，给人民增加了沉重负担，土地兼并情况日益严重，许多农民破产逃亡。

武周是一个短暂的朝代，在武则天退位后，唐朝旧臣趁机发动政变，拥立中宗复位，恢复唐朝国号。武则天也在这一年病死。

公元712年
唐玄宗继位

武则天退位后，政局极不稳定。武氏诸王、中宗的韦皇后及其女儿安乐公主、武则天女儿太平公主都参与政权。朝廷大臣也分为几派，相互排挤，因此接连发生政变。太平公主的主要对手便是太子李隆基，她的目的是要废除李隆基的太子身份，为自己以后做皇帝做准备。

公元712年，睿宗让位给儿子李隆基。睿宗让位加剧了李隆基和太平公主的矛盾。双方都在积蓄力量，准备除掉对方。公元713年，唐玄宗李隆基果断行动，亲自率领兵马除掉了太平公主和她的手下骨干几十人，将倾向太平公主的官员全部罢官废

张九龄：

唐玄宗时期尚书丞相，诗人。字子寿，汉族，韶州曲江人，出身进士。后罢相，为荆州长史。他是一位有远见卓识的著名政治家、文学家、诗人、名相。他在任时忠耿尽职，秉公守则，直言敢谏，选贤任能，不徇私枉法，不趋炎附势，敢与恶势力作斗争，为"开元之治"做出了积极贡献。

唐代货币：开元通宝

黜。唐玄宗终于掌握了皇帝应有的权力。当年，唐玄宗把年号改为开元，表明了自己励精图治、再创唐朝伟业的决心。

唐玄宗起用姚崇、宋璟为相，其后又用张九龄等人为相。他们各有所长，并且尽忠职守，使得朝政充满朝气。而且唐玄宗在此时亦能虚怀纳谏，因此政治清明，政局稳定。

唐玄宗采纳张九龄的建议，制定官吏的迁调制度。选取京官中有能之士，将其外调为都督刺史，以训练他们的处事才能及培养行政经验。同时，又选取都督刺史中有作为者，将其升为京官。这样内外互调，增进了中央与地方的沟通、了解和信任。玄宗亦将全国分为十五道，于各道置采访使，以监督地方州县的官员，并考察地方官吏的政绩。而在选拔人才方面，玄宗亦对科举制度作出改革，限制了进士科及第的人数，以减少冗官的出现，提高官吏整体素质。唐玄宗还从自身做起，大开节俭之风，着力于国家建设。通过唐玄宗的一系列措施和努力，农业大大向前发展，农民不再因过重的赋税举家外逃，而是积极性很高地从事耕作，四海之内，无论山川还是沟壑，都出现了一派牛耕农作的兴盛景象。粮食获得大丰收，天下人口猛增。

随着农业的发展，商业、手工业及文化科技事业也随之繁荣发达起来。许多海外商人、使者慕大唐盛名而来，最远的波斯、大食都派使节来参观、访问以示友好。当时的唐朝已成为亚洲的经济、政治和文化中心。

经过十几年的努力，唐玄宗把国家治理得不仅国富民强，而且享誉世界，经济达到空前的繁荣，大唐达到了极盛时期。人们把唐玄宗统治的这一时期称为"开元盛世"。

贞观之治

唐太宗能任人廉能，知人善用；广开言路，自我克制，虚怀纳谏，重用魏征等谏臣；并采取了一些以农为本，厉行节约，休养生息，文教复兴，完善科举制度等政策，使得社会出现了安定的局面；当时并大力平定外患，并尊重边族风俗，稳固边疆。当时年号为"贞观"，故史称"贞观之治"。

开元盛世

开元之治是唐玄宗统治前期所出现的盛世。唐玄宗在位四十四年，前期（开元年间）政治清明，励精图治，任用贤能，经济迅速发展，提倡文教，使得天下大治，唐朝进入全盛时期，并成为当时世界上最强盛的国家，史称"开元盛世"。

表三十三　贞观之治、开元盛世

公元 755 ~ 763 年
安史之乱

郭子仪：

中唐名将，汉族，华州郑县人。公元 755 年，安史之乱爆发后，郭子仪任朔方节度使，率军收复洛阳、长安两京，功居平乱之首。代宗时，又平定仆固怀恩叛乱，并说服回纥酋长，共破吐蕃。郭子仪戎马一生，屡建奇功，大唐因有他而获得安宁达二十多年。他在全国都享有崇高的威望和声誉。

唐玄宗继位以来，唐王朝逐渐达到了最鼎盛的时期。可是，自唐建立以来的各种矛盾也达到了最高峰，终于爆发了严重的安史之乱。

安史之乱的发起者是安禄山和史思明。公元 755 年，身兼范阳、平卢、河东三节度使的安禄山乘唐朝内部空虚腐败之机，组成十五万士兵，号称二十万，以"忧国之危"、奉密诏讨伐杨国忠为借口在范阳起兵。当时国家承平日久，民不知战，河北州县立即闻风瓦解，当地县令或逃或降。

唐玄宗得知安禄山反叛的消息，相当震怒。他立即任命封常清任范阳、平卢节度使，准备防守；接着任命他的第六皇子荣王为元帅、大将高仙芝为副元帅东征平叛。

唐军在东都洛阳募兵防守。安禄山的大军虽然遇上阻碍，但由于杨国忠的无能，使安禄山于同年十二月就攻入洛阳。负责守卫洛阳的安西节度使封常清、高仙芝采以守势，坚守潼关不出。可是因为唐玄宗听了监军宦官的诬告，以"失律丧师"之罪处斩封常清、高仙芝。公元 756 年，安禄山在洛阳称大燕皇帝，改元圣武。

唐室处死封常清、高仙芝之后，任命哥舒翰为统帅，镇守潼关。由于地势之险，唐室本可利用此一优势暂时死守，保卫京师。可是由于唐玄宗与杨国忠想尽快平定乱事，迫其领二十万大军出战，最后以惨败收场。潼关一破，都城长安震惊，失陷在即。唐玄宗被迫逃离长安，到了马嵬坡途中将士饥疲，六军不发，龙武大将军陈玄礼请杀杨国忠父子和杨贵妃。杨国忠被乱刀砍死，玄宗命令高力士缢死杨贵妃。

其后唐军兵分两路，玄宗入蜀。太子李亨在灵州自行登基，是为唐肃宗。郭子仪被封为朔方节度使，奉诏讨伐，次年郭子仪上表推荐李光弼担任河东节度使，联合李光弼分兵进军河北，会师常山，击败安禄山部将史思明，收复河北一带。

公元 757 年，安庆绪杀父安禄山，自立为帝，年号载初。命史思明回守范阳，留蔡希德等继续围太原。同年，长安为唐军收复，安庆绪自洛阳败逃退据邺，其部将李归仁率精锐及胡兵数万人，溃归范阳史思明。

因精兵大部归史思明所有，安庆绪便打算除掉史思明。史思明遂以所领十三郡及兵八万降唐，唐封他为归义王，任范阳节度使。唐廷对史思明不放心，策划消灭他，不料计划外泄，史思明复叛，与安庆绪遥相声援。

公元 758 年，郭子仪等统兵二十余万围困安庆绪。次年，安庆绪得史思明之助，打败唐军，其围遂解。宦官鱼朝恩谗毁，郭子仪被召还长安，解除兵权，处于闲官。不久安庆绪被史思明所杀，史思明接收了安庆绪的部队，兵返范阳，称大燕皇帝。

公元 761 年，叛军内讧，史思明为其子史朝义所杀，内部离心，屡为唐军所败。公元 762 年，唐代宗

隋
唐

河朔三镇：

又称河北三镇，是指唐朝末年藩镇割据时位于河朔地区的三个藩镇势力，即卢龙、成德、魏博三镇。安史之乱后，唐代宗将安史降将李怀仙等人就地封为幽州等三镇节度使，其后，河朔三镇逐渐成了地方割据势力，中央政府难以控制，藩镇成为唐朝的重要隐患。唐宪宗时期三镇曾短暂向中央表示归顺，但宪宗死后又开始反叛。而三镇内部也反复哗变，动荡不安。

继位，并借回纥兵收复洛阳，史朝义奔莫州。仆固怀恩率朔方军追击史朝义。763年，田承嗣献莫州投降，送史朝义母亲及妻子给唐军。史朝义率五千骑逃往范阳，史朝义部下李怀仙献范阳投降。史朝义无路可走，于林中自缢死，历时七年又两个月的安史之乱结束。

安史之乱是唐朝由盛而衰的转折点。从这以后，唐朝的中央、地方权力日益削弱，无力对地方藩镇加以有效控制。为了安抚安史之乱中的降将，唐廷任命田承嗣为魏博节度使，李怀仙为卢龙节度使，李宝臣为成德节度使，薛嵩为相卫节度使，此后唐朝更加衰弱，进入了藩镇割据的时期。

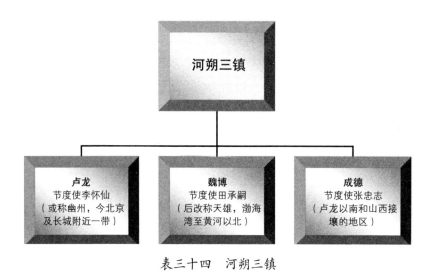

表三十四　河朔三镇

公元 805 年
永贞革新

唐代从玄宗时的高力士开始，出现宦官擅权现象；到肃宗时的李辅国，宦官又掌握了军权。到唐朝中后期，宦官日益专恣骄横，引起皇帝和某些官僚士大夫的不满。805 年，唐德宗死，太子李诵继位，这就是唐顺宗。他在东宫二十年，比较关心朝政，从旁观者的角度对唐朝政治的黑暗有深切的认识。唐顺宗继位后立刻重用王叔文、王伾等人进行改革。顺宗任命王叔文为翰林学士，参与朝廷大政的决策。为了打击宦官势力，革除政治积弊，王叔文推行了一系列改革措施，史称"永贞革新"。

朝廷宣布罢宫市和五坊小儿，任范希朝为左右神策京西诸城镇节度使，韩泰为行军司马，以图逐步收夺宦官的兵权。此外，顺宗和革新派还罢免贪官京兆尹陈实，减免杂税，停止财政上的"进奉"。这些改革都具有进步性，但引起以俱文珍为首的宦官集团及与之相勾结的节度使的强烈反对。最后，王叔文被贬后赐死，王伾外贬后不久病死，柳宗元、刘禹锡、韩泰、陈谏、韩晔、凌准、程异及韦执谊八人均被贬为外州司马，史称"二王八司马"。

柳宗元：

字子厚，山西运城人。793 年中进士，后入朝为官，积极参与王叔文集团政治革新。805 年，永贞革新失败，柳宗元被贬为邵州刺史，当年又加贬为永州司马。是"八司马"之一。他同时也是唐代著名的文学家、诗人，曾和韩愈一起倡导古文运动，并成为"韩柳"。

永贞革新运动被扼杀，唐朝政治更加黑暗，从此唐朝又开创了一个新的恶例，每个皇帝都把自己任用的人当作私人，继位的皇帝对前帝的私人，不论是非功过，一概予以驱除。宦官拥立皇帝，朝官分成朋党，本来就有相沿成习的趋势，在唐宪宗以后，都开始表面化了。国家也开始进一步衰落下去，进入了晚唐时期。

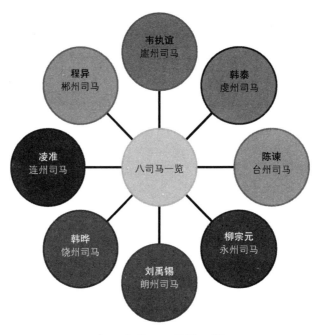

表三十五　八司马一览

公元835年
甘露之变

　　唐代后期，宦官擅权专政的情况极为严重。文宗继位后，决心惩治宦官，夺回皇权，他任命李训为相；又任命郑注为凤翔节度使，开始逐步向宦官发难。

　　公元835年，金吾大将军韩约奏称，左金吾仗院石榴树上夜降甘露，乃祥瑞之兆。李训等人建议皇帝亲往观看。文宗乃命宦官神策军左、右护军中尉仇士良、鱼志弘等带领宦官去察看。仇士良等至左金吾仗院时，发现两庑幕后埋伏了武装士兵，慌忙奔回。李训等人本欲将一众宦官诱至金吾仗院歼灭。这个计划失败，宦官迫使文宗返回东宫并封锁大门，于是朝臣惊散。李训见事不妙，逃入终南山佛寺中，王涯、舒元舆等人不明真相，退到中书省等候文宗召见。

　　宦官挟持文宗退入后宫后，立即派遣神策军五百人在宫中搜查，逢人即杀，死者六七百人。接着关闭宫城各门搜捕，又杀千余人。李训、郑注等人随后被杀并遭族诛，更多的人又被牵连而死。经过这次剧变，大量朝臣被杀，这便是甘露之变。

神策军：

　　唐代后期主要的禁军。本是陇右节度使所属驻守临洮城西的军队，安史之乱中，这支军队被调入京师，后被编为皇帝禁军，并扩充发展成为兵力号称十五万的中央军。后来被宦官所控制，实际指挥官皆由宦官担任。这造成了唐后期宦官专权的局面，对唐后期的政治和社会有重大影响。

白望：

唐德宗时，由宫市使派往市场低价强购、掠夺人民资产的太监。人数多达数百，于市场上左右张望，见有中意物品便强行取走，只给极少的报酬或者根本不给。故称为"白望"。白望的出现是唐代统治昏庸腐败的直接表现之一。

甘露之变是晚唐时期统治者为夺回权力而发生的政治事件，因为准备不周又操之过急，最终告以失败，宦官由此开始更加专横，时常欺凌皇帝，蔑视大臣，文宗也因此忧郁至死。宦官势力延续百年，直至唐昭宗时，才被朱温消灭。

宦官专权造成了严重的后果。在政治方面，他们分帮结派，争权夺利，营私舞弊，以致废立皇帝，使政治更加黑暗混乱。宦官参与军事，破坏了军队的统一指挥，大大削弱了军队的战斗力。以上的种种问题加重了人民的痛苦，使唐后期的政治和社会矛盾日益尖锐。

公元 874 年
王仙芝起义

唐后期，当时关东出现大旱，官府又强征赋税徭役。种种问题致使矛盾激化，百姓走投无路，最终引发了王仙芝领导的大起义。

公元 875 年，王仙芝在濮州濮阳发出檄文，斥责官吏腐败赋税沉重，赏罚不平。他自称天补平均大将军，率领起义军攻克许多州县。冤句人黄巢也起义响应，率众数千与王仙芝会师，声势日益浩大。各地百姓争先投奔义军，起义人数达到数万。农民反抗斗争激烈，逐渐形成燎原之势，震动朝野。唐僖宗任命宋威为招讨使，开始对起义军进行镇压。

公元 876 年，唐军开始围剿起义军。王仙芝调整战略，率部远征，8 月入河南，攻克数座县城。唐政府联结起一条以洛阳为中心的防线以阻止王仙芝的进攻。王仙芝率领军队四处攻城夺地，多次击败前来围剿的唐军，逐渐逼近洛阳，以致洛阳百官纷纷出逃。唐僖宗无奈，下诏赦免王仙芝罪，希望停战。王仙芝乘胜北上，却在攻郑州时遭到了失败，战败后义军兵分两路。王仙芝率一部义军南下，另一支义军东进淮南，这一阶段义军在江淮各地作战，

庞勋起义：

公元 865 年，唐懿宗派兵征南诏，下令在徐、泗地区募兵两千人，开赴邕州，其中分出八百人戍守桂林，约定三年期满后即调回原籍。徐泗观察使崔彦曾一再食言背约，戍兵在桂林防守六年，仍无还乡希望。戍兵苦于兵役，群情激愤，公推庞勋为首，起兵北还。庞勋率领数百人，历尽艰苦，到达徐州，并在徐州树起农民起义的旗帜。后庞勋战死，起义失败。这次起义影响十分深远，不久后王仙芝、黄巢起义爆发，许多庞勋旧部也投入起义军中，再度参与起义战斗，唐王朝也在农民起义的浪潮下最终走向了灭亡。

唐军多败绩，无力抵抗。起义军发展至三十万人。蕲州刺史投降，为王仙芝上表求官，唐僖宗应允。于是王仙芝打算投降，此举遭到其他义军将领强烈反对，于是王仙芝放弃了投降的打算，但义军仍受到了影响，王仙芝开始与黄巢分兵作战。

公元 877 年，王仙芝攻取鄂州。7 月，与黄巢合兵攻打宋州，失利。后于 8 月攻占安州、随州，以后又转攻复州、郢州。虽然不断取得胜利，但是唐王朝发布《讨草贼诏》，动员各地武装加紧镇压起义军；同时对义军发动政治攻势，如果义军投降，必当授以官爵，厚赏资财。王仙芝于 11 月再次写了降表，但是他派遣投降的使者被唐王朝杀害。这个消息使王仙芝十分愤怒，他率军南下，渡过汉水进攻荆南。

公元 878 年，义军攻占罗城，但旋即败于荆门。王仙芝解围而去，又被曾元裕击败，义军损失两万人。这时，唐王朝解除宋威兵权，任曾元裕为招讨使，集中优势兵力，加紧围剿王仙芝。王仙芝义军被曾元裕包围于黄梅，经过无数场激烈的战斗，义军死伤五万余人，王仙芝也在突围时战死。余部渡江转战江南，另一部由尚让率领投奔黄巢继续战斗。

王仙芝是唐末农民起义的重要领袖，他领导起义军转战数年，给唐王朝以沉重打击。

（最新修订版）一张大事年表｜快读中国历史｜

公元 880 年
黄巢起义军进入长安，建立大齐

　　黄巢出身盐商家庭，善于骑射，略通笔墨，少有诗才，但成年后却屡试不第。王仙芝起义前一年，关东发生了大旱，官吏强迫百姓缴租税，服差役，百姓走投无路，聚集黄巢周围，与唐廷官吏进行过多次武装冲突。公元 875 年，王仙芝率众起义。黄巢也在冤句起兵，响应王仙芝。

　　起义军转战数年，王仙芝在黄梅兵败，被曾元裕部斩杀，余部由尚让统帅投靠黄巢。义军推黄巢为黄王，他自称"冲天大将军"，转战黄淮流域，又进军长江下游一带。

　　公元 879 年，起义军主力出现在岭南，攻占了广州，顺湘江进入湖南。次年，起义军攻破唐王朝的长江防线，从采石渡江，不久渡过淮水，顺利攻入洛阳。

　　起义军攻破潼关，唐僖宗和掌权的宦官南逃。起义军随即进入长安，长安居民夹道欢迎。黄巢部将尚让向百姓宣告："黄王起兵，本为百姓，非如李氏不爱汝曹。汝曹但安居无恐。"起义军杀贪济贫，得到了百姓的拥护。

土团：

　　唐代后期南方"土军"的构成之一，它常见诸于晚唐史籍。土团是由当地人组成的武装集团，是团练兵的一种，它比团练兵更具地方色彩。因为土团是从本土征发的非正规性的地方武装，其战斗力也很有限。但是唐王朝日益腐朽，府兵制崩溃，不得不依靠类似"土团"之类的军队维持地方统治。黄巢在长安战败后，其部队在各地也受到了土团的攻击。

黄巢在长安建立政权，国号大齐，建元金统。称帝后黄巢进行了官员的任命，建立起了政权所需的一套完整的官僚体系，大齐政权初具规模。但是，起义军占领长安之后，没有控制住原来控制的地区，再加上没有追击唐王朝的残兵，给了唐王朝喘息之机，埋下了失败的隐患。

此时，北方的藩镇停止了相互间的争斗，转而开始共同对抗黄巢起义军。起义军重要将领朱温也在这时候叛变降唐，逃到四川的唐僖宗重贿沙陀贵族李克用，让他率军从代州南下，镇压起义军。

起义军很快便被包围在长安附近，军粮不济，处境极其艰难。公元 883 年，黄巢被迫引兵从长安撤出，转战河南。李克用的沙陀军进入长安，藩镇诸侯也随后抵达，在长安大肆抢掠。

黄巢领导起义军围攻陈州将近一年，始终不能攻克。朱温和李克用的追兵也紧追不舍。公元 884 年，黄巢被迫率军退到泰山下的虎狼谷，他眼看大势已去，自刎而死。起义归于失败，各地的义军此时也受到了地方武装的围剿，很快便失败了。

黄巢起义虽然失败了，但是唐王朝也受到了致命的打击。起义失败后，唐朝又勉强维持了二十三年统治。公元 907 年，宣武节度使朱温受禅，建国号为梁。唐朝灭亡，进入五代十国时期。

五代

公元 907 年

朱温称帝，建立后梁；唐朝亡，五代时期开始

王彦章：

中国五代时后梁名将。字贤明。汉族，郓州寿张人。朱温建后梁时，王彦章以功为亲军将领，历迁刺史、防御使至节度使。他骁勇有力，每战常为先锋，持铁枪驰突，奋疾如飞，军中号为"王铁枪"，多次与后唐军交战。公元 923 年，后唐大举进攻后梁，王彦章奉命防守东路，在中都战败被俘。后唐欲用其才，屡遣人劝降，他不屈被杀。欧阳修作《新五代史》，认为五代时期得"全节"者，仅王彦章、裴约、刘仁瞻三人。

唐朝统治后期，藩镇割据势力强大，各地节度使拥兵自重，盘踞一方。唐王朝在黄巢起义的沉重打击下分崩离析，名存实亡。原为起义军将领的朱温叛变投唐后，朝廷封左金吾卫大将军，赐名"全忠"。

公元 901 年，朱温受封为梁王，但仅仅两年后便再度叛唐。他挟持唐昭宗，并诛宦官数百人，彻底铲除持续一百多年的宦官势力。公元 904 年，朱温杀唐昭宗，另立李柷继位，即唐哀帝。公元 905 年，朱温又大肆贬逐朝官，并将崔枢等被贬的朝官三十余人全部杀死于白马驿。

在政治上的阻力全部扫除后，朱温于公元 907 年废唐哀帝自立，改国号梁，定都开封，史称后梁。至此，唐王朝彻底灭亡。唐王朝灭亡后，各地的割据势力纷纷建立割据政权，中国进入了五代十国时期。

朱温不断南征北战，征战的目的在于掠夺。他出兵淮南，进攻杨行密，掠夺了数万头耕牛，又把这些耕牛以苛刻的条件出租给后梁的百姓，人民苦

不堪言。公元 912 年，朱温与李存勖之间发生战争，当地的百姓以锄、镰为武器，迎头痛击朱温，使他不得不抛弃了大量的军械物资，狼狈逃回河北。

由于后梁统治者的剥削残酷，各方矛盾一直十分尖锐，统治也很不稳固。加上后梁内部时常爆发争权夺利的斗争，使得后梁的统治时刻面临着倾覆的危险。朱温和李克用之间常年征战，争夺土地和人口。朱温多次被李克用和其子李存勖所击败，后梁国力日益衰落。

公元 912 年，朱温被其子朱友珪所杀，朱友珪很快又被其弟朱友贞杀死。朱友贞继位，他就是后梁末帝。此时后梁的政治更加黑暗，统治也愈发残暴，农民起义时有发生。在内忧外患之下，后梁最终走向了灭亡。公元 923 年，后梁被后唐所灭。

公元 916 年
耶律阿保机称帝，国号契丹

南北面官：

契丹特殊的"因俗而治"的政治制度。因契丹族皇帝宫帐向东开，官署、官员分立南北而形成。南面官模仿唐代官职而有所变通，又称"汉制"，治理汉地州县、掌管财赋、分领汉军，大多由汉人充任。有些重要官职也任用契丹人。北面官治契丹宫帐、全国军事、部族、属国之政，均由契丹贵族担任。总体上北面官地位高于南面官。

契丹是生活在中国北方的游牧族群，始见于北魏时期。契丹地处偏僻地带，且没有形成统一的国家，而是处于原始氏族社会阶段，因此，契丹早期时常受到北魏等国家的侵袭。

早期契丹共分为八部，各自有不同的首领领导，长期与周边的民族和政权发生冲突。到唐统治时期，契丹和唐常有贸易，通过几个世纪的交流，契丹的文化和科技都有了很大发展。到公元 9 世纪左右，契丹西北面的两个强邻突厥、回纥逐渐衰落下去，而契丹随着生产的发展，国家形成的条件也日益成熟了。

唐朝由盛转衰，无力顾及对边疆民族的管理。到了公元 9 世纪末 10 世纪初，唐终于在农民起义军的打击下崩溃了。北方的战乱使得大量的百姓开始逃往契丹统治地区，契丹开始有了进一步的发展。外部条件和内部因素均表明，此时的契丹社会已经发展到了一个转折时刻，需要一位强有力的领导者，将分散的契丹各部联合起来，建立统一的民族国家。

契丹国家的建立者名叫耶律阿保机，他生于公元 872 年，是出身于契丹迭剌部的贵族。公元 907 年，耶律阿保机统一各部，取代痕德堇，继可汗位。随后他镇压了契丹贵族的叛乱，又征服奚、室韦、阻卜等部落，声势浩大，不同凡响，契丹日益强盛，称雄北方。

公元 916 年，耶律阿保机称帝，国号大契丹。阿保机字号天皇王，年号神册。契丹国建立后，参照汉字先后创造了两种文字，即契丹大字和契丹小字。契丹有了文字之后，社会发展更快。阿保机建国后不久率军南侵，与晋王李存勖交战，取得一定的胜利，契丹领土有了很大的扩张。

公元 925 年，耶律阿保机率军亲征渤海国。次年，渤海国灭亡，阿保机封其长子为丹东王，统领渤海国旧地。然后率军返回。回军途中耶律阿保机病死，谥号辽太祖。

耶律阿保机死后，次子耶律德光继位，他就是辽太宗。他继位后继续施行南侵的军事策略，开始了对中原地区的大规模征伐。

公元 923 年
李存勖灭后梁，建立后唐

李克用是沙陀贵族，唐末时镇压黄巢起义有功，任河东节度使，后受封为晋王。公元908年，李克用病死，其子李存勖袭位。李存勖继位后设计捕杀了试图夺位的叔父李克宁。稳固了自己的统治。

李存勖继位之初，朱温认为李克用已死，正是进攻的好时机，便派军攻打晋的潞州，李存勖率军从晋阳出发，直取上党，乘大雾突袭围潞州的梁军，大获全胜。朱温非常震惊，说"生子当如李亚子（李存勖小字）"。

潞州围解，河东威震，镇州和定州此时也和李存勖结成联盟，共同对付后梁。李存勖严肃军纪，改善政治，减轻租赋，使后方得到了稳固。此时后梁为了保护河北，不惜一切出兵再战，于是双方在柏乡又展开了一场血战。

战斗开始后，晋军引诱梁兵出城交战，利用骑兵的高机动性将其围歼，然后主动后撤。梁军中计，主力倾巢而出。晋军抓住机会，以骑兵猛烈突击梁军，梁军丢盔弃甲，死伤殆尽。这一仗，使梁军丧失了对河北的控制权，之后，朱温一听晋军就谈虎色变。

李克用：

唐末将领，沙陀部人，别号"李鸦儿"。因一目失明，又号"独眼龙"。其父朱邪赤心，唐懿宗赐姓名李国昌，李克用早年随父出兵镇压庞勋起义，常冲锋陷阵，军中称之为"飞虎子"。公元907年，朱温代唐称帝，建立后梁。克用仍用唐"天佑"年号，以复兴唐朝为名与后梁争雄。次年，李克用病死，其子李存勖称帝后，追尊他为后唐太祖。

而李存勖却进一步安定了河东局势，他息兵行赏，任用贤才，惩治贪官恶吏，宽刑减赋，河东大治。

李克用临死时，交给李存勖三支箭，嘱咐他要完成三件大事：一是讨伐刘仁恭，攻克幽州；二是征讨契丹，解除北方边境的威胁；三是要消灭世敌朱温。他将三支箭供奉在家庙里，每临出征就派人取来，放在精制的丝套里，带着上阵，打了胜仗，又送回家庙，表示完成了任务。

公元 911 年，李存勖在高邑打败了朱温亲自统帅的五十万大军。接着，攻破燕地，将刘仁恭活捉回太原。九年后，他又大破契丹兵，将耶律阿保机赶回北方。经过十多年的交战，李存勖基本上完成了父亲遗命。公元 923 年，李存勖在魏州称帝，国号为唐，不久迁都洛阳，年号同光，史称后唐。李存勖就是后唐庄宗。

后唐建立后，李存勖继续与后梁交战，终于在公元 925 年攻灭后梁，统一北方。

五代

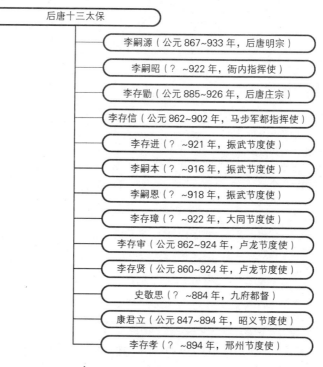

后唐十三太保

李嗣源（公元 867~933 年，后唐明宗）

李嗣昭（？ ~922 年，衙内指挥使）

李存勖（公元 885~926 年，后唐庄宗）

李存信（公元 862~902 年，马步军都指挥使）

李存进（？ ~921 年，振武节度使）

李嗣本（？ ~916 年，振武节度使）

李嗣恩（？ ~918 年，振武节度使）

李存璋（？ ~922 年，大同节度使）

李存审（公元 862~924 年，卢龙节度使）

李存贤（公元 860~924 年，卢龙节度使）

史敬思（？ ~884 年，九府都督）

康君立（公元 847~894 年，昭义节度使）

李存孝（？ ~894 年，邢州节度使）

表三十六　后唐十三太保

公元 936 年
石敬瑭灭后唐，建立后晋，
割让燕云十六州给契丹

公元 926 年，魏州发生兵变。后唐庄宗李存勖命李嗣源率军平叛，石敬瑭也一同出征。在魏州城下，李嗣源的部队也发生兵变，与魏州的叛军合兵一处，拥李嗣源为主。李嗣源本想回朝请罪，石敬瑭则劝他夺取开封，以成就大事。李嗣源最终接受了这个意见。

石敬瑭亲自率军为前锋，抢占开封，又回兵渡汜水，直取洛阳。后唐庄宗李存勖被乱兵所杀，李嗣源入洛阳称帝，他就是后唐明宗。由于石敬瑭在这次军事政变中立功颇大，后唐明宗任他为保义军节度使。当时，许多官将都不奉公守法，而石敬瑭以廉政闻名，颇受明宗李嗣源褒奖。从此以后，石敬瑭以驸马兼功臣，逐年升迁，负责抵御契丹南下。随着职务和势力的增长，石敬瑭开始拥兵自重，大有取后唐而自立之势。

公元 933 年，明宗李嗣源死，李从厚继位，他就是后唐闵帝。当时凤翔节度使李从珂（李嗣源的养子）和河东节度使石敬瑭都拥兵自重，后唐闵帝对他俩不放心。为削弱他们的势力，遂下令二人对

燕云十六州：

又称"幽云十六州""幽蓟十六州"。是指公元 938 年后晋石敬瑭割让给契丹的位于今天北京、天津以及山西、河北北部的十六个州。分别是幽州、顺州、儒州、檀州、蓟州、涿州、瀛州、莫州、新州、妫州、武州、蔚州、应州、寰州、朔州、云州。割让幽云十六州，使得中国北部边防从此几乎无险可守，这成为影响中国政治格局和历史进程的一件大事。此后四百余年中，收复燕云十六州成为每一个汉人王朝梦寐以求的理想。

调。潞王李从珂不服，在凤翔起兵反叛。闵帝大败，仅率数骑出逃，路遇石敬瑭，石敬瑭杀其随从并将他囚禁于卫州。

不久，李从珂杀后唐闵帝，改元清泰，自立为皇帝，即后唐末帝。后唐末帝对石敬瑭猜疑颇大，石敬瑭亦疑心重重，二人矛盾日益尖锐。为试探后唐末帝，早有预谋的石敬瑭于公元936年以身体羸弱为由，乞解兵权，调往他镇。这正合后唐末帝之意，便顺准石敬瑭之请，徙其为天平节度使。

石敬瑭不想束手待死，决意谋反。他的手下大将刘知远也赞成此事。于是，石敬瑭上表指责后唐末帝是明宗养子，不应承祀，要求让位于许王李从益。后唐末帝撕裂其表，削其官爵，派兵三万围攻太原。石敬瑭一面于朝廷内部从事策反活动，一面起草奏章向契丹求援。

石敬瑭向契丹称臣，认契丹为父国，约定事成之后割卢龙一道及雁门关以北诸州（燕云十六州）与契丹。对此种认贼作父、卖国求荣的行径，连其亲信刘知远也表示反对。然而石敬瑭仍然一意孤行。契丹主耶律德光得到消息后异常欣喜，派兵增援石敬瑭，大败后唐前来围攻石敬瑭的军队。

公元936年末，耶律德光封石敬瑭为大晋皇帝，改元天福，国号晋。石敬瑭在柳林继位，他就是后晋高祖。石敬瑭称帝后，如约割燕云十六州给契丹。燕云十六州是中国北部天然屏障，割让给契丹之后，中原完全暴露在契丹的进攻范围之内。以后燕云十六州成为辽南下掠夺中原的基地，使北方社会经济遭到严重破坏，贻害长达数百年。

不久后，石敬瑭与契丹联兵攻入洛阳，后唐灭亡。公元937年，后晋迁都汴梁，次年升汴梁为东京开封府。石敬瑭对于契丹百依百顺，非常谨慎，每次书信皆用表，以此表示君臣有别，称辽太宗为父皇帝，自称臣，为儿皇帝。石敬瑭这种卖国行为被世人所不齿。

石敬瑭以投降契丹为国策，不仅遭到了广大人民的反对，也引起了统治集团内部许多成员的不满。大同节度使判官吴峦，闭城不受契丹命。应州指挥使郭崇威，挺身南归。公元937年，天雄节度使范廷光反于魏州，石敬瑭令东都巡检张从宾讨伐，但张从宾与之同反。随后渭州也发生兵变。后晋的统治摇摇欲坠，很难持续下去了。

不久之后，游牧在雁门以北的吐谷浑部，因不愿降服契丹，酋长白承福带人逃到了河东，投奔刘知远。公元942年，契丹遣使来问吐谷浑之鼎，石敬瑭既不敢得罪手握重兵的刘知远，更不敢得罪契丹，由此忧郁成疾，在惊惧中死去。其侄石重贵继位，他就是后晋出帝。后晋的统治，也开始走向尾声了。

公元 946 年
契丹灭后晋

后晋建立后，一直处于动乱状态，后晋高祖石敬瑭割地称儿的做法受到全国人民的一致反对，统治集团内部也有许多人严重不满，包括石敬瑭过去的亲信。但是，石敬瑭一直到死都没有改变他投降契丹的国策。

公元 942 年，石敬瑭病死。其侄石重贵继位。石重贵登基后，决定脱离对契丹的依附，于是他宣称，对耶律德光称孙但不称臣。耶律德光得到这个消息后大怒，于公元 944 年派大军伐晋，双方在澶州交战，互有胜负。公元 945 年，契丹再次南征，石重贵亲自率军迎击，再次击败契丹。公元 946 年，契丹第三次南下，后晋重臣杜重威率军叛变，这使得后晋的主力军队尽没，耶律德光得以顺利进军。当年年底，契丹军攻入开封，石重贵被迫投降，被俘虏到契丹。后晋灭亡。

耶律德光在占领了开封后不久，便在开封再次登基称帝，以表示自己是中原的皇帝，并改契丹国号为大辽，打算久踞中原。但是，他采取了错误的统治措施，很快便激起了人民的激烈反抗，各地人

打草谷：

辽初契丹军继续游牧族传统，在战争中以战养战，掳掠占领区的粮草财物，称为打草谷。辽太宗灭晋入开封，辽兵仍四处打草谷，激起汉地百姓的激烈反抗，使辽军无法在中原立足。这也被辽太宗在退出中原，返回辽国的路上称为"三失"的第一失。

民起义不断爆发，义军少则数百人，多则数万人，遍及整个中原地区。耶律德光感到在中原无法立足，被迫率军北归，在返回的途中病死。

后晋统治的时间极短，仅有十年。这与石敬瑭投降契丹的国策有极大的关系。后晋的统治黑暗，政治腐败，引起了中原地区更大的动乱，同时因为燕云十六州的割让，也使得其后的宋朝在与北方游牧民族交战时处于极为不利的形势下，加深了中原人民的苦难。

公元 947 年

契丹改国号为辽；刘知远称帝，建立后汉

"省耗" 与 "省陌"：

后汉隐帝时期，同平章事王章掌管财政赋税，他征集赋税苛刻严厉。以前规定，田税每斛之外再交二升，叫作"雀鼠耗"，王章开始下令再交二斗，称作"省耗"；以前钱币的付出、收入都以八十文为"陌"，王章开始下令收入的以八十文为"陌"，付出的以七十七文为"陌"，称作"省陌"有违反盐、矾、酒曲禁令的，即使只有一两一钱、一点一滴，也都定为死罪；百姓因此忧愁怨恨。

刘知远是沙陀部人，公元 941 年，任太原留守、河东节度使。他最初与石敬瑭一起为后唐明宗手下将领，后来帮助石敬瑭在契丹扶持下建立后晋，被任为河东节度使。

后晋石重贵继位后，刘知远被封为北平王，拜中书令。因为他功高权重，为石重贵所猜忌。晋辽交战期间，他守境不出，招募军士，壮大力量。辽军进入汴京时，他派部下以祝贺胜利为名，去汴京察看形势，知道辽军很不得人心。不久，他打出复兴后晋、迎石重贵来晋阳的旗帜，受到将士们的拥戴。公元 947 年，他在晋阳称帝，次年改年号乾祐，建国号为汉，史称后汉。刘知远就是后汉高祖。后汉与南唐、吴越、楚、南汉、后蜀、南平等政权并立。

刘知远称帝之初，为了赢得民心，沿用后晋的年号天福，以争取后晋官员的支持。他下诏书慰劳各地自发武装抗辽、保卫乡土的起义军，又不夺民财而取出宫中所有财物赏赐将士，获得了军民的支持。然后趁辽军北退、辽统治集团忙于争夺皇位之际，他统帅大军由晋阳出发，一路势如破竹，进入洛阳，不久后又率军占领汴京，定为都城。

同年 12 月，刘知远的儿子刘承训病死。刘知远悲伤过度，因此病倒，一直

不见恢复。公元948年，他自知命不长久，召宰相苏逢吉、枢密使杨邠、郭威等进宫，委托他们扶立次子刘承祐继位，又秘密嘱咐他们要赶快除去归附辽国的杜重威。刘知远死后的庙号为高祖。

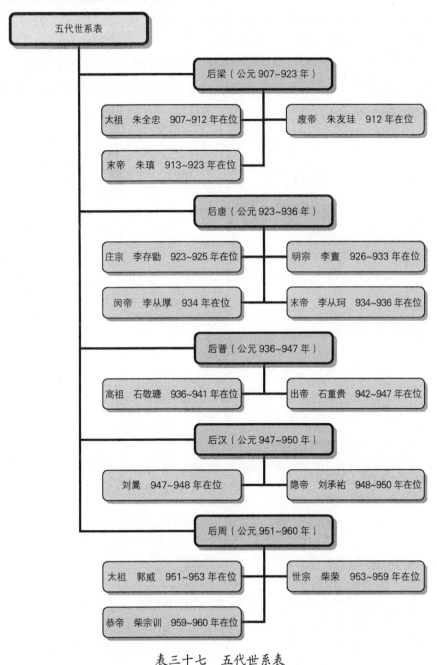

五代世系表

后梁（公元907~923年）

太祖　朱全忠　907~912年在位　　废帝　朱友珪　912年在位

末帝　朱瑱　913~923年在位

后唐（公元923~936年）

庄宗　李存勖　923~925年在位　　明宗　李亶　926~933年在位

闵帝　李从厚　934年在位　　末帝　李从珂　934~936年在位

后晋（公元936~947年）

高祖　石敬瑭　936~941年在位　　出帝　石重贵　942~947年在位

后汉（公元947~950年）

刘暠　947~948年在位　　隐帝　刘承祐　948~950年在位

后周（公元951~960年）

太祖　郭威　951~953年在位　　世宗　柴荣　953~959年在位

恭帝　柴宗训　959~960年在位

表三十七　五代世系表

刘知远死后，次子刘承祐继位，他就是后汉隐帝。隐帝继位后，大臣史弘肇、杨祐、苏逢吉、郭威等专权，但四人之间又有矛盾。史弘肇掌握禁军，酷虐滥杀；杨祐权势最重。隐帝疑惧，于是杀杨祐、史弘肇，任苏逢吉为枢密使；又密令杀郭威。但是谋事不密，走漏了风声，郭威起兵反叛，攻入开封，公元951年，刘承祐被杀。后汉就此灭亡。

　　后汉统治中原的时间仅有三年，刘氏父子均无善政，滥刑频施，这是后汉快速灭亡的主要原因。后汉灭亡后，纷扰动乱的中原地区逐渐转向安定，中国开始再次走向统一。

公元 951 年

郭威称帝，建立后周，后汉亡

公元 950 年，后汉重臣郭威出任天雄节度使、邺都留守。后汉隐帝对郭威极不信任，密令手下将其杀死，然而这个消息却不慎走漏。他起兵攻入开封，后汉隐帝被杀。次年，郭威即帝位，改国号周，建元广顺，定都开封，史称后周，郭威就是后周太祖。

郭威称帝后，针对前朝弊政，进行了一些改革，刑罚有所减轻，某些苛税被废止，部分官田散给佃户，停止州府南郊进奉，这些措施在一定程度上减轻了对人民的压迫剥削，国力也有所增加。后周时期的政治，经济实力的增强，为北宋统一中原地区奠定了基础。

后周建立不久，刘崇在晋阳称帝，国号为汉，史称北汉。北汉是十国中最后建立的一个国家，依附于辽国，刘崇称"侄皇帝"，改名刘旻。吴越、南汉、荆南、后蜀、南唐、北汉，还有东北方强大的辽国，与后周同时存在。

公元 954 年，周太祖郭威病死。他在位仅有三年，期间留心革弊，为民众做了一些有益的事，是五代

> **十国：**
>
> 唐朝灭亡后，北方军阀混战，先后出现了后梁、后唐、后晋、后汉、后周五个政权。而此时南方各地出现过九个相对较小的割据政权，即：吴、南唐、吴越、楚、前蜀、后蜀、南汉、南平及闽，加上北方的北汉，是为十国。十国割据时间较长，对国家统一极为不利，其中大部分国家被南唐和北宋所灭亡（前蜀灭于后唐）。北宋于 979 年灭北汉，十国历史彻底结束。

殿前都点检：

官名，后周时始置。后周世宗柴荣为了强化朝廷直属军队，挑选精锐的卫士充任殿前侍卫，成立殿前军。后周设置殿前都点检，位在殿前马步军都指挥使之上。殿前都点检位高权重，常由皇帝亲信担任，宋太宗赵匡胤也曾担任此职。

中一位较有作为的皇帝。周太祖没有子嗣，死后养子郭荣继位，就是周世宗。周世宗本姓柴，是周太祖皇后的养子柴守礼之子，所以历史上多称他柴荣。

周世宗刚继位，北汉君主刘旻勾结辽国，大举入侵。周世宗决定亲自领兵去抵御。群臣认为他从来没有打过仗，也没有表现出什么军事才能，都劝他不可轻动，宰相冯道尤其极力劝阻。周世宗坚持要亲自领兵，率领军队驻扎在泽州东北，与北汉军对峙。

当时北汉兵多，后周兵少，后周将士都有些畏惧。周世宗披甲骑马上阵督战，士气高昂。北汉君主刘旻见后周兵少，便指挥军队进攻。交战不久，后周右军溃败，步兵千余人解甲投降北汉。周世宗见军势危急，自率亲兵冒矢石督战。近卫军将领赵匡胤对身边的人说："皇上这么危险，我们怎能不拼死战斗！"他率领两千人奋勇进攻，身先士卒，冲在最前面，士兵亦死战，以一当百，大胜北汉军。

北汉兵溃败，刘旻昼夜奔驰，逃回晋阳。北周君臣论功行赏，亲军大将张永德称赞赵匡胤的智勇，周世宗擢升赵匡胤为殿前都虞侯。高平大战，周世宗的英武果敢，开始为群臣所信服，因而得以施展他的政治抱负。

周世宗希望做三十年皇帝，用十年开拓天下，十年休养百姓，十年获得太平。他回到开封后，开始亲揽大权。他任用李谷、王溥、范质等人为宰相，魏仁浦为枢密使，开始积极准备进行政治改革，以图日后能有一番大的作为。

周世宗采取各种措施，减轻人民疾苦：他限制佛教，下令减少寺院和僧尼，不许受戒出家。他还下令将寺院的铜佛像收归官府，用作铸铁原料；他关心农业生产，体谅广大农民的苦痛，采取均平田租的办法，减轻民众负担；他又下诏给所有幕职和州县官规定奉钱及米麦，不许他们盘剥老百姓；与此同时，他还积极恢复和修筑陆路水路交通，并大规模建设开封城。在他的治理下，后周国家安定，国力日增。

周世宗还积极整顿军队，准备统一天下。他下令检阅禁军，留用精锐，斥退老弱，又广募天下壮士，组成一支精悍而富有战斗力的军队。大将王朴上《开边策》，建议世宗先取江淮，再逐步消灭南方割据势力，最后平定北汉。周世宗进行统一战争，用兵步骤是采用王朴《开边策》的建议。

公元955年，周世宗开始伐南唐。南唐先后灭了闽和楚，当时已经是南方一个大国。周世宗以李谷为淮南前军部署，王彦超为副，率领韩令坤等十二将伐南唐。南唐主李璟令大将刘彦贞、皇甫晖、姚凤领兵抵御。结果，王彦超大败南唐兵两千余人于寿州城下。

次年，周世宗亲征淮南，大败南唐兵，杀刘彦贞。周世宗令赵匡胤领兵袭取滁州。赵匡胤跃马挥军涉水，直抵滁州城下。赵匡胤大败守将皇甫晖，俘虏姚凤，攻下滁州。

南唐以李景达为元帅，领兵渡江，攻取六合。赵匡胤挥军进击，大败南唐兵，杀获近五千人，溺死的南唐兵无数，南唐的精锐部队已丧尽。在这场战争结束后，赵匡胤因战功被周世宗迁升为殿前都指挥使。

至公元958年，南唐因屡战屡败，奉表称臣。周世宗急于进攻辽国，收复失地，只要南唐江北土地，无意渡江取南方。后周取得淮南江北共十四州，六十县，与南唐划长江为界。在进攻南唐的同时，周世宗还派兵攻取了后蜀的阶、成、秦、凤四州，后周的疆域更加广阔了。

对南唐战争结束后第二年，周世宗下诏北伐，收复北方失地。他率领赵匡胤等将领分水陆进攻。周世宗到沧州，即日率步骑数万出发，直入辽境，辽军守将纷纷投降。周军很快攻下益津关、瓦桥关，乘势收复莫州、瀛州、易州。

辽国君臣恐惧，撤幽州辽兵后退。周世宗会合诸将商议取幽州。他督促先锋都指挥使刘重进先行，占据固安城，自己亲自到安阳水，下令造桥，准备进攻。但当晚，周世宗得病，只好停止进军，自率大军回开封。

回开封后，周世宗一病不起，知道自己不久于人世，便开始布置后事。他封七岁的儿子柴宗训为梁王，将重要的职务委任给魏仁浦、王溥、范质、韩通等。任命赵匡胤为殿前都点检一职。周世宗交代完后事不久便死去了。

周世宗是五代时最有作为的皇帝，他改革了不少前朝积弊，开辟了统一全国的道路。同时，他严于律己，宽以待人，赏罚分明，知人善用，治国有方，识民疾苦，关心百姓。因此得到了全国上下百姓的拥护。他死的时候，远近哀悼。周世宗柴荣在位仅六年，死时只有三十九岁。

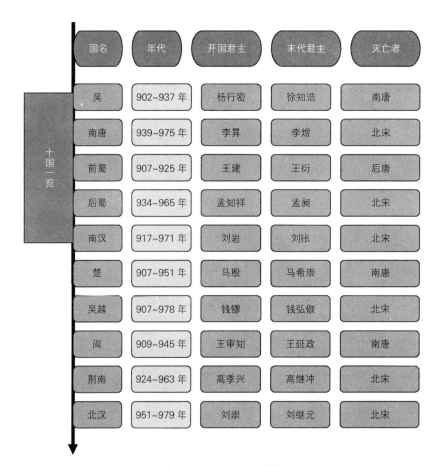

国名	年代	开国君主	末代君主	灭亡者
吴	902~937 年	杨行密	徐知诰	南唐
南唐	939~975 年	李昪	李煜	北宋
前蜀	907~925 年	王建	王衍	后唐
后蜀	934~965 年	孟知祥	孟昶	北宋
南汉	917~971 年	刘岩	刘铱	北宋
楚	907~951 年	马殷	马希崇	南唐
吴越	907~978 年	钱镠	钱弘俶	北宋
闽	909~945 年	王审知	王延政	南唐
荆南	924~963 年	高季兴	高继冲	北宋
北汉	951~979 年	刘崇	刘继元	北宋

十国一览

表三十八　十国一览

辽宋夏金元

公元 960 年

陈桥兵变，赵匡胤称帝，建立北宋，后周亡；五代时期结束

烛影斧声：

也称斧声烛影，是指宋太祖赵匡胤暴死，宋太宗赵光义继位之间所发生的一个谜案。公元 976 年，赵匡胤病重，其弟赵光义前往探望。进入宋太祖寝殿后，遥见烛影下赵光义时或离席，听到有"柱斧戳地"之声，赵匡胤随后去世。两天后，赵光义继位，改元太平兴国。这个事件由于没有第三人在场，因此一直以来都有赵光义弑兄登基的传说，但是无法证实，成了千古疑案。

公元 959 年，周世宗病死，太子梁王柴宗训继位，他就是周恭帝。周恭帝继位时仅有七岁，后周军事大权掌握在李重进、韩通、赵匡胤、向训等人的手中。其中，赵匡胤担任殿前都点检一职，位高权重且广得军心，拥有很大的势力。

公元 960 年，周群臣正在庆贺元旦，镇州、定州忽报辽国与北汉联兵南侵。赵匡胤率禁军诸将去抵御。到了陈桥驿，殿前散指挥使苗训以观天象为名，传出"点检作天子"的所谓天命。于是，赵匡胤之弟赵匡义、归德军掌书记赵普，以及将领高怀德、慕容延钊、张令铎、张光翰、潘美等连夜策划兵变，打算拥立赵匡胤为天子，然后北征。

黎明时，后周军士披甲执兵直逼赵匡胤的寝所。赵匡胤惊起，只见将士拿着刀立于庭院，高呼口号让他称帝，赵匡胤未来得及答话，黄袍已加身。众人即下拜，高呼万岁。这是周太祖郭威澶州兵变的重演，史称"陈桥兵变"。

赵匡胤被拥逼着回京开封。当时，京师守备坚

虚，殿前都指挥使石守信、都虞侯王审琦在宫中作内应，所以赵匡胤轻而易举地控制了京师。韩通被军校王彦升杀死。赵匡胤逼迫周恭帝行禅代礼，随后正式即皇帝位，改国号为宋，建立了宋王朝，他就是宋太祖。

赵匡胤即位后，镇压了后周的反对势力，巩固了他的统治。此后，赵匡胤便着手准备实现国家的统一。他采取了先南后北的战略方针。公元963年，北宋灭荆南，又平定了湖南的割据势力。两年后，宋军入四川，灭亡后蜀。公元971年，宋军入广州灭南汉。公元975年，宋军攻克金陵，南唐后主李煜投降，南唐灭亡。至此，宋朝基本完成了对全国的统一。

公元976年，宋太祖赵匡胤死，其弟赵匡义继位，因避太祖讳，改名为赵光义，他就是宋太宗。太宗继续进行统一战争，在公元978年用政治手段迫降福建和吴越的割据势力，基本统一南方，转而集中兵力进攻北汉。次年，宋太宗亲征太原，北汉主刘继元投降。五代十国的割据局面至此结束，北宋统一全国。

高梁河之役：

宋太宗为夺回五代时后晋石敬瑭割给契丹的燕云十六州，平北汉后，未经休整和准备，即转兵攻辽，企图趁其不备，一举夺取幽州。起初宋军取得了一些胜利，但随后被辽国大将耶律休哥所率援军击败，宋太宗只身逃走。这次战争被称为高梁河之战，又叫"幽州之战"。由于宋太宗收复燕云十六州心切，缺乏充分准备，仓促出兵，最后以宋军失败告终。

辽宋夏金元

宋朝世系表			宋朝世系表		
庙号	姓名	在位时间	庙号	姓名	在位时间
宋太祖	赵匡胤	960~976 年	宋高宗	赵构	1127~1162 年
宋太宗	赵光义	976~997 年	宋孝宗	赵眘	1162~1189 年
宋真宗	赵恒	997~1022 年	宋光宗	赵惇	1189~1194 年
宋仁宗	赵祯	1022~1063 年	宋宁宗	赵扩	1194~1224 年
宋英宗	赵曙	1063~1067 年	宋理宗	赵昀	1224~1264 年
宋神宗	赵顼	1067~1085 年	宋度宗	赵禥	1264~1274 年
宋哲宗	赵煦	1085~1100 年	宋恭宗	赵㬎	1274~1276 年
宋徽宗	赵佶	1100~1125 年	宋端宗	赵昰	1276~1278 年
宋钦宗	赵桓	1125~1127 年	宋末帝	赵昺	1278~1279 年

表三十九　宋朝世系表

公元 1004 年
宋真宗亲征辽国，宋辽澶渊之盟

杨延昭：

本名杨延朗，后因避赵玄朗讳，改名杨延昭。北宋抗辽大将杨业长子，自幼随杨业征战。雍熙三年北伐，杨业率军攻应、朔等州，延昭为先锋，时年二十九岁，战朔州城下，流矢穿臂，战斗愈勇，终于攻下朔州。其父死，便担负起河北延边的抗辽重任。雍熙北伐之后，延昭在景州、保州等地抵御辽军侵扰。杨延昭像他父亲杨业那样智勇善战，能与士卒同甘共苦，遇敌必身先士卒而又不居功，深受士卒爱戴，他前后守卫边境二十多年，威名也为契丹人所畏，被契丹人称之为"杨六郎"。

宋朝建立之初，为了巩固政权，宋太祖赵匡胤制定了一系列的政策方针。在军事方面，他解除了大将对军队的控制，并设立中央禁军，将各地精兵收归京城禁军管辖，使宋朝对军队有了完全的掌握权。在政治方面，宋朝沿袭唐制，又在一定程度上削弱了各官的职权，使皇帝掌握的权力超过了历朝历代。在科举方面，宋太祖打破常规，以殿试的方式对考生进行最终的考核。这样一来，北宋王朝的官僚阶级队伍得到了壮大，从中涌现了一大批优秀的政治家，政权也得到了巩固。

五代时期，后晋君主石敬瑭曾把北方的燕云十六州割让给契丹国。为了收复燕云十六州，北宋与辽国进行了长期的战争。自宋太宗赵光义起，北宋曾多次与辽交战，公元 979 年，宋太宗在灭亡北汉后亲征契丹，在高梁河之役中战败；公元 986 年，宋太宗再次北伐，兵分三路攻辽，却又因为战略部署失误而遭到失败。

宋朝连续两次发动攻势都未能收复失地，便放弃了以武力收复燕云十六州的计划。转而进入战略防守阶段。从公元999年开始，辽朝陆续派兵在边境挑衅，掠夺财物，屠杀百姓，给边境地区的居民带来了巨大灾难。虽然宋军在杨延昭、杨嗣等将领率领下，积极抵抗入侵，但辽朝骑兵进退速度极快，战术灵活，给宋朝边防带来的压力愈益增大。

公元1004年，萧太后和辽圣宗领兵大举南侵。宋朝大臣多主张迁都金陵或成都避其锋芒，只有宰相寇准等少数人力主抵抗，且力主宋真宗亲往前线督师，以振士气。宋廷遂把抗辽战争的军事部署全交寇准负责，宋真宗也与寇准等人同到澶州前线去了。这时寇准倚重的将领，是在历次抗辽战斗中屡立战功的杨延昭和杨嗣等人。杨延昭这时也上疏给宋真宗，主张乘辽国以大兵南下之际，袭取幽、易诸州，然而未被采纳。

宋真宗对于这次抗辽战争的信心是不足的。契丹贵族鉴于辽太宗在公元947年南侵失败的经验教训，知道汉族人民不易制服，因而这次南侵，其目的只是想进行一次物资掠夺和政治讹诈。辽军刚到澶州境内，大将萧挞凛即中宋军伏弩而死，辽军士气大挫。因此，在宋真宗抵达澶州之初，双方的议和活动就开始了。宋真宗只希望辽军能尽快撤退，遂应允每年向辽方输纳银十万两、绢二十万匹，双方约为兄弟之国。这就是所谓的澶渊之盟。

澶渊之盟是宋朝在有利的军事形势下屈辱求和的结果。对宋而言，这是丧权辱国的和约，不仅燕云十六州的失地未能收回，而且要输金纳绢以求辽国不再南侵，此后辽更是不断需索，使北宋国威扫地。不过，澶渊之盟以后，宋辽双方大致保持了百余年之和平，这对两国之间的贸易关系、民间交往和各民族之间的融合是非常有利的。

公元 1038 年
元昊称帝，建立西夏

党项是羌族的一支。唐朝时内附，被大唐安置于松州。后来党项羌逐步繁衍成数个大部落。唐开元年间，党项被迁至庆州。安史之乱起后，郭子仪怕这些异族闹事，建议唐代宗将党项迁至银州以北和夏州以东地区，这一地区即是南北朝时匈奴人赫连勃勃的大夏旧地，当时称为平夏，所以这部分党项羌就成为平夏部，即日后西夏皇族的先人。

唐朝末期，党项部首领拓跋思恭被朝廷封为夏州节度使，因平黄巢起义有功，一度收复长安，再次被赐姓李，封夏国公。从此，拓跋思恭及其后代占据了夏、绥、宥、银四州的广大地区，成为一支重要的割据势力。

五代十国时期，不管中原是何人当政，李氏（拓跋氏）皆"俯首称臣"，换来该地的统治地位和大量的赏赐。经过两百多年建设，平夏地区非常富饶，党项势力逐步强盛。不过。李氏一族野心并不大，甘愿当一方诸侯，宋太祖虽削夺藩镇兵权，但对西北少数民族依然宽宥，"许之世袭"。当夏州节度使李继捧上台后，情况有所变化。

敦煌莫高窟：

俗称千佛洞，被誉为20世纪最有价值的文化发现、"东方卢浮宫"，坐落在河西走廊西端的敦煌，以精美的壁画和塑像闻名于世。它始建于十六国的前秦时期，历经十六国、北朝、隋、唐、五代、西夏、元等历代的兴建，形成巨大的规模，是世界上现存规模最大、内容最丰富的佛教艺术圣地。

公元 982 年，赵匡胤削藩镇的兵权，把李氏亲族诏至京城，准备根除西北这一割据势力。李继捧的族弟名叫李继迁，志向不凡，此时借故逃离，宋朝也并未对他加以重视。但李继迁却很有政治头脑，他联合地方势力不断发展，实力渐盛。

公元 985 年，李继迁会同族弟李继冲占据银州，攻破会州，开始与宋对抗；又向辽国请降，被契丹人封为夏国王。公元 996 年，李继迁截夺宋军粮草四十万，又出大军包围灵武城。宋太宗大怒，派五路军击夏，结果失败。宋真宗继位后，为息事宁人，割让夏、绥、银、宥、静五州给李继迁，事实上承认了西夏的独立地位。

公元 1002 年，李继迁率诸部落攻陷宋朝重镇灵州，改名西平府，后又攻取西北重镇凉州，截断宋朝与西域的商道，截断西域向宋朝的入贡，同时禁止西域诸部向宋朝卖马，严重影响了宋朝的国防军力建设。与吐蕃会盟时，李继迁遭吐蕃人暗算，被劲弩射伤，后伤重而死。

其后，李德明继位。他倾力向河西走廊发展，南击吐蕃，西攻回鹘，大大拓展党项羌族的生存空间，公元 1019 年，李德明选定怀远镇为都城，改名兴州。他对外仍向宋、辽称臣，对内则完全是帝王气派。

公元 1032 年，李德明之子李元昊继夏国公位，开始积极准备脱离宋。他首先弃李姓，自称嵬名氏。第二年改年号为显道，西夏开始使用自己的年号。在其后几年内，他大力建设西夏政权。并派大军攻取吐蕃的瓜州、沙州、肃州三个战略要地。这样，元昊已拥有夏、银、绥、宥、静、灵、会、胜、甘、凉、瓜、沙、肃数州之地。

公元 1038 年，元昊称帝，建国号大夏。宋廷上下极为愤怒，双方关系正式破裂。此后数年，元昊相继发动了三川口之战、好水川之战、麟府丰之战、定川寨之战四大战役，歼灭宋军西北精锐数万人。

公元 1044 年，李元昊在与辽国进行的河曲之战中击败御驾亲征的辽兴宗，并在此时选择与宋朝签订合约，结束了数年的战争。此时，李元昊完全奠定了宋、辽、夏三分天下的格局。

庆历和议后，宋和西夏之间保持了二十多年的和平，两地人民交流增多，关系日益密切起来。西夏接受了汉族先进的科技文化，有了进一步的发展。

公元 1043 年
范仲淹实行庆历新政

1043 年，宋仁宗任用范仲淹、富弼、韩琦等名臣为相，执掌朝纲，开始对吏治进行整顿。范仲淹上《答手诏条陈十事》，旗帜鲜明地提出整顿冗官，任用贤能。"三冗三费"是改革所要打击的主要目标。当年年底，范仲淹选派了一批按察使去各路检查官吏优劣。他坐镇中央，每当得到按察使的报告，就翻开各路官员的花名册把不称职者的名字勾掉。在范仲淹的严格考核下，一大批无能的官吏被除名，一批干才能员被提拔到重要岗位，官府办事效能提高了，财政、漕运等有所改善，北宋政权开始有了起色。朝中许多官员纷纷赋诗，赞扬新政，人们围观着改革诏令，交口称赞。

但是，这场改革直接触犯了守旧势力的利益，限制了他们的特权，他们对新政极为不满，便集结在一起攻击新政，上奏称范仲淹、富弼、欧阳修等结交朋党。他们串通宦官，不断到宋仁宗面前散布范仲淹私树党羽的言论。

宋仁宗虽然对这些言论未必全信，但看到反对革新的势力强大，他也产生了动摇，失去了改革的

范仲淹：

字希文，汉族，苏州吴县人。北宋著名的政治家、思想家、军事家和文学家。他为政清廉，体恤民情，刚直不阿，力主改革，屡遭奸佞诬谤，数度被贬。公元 1043 年在宋仁宗的支持下执政，对宋朝政治施行改革，因触及保守贵族利益，改革最终失败。范仲淹在公元 1052 年病逝于徐州，终年六十四岁。

信心。到公元 1045 年初，宋仁宗终于改变了想法，他下诏废弃一切改革措施，解除了范仲淹参知政事的职务，将他贬至邓州，富弼、欧阳修等革新派人士都相继被逐出朝廷。坚持了一年零四个月的庆历新政最后失败。

庆历新政失败后，范仲淹被贬到邓州，之后又辗转于杭州、青州，公元 1052 年，他调往颍州，走到出生地徐州，不幸病逝。

改革失败的直接原因是反对派攻击范仲淹、韩琦为朋党。皇帝很忌讳大臣结为朋党，宋仁宗也不例外。反对派诬蔑韩、范的朋党之议，也为宋仁宗终止改革提供了借口。所以，改革失败的真实原因是皇帝不想改革了，而不是因为保守派的反对。庆历新政的改革措施触犯了大官僚、大地主的利益，遭到他们的强烈反对，宋仁宗也正是迫于他们的压力废止了新政，这是新政失败的根本原因。

公元 1069 年
王安石变法

王安石：

　　字介甫，号半山，封荆国公，临川人，北宋政治家、改革家，唐宋八大家之一。有《王临川集》《临川集拾遗》等存世。公元 1069 年起任参知政事，两度任同中书门下平章事，推行新法改革。因触及保守派利益，且变法操之过急，最终改革失败并罢相。之后隐居，病死于江宁钟山，谥号"文"，又称王文公。其政治变法对北宋后期社会经济具有很深远的影响。

　　公元 1067 年，宋神宗继位。为摆脱宋王朝所面临的政治、经济危机以及辽、西夏不断侵扰的困境，神宗于公元 1068 年召王安石"越次入对"，即上疏主张变法。次年，王安石任参知政事，开始主持变法。

　　公元 1070 年，王安石任同中书门下平章事，位同宰相，在全国范围内推行新法，开始大规模的改革运动。所行新法在财政方面有均输法、青苗法、市易法、免役法、方田均税法、农田水利法；在军事方面有置将法、保甲法、保马法等。同时，改革科举制度，为推行新法培育人才。这些措施在一定程度上限制了大地主和豪商对农民的剥削，促进了农田水利事业的发展，国家财政状况有所改善，军事力量也得到加强。

　　变法使朝廷垄断了商品贸易，不仅是官僚、士绅，还有小商人的利益均遭侵犯，社会原有秩序遭到破坏。因此遭到了保守派的激烈反对，特别是曹太后、高太后的强硬阻挠。加上在实施过程中过分求大求快，许多官吏借机敲诈盘剥，使农民的利益受到损害，而上疏直谏变法危害的贤良才能大臣均遭王安石罢黜或贬官或流放，导致税吏愈发恣意妄为、胆大包天，此种情况愈演愈烈，实际效果与主观设想相差甚远。

王安石处于"众疑群谤"之中，宋神宗迫于皇亲贵戚和反对新法大臣的压力，于公元1074年4月罢去王安石相位。次年虽又再次起用他为相，但因新法派内部分裂及保守派的挑拨离间，王安石实际上难有作为，不久后再次罢相，出任江南签判，次年隐退江宁。

公元1085年，哲宗继位，年仅十岁，由太皇太后高氏临朝听政，起用反对变法的司马光为相，废除了大多数为害甚巨的新法。政局的逆转，使王安石深感不安，当他听到免役法也被废除时，不禁悲愤地说："亦罢至此乎！"不久后王安石在忧愤和遗恨中去世。

王安石变法的目的在于富国强兵，借以扭转北宋积贫积弱的局势，巩固宋王朝的统治。然而变法触犯了统治阶级的利益，其失败是必然的。

公元 1115 年
完颜阿骨打称帝，建立金朝

猛安谋克：

金代女真族部落和军事组织的称谓，起初是女真族的狩猎军事组织。猛安是千夫长，谋克是百夫长。它们是原始社会后期由于征掠、围猎的需要而设的军事首领，随后发展为固定的军事组织，猛安谋克作为军事编制单位，其人数实际上多少不定。公元1114年，金太祖始定制以三百户为谋克，十谋克为一猛安。猛安谋克制成为金基本的军事政治合一的组织。

女真族是中国东北地区少数民族，前身是隋唐时期的黑水靺鞨，分布在松花江和黑龙江流域。五代时期，黑水靺鞨为渤海国所统治，开始使用女真之名。后来渤海国被辽国所灭，女真族又受辽国统治。一部分女真人在这一时期被迁往今辽宁地区，开始进行农业定居生活，被称作熟女真，仍居住在松花江和黑龙江流域的女真人被称为"生女真"。生女真有七十二部落，发展很缓慢。

作为辽的藩属，女真每年都要向辽国进贡大量贡赋、美女，人民处境非常凄惨。这引起了女真人民的强烈不满和激烈反抗。而此时，女真完颜部首领阿骨打领导完颜部日益强大，各部落人民纷纷依附于完颜部麾下，开始与辽国对抗。

公元1114年，完颜阿骨打率部誓师于涞流河畔，向辽朝的契丹统治者宣战。他在取得宁江大捷和出河店之战胜利后，于公元1115年称帝建国，国号大金，年号收国，定都会宁。同年秋天，金军攻下辽国黄龙府，辽国受到严重的打击。

黄龙府是辽国重镇，辽天祚帝闻讯后亲自率军十多万东征，在扶余附近又被金兵打败，辽国自此一蹶不振。公元 1116 年，阿骨打出兵占领辽阳，被辽国迁于此地的熟女真也归附于金国。公元 1120 年，金军攻占辽国上京临潢府。

到这时，辽国已经到了山穷水尽的地步，统治集团内部也内讧四起，都统耶律余睹降金，为金军作向导。至公元 1122 年，辽的中京大定府、西京大同府和南京析津府都先后被金人攻占。公元 1125 年，辽天祚帝出逃西夏，在途中被金军俘获，被解送金上京，降为海滨王。辽国就此灭亡。

阿骨打攻辽时，曾联合宋朝一起进攻，签订"海上之盟"，约定灭辽后向宋朝归还燕云十六州，而宋朝将送给辽国的岁贡转送给金国。但是，金灭辽之后，并没有按照约定向宋归还十六州领土。在反复交涉后，归还了一部分领土和燕京。不久后，金国又转而南下侵宋，攻克宋朝首都汴京，掳掠宋朝徽、钦二帝及大量钱财物资北返，史称"靖康之难"。北宋亦就此灭亡。

金国连灭辽、北宋后，国力有了极大的发展。南宋建立后，金国继续执行南侵的战略，不断南下攻宋，宋金之战持续数十年。公元 1153 年，金迁都燕京，巩固了对中国北部的统治，达到了其鼎盛时期。

勃极烈：

金官名，原意为大部长。金初为皇室贵族之尊官，金太祖设四勃极烈：谙班、国论忽鲁、阿买、昃。四人共掌国政。勃极烈的担任者都是皇室贵族，具有很大的政治军事特权，是金国初期的主要掌权者。金熙宗推行汉法，改革官制，勃极烈制遂废。

公元 1127 年

金灭北宋；宋高宗继位，南宋时期开始

八字军：

南宋初太行山抗金义军。公元 1127 年，宋将王彦北进战败，于士兵面刺"赤心报国，誓杀金贼"八字，在共城西山坚持抗金，称八字军。后来王彦奉宗泽命令，率一万余人南归，八字军主力成为南宋正规军，其他各部仍在当地继续抗击金军。

公元 1120 年，宋、金两国结成海上之盟，议定金国进攻辽中京，而宋攻辽燕京，事成之后，燕云十六州归宋，其余国土归金。后来金兵攻破辽中京，而宋朝二十万大军大败。燕京被金人所攻占，天祚帝被俘，辽国灭亡。金国在灭辽的过程中了解了宋朝的腐败。宋朝要求金人履行盟约，金人反指宋人没有履行攻打燕京的责任。宋朝则用岁币将燕云十六州买回。但此时，金国已经开始做南下灭宋的准备了。

公元 1125 年，金军分东、西两路南下攻宋。东路由完颜宗望领军攻燕京。西路由完颜宗翰领军直扑太原。东路金兵破燕京，渡过黄河，南下汴京。宋徽宗见势危，乃禅位于太子赵桓，赵桓继位，是为宋钦宗。公元 1126 年，宗翰率金兵东路军进至汴京城下，逼宋议和后撤军，金人要求五百万两黄金及五千万两银币，并割让中山、河间、太原三镇。同年八月，金军又两路攻宋；闰十一月，金两路军会师攻克汴京。宋钦宗亲自至金人军营议和，被金人拘禁。公元 1127 年，完颜宗望、完颜宗翰与诸将破城，俘虏了宋徽宗、宋钦宗二帝。

公元 1127 年，金太宗下诏废宋徽宗、宋钦宗二帝，贬为庶人，北宋灭亡。金国在中原地区遭到了各地义军的打击，很难持续统治，便立张邦昌为帝，国号为楚，建立了伪楚傀儡政权，然后掳掠徽、钦二帝及大量钱财物资后率军北返。这次事件被称作"靖康之难"。

伪楚政权的统治极不稳固，不久后便在全国上下的一致反对下灭亡，张邦昌被迫退位。徽宗第九子康王赵构在南京继帝位，他就是宋高宗，改元建炎。国都在不久后也迁到了临安，为与都城在汴京时有所区别，史称南宋。

高宗继位后一心想苟且苟安，极力与金议和。在继位之初，虽然起用了李纲、宗泽等抗战派，但在不久之后又将李纲罢相，继续采取投降的策略。宗泽统领北方义军，先后上疏数十次吁请高宗还都汴京，出兵黄河以北伐金，但是高宗完全置之不理。宗泽忧愤成疾，不久后病死，临终前他高呼"过河"三声，令时人嗟叹不已。

金兵继续南下攻宋，高宗仓皇出逃，一路南下，直至坐船逃亡海中。金军入海追击，终因遇大风还作罢。公元 1130 年，金兵在黄天荡被宋将韩世忠击败，退回江北。

金军北返之后，知道一时灭南宋不易，便在开封一带建立伪齐，立宋降臣刘豫为帝。以伪齐作为和宋朝之间的缓冲地带，而此时各地义军也将金兵逐出宋境。南宋流亡政府于公元 1132 年回到临安，继续对南方的统治，宋金之间进入了对峙时期。

完颜宗翰：

本名黏没喝，又名粘罕，小名鸟家奴，国相完颜撒改长子，金国开国功臣，历侍金太祖、金太宗、金熙宗三朝皇帝。智勇双全，公元 1115 年拥立完颜阿骨打，建议举兵灭辽，大败辽军于达鲁古城。金太宗嗣位，建策攻宋。公元 1125 年，他大举攻宋，南渡黄河，俘虏辽末帝和北宋徽、钦二帝。公元 1136 年病卒。

公元 1140 年
郾城之战

公元 1140 年，金军分兵两路，由宗室亲王金兀术率领，向陕西和河南大举进攻，在很快夺回了河南、陕西之后，金兀术又率大军向淮南大举进攻。这时宋高宗又慌了手脚，急忙起用抗战派将领岳飞从襄阳出击，牵制向淮南及陕西进攻的金兵。

但是进攻淮南的金兵却在顺昌遭到刘锜所率原"八字军"的沉重打击，金兀术不得不撤回开封。金兵对淮南的威胁很快就解除了。宋高宗也马上改变主意，立即向岳飞下了班师的命令。岳飞却认为机不可失，大举北上，向中原进军，分别攻占郑州、西京河南府等地区，并派遣军队深入黄河以北，袭扰金军后方。金兀术乘岳家军兵力分散之机，亲率精锐骑兵一万五千人以及步兵十万向岳家军指挥中心郾城发动进攻。

7 月，宗金军在郾城北与岳家军对阵。岳飞令其子岳云率轻骑攻入敌阵，往来冲杀。金军出动重甲骑兵"铁浮图"作正面进攻，另以骑兵为左右翼，号称"拐子马"配合作战。岳飞遣背嵬亲军和游奕军马军迎战，并派步兵持麻扎刀、大斧等，上砍敌兵，下砍马足，杀伤大量金兵，使其重骑兵不能发挥所长。岳家军中的勇将杨再兴单骑突入敌阵，打算活捉完颜宗弼，杀金兵数百人。双方从下午激战到天黑，金军大败。

当月 10 日，金兵再犯郾城，岳飞在城北之五里店再败金兵。金兀术集兵十二万屯于临颍。13 日，杨再兴以三百骑兵出巡，在小商桥与金兵遭遇，杀死金兵两千多人以及万户撒八孛堇等一百多名将领，宋军也全部壮烈战死。14 日，岳飞部将张宪率军再战，逐金兵出临颍县界。同日，岳家军又大破进犯颍昌的金军主力。金兀术见大势已去，只好宣布退兵，此战最终以宋军完胜而宣告终结。

郾城之战是宋金双方精锐部队之间的一次决战，宋军以少胜多，给金军以沉重打击。宋军如能乘胜前进，收复故疆大有希望。但宋高宗赵构和投降派大臣秦桧只图利用胜利作为对金乞和的资本，遂下令岳飞班师，断送了这次战争的胜利成果。

金兀术：

金朝名将、开国功臣。本名斡啜，又作兀术、斡出、晃斡出，女真族，姓完颜，太祖完颜阿骨打第四子，有胆略，擅射。初从完颜宗望追击辽天祚帝于鸳鸯泊。公元 1125 年随军攻宋，克汤阴，参加围攻东京。公元 1128 年，率军攻山东，击败宋军数万，连克青州、临朐等城。公元 1129 年，复率军攻宋，先后在大名、和州击败宋军。此后一直是金国主攻派的代表，并领导了多次南侵，战功赫赫。他迫宋称臣，以功进太傅。公元 1129 年为太师，次年病死。

公元 1141 年
宋金绍兴和议

公元 1140 年，宋军在反击金国入侵的战争中已取得一定的胜利，但宋高宗与宰相秦桧唯恐继续北伐会有碍于对金议和，便下令岳飞班师，不久后解除了韩世忠、张浚、岳飞三大抗战派将领的兵权，撤销了专门为对金作战而设置的几个宣抚司。

金兀术得知南宋朝廷的投降意图后，便要求宋王朝以割地和杀害岳飞，作为投降的条件。高宗和秦桧为顺利议和，便制造岳飞冤狱，将岳飞和岳家军的重要将领岳云和张宪一起杀害。这使得抗战派对投降议和的活动再也无法进行反对了。

此后宋高宗加紧投降议和，公元 1141 年，宋朝投降派和金国签订了屈辱投降的和约：宋向金称臣，金国册封宋康王赵构为皇帝。划定疆界，东以淮河中流为界，西以大散关为界，以南属宋，以北属金。宋割唐、邓二州及商、秦二州之大半给金国。宋朝每年向金纳贡银、绢各二十五万两、匹，从公元 1142 年开始，每年春季搬送至泗州缴纳。这便是绍兴和议。绍兴和议确定了宋金之间政治上的不平等关系，结束了长达十余年的战争状态，宋金南北

岳飞：

字鹏举，汉族。北宋相州汤阴县人。中国历史上著名战略家、军事家、民族英雄、抗金名将、南宋中兴四将之首。岳飞在军事方面的才能则被誉为宋、辽、金、西夏时期最为杰出的军事统帅、联结河朔之谋的缔造者。同时又是两宋以来最年轻的建节封侯者。他多次领军抵抗金国入侵，麾下的部队战斗力强盛，被称为岳家军，后被宋高宗处死。

对峙的局面延续了下来。

　　绍兴和议是在金人遭到一定打击后，宋金力量大致相当的形势下签订的。此后，南宋统治者满足于偏安江南，不愿北伐、收复失地；金政权内部则矛盾激化，国力日渐衰落，因此双方基本上维持了比较稳定的对峙局面。

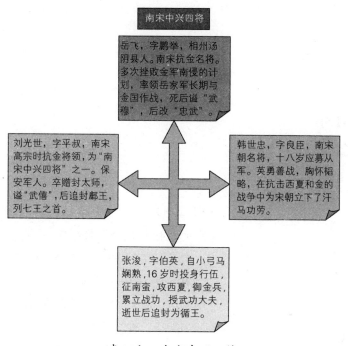

南宋中兴四将

岳飞，字鹏举，相州汤阴县人。南宋抗金名将。多次挫败金军南侵的计划，率领岳家军长期与金国作战，死后谥"武穆"，后改"忠武"。

刘光世，字平叔，南宋高宗时抗金将领，为"南宋中兴四将"之一。保安军人。卒赠封太师，谥"武僖"，后追封鄜王，列七王之首。

韩世忠，字良臣，南宋朝名将，十八岁应募从军。英勇善战，胸怀韬略，在抗击西夏和金的战争中为宋朝立下了汗马功劳。

张浚，字伯英，自小弓马娴熟，16岁时投身行伍，征南蛮，攻西夏，御金兵，累立战功，授武功大夫，逝世后追封为循王。

表四十　南宋中兴四将

公元 1161 年
采石之战

绍兴和议后，金统治者灭亡宋朝的理想并未破灭。公元 1148 年，金兀术死去，海陵王完颜亮当右丞相。次年，完颜亮发动宫廷政变，杀死金熙宗，自立为帝。他意图一举灭宋。公元 1153 年，他从上京迁都燕京，命名中都大兴府。接着又营建汴京，准备逐步南迁，直逼南宋。完颜亮迁都，一方面是为了加强对河东、河北及中原地区的统治，另一方面是为了便利对南宋的军事进攻。

虞允文：

字彬父，南宋隆州人，出身进士科。公元 1160 年出使金国，见其大举运粮造船，归请宋廷加强防御。次年，以参谋军事犒师采石，当时主将罢职，三军无主，而金主完颜亮正率军渡江。他毅然督战，大破金军。公元 1162 年任川陕宣谕使，与吴璘共谋进取，收复陕西数处州郡。公元 1169 年任宰相，任用胡铨、王十朋。公元 1172 年再任四川宣抚使，公元 1174 年卒，时年六十五岁。

采石矶

公元 1159 年，完颜亮于通州造战船，并调集诸路猛安谋克军共五十余万人。又命诸路大造兵器，征调军马，共征到马五十多万匹。公元 1160 年，完颜亮签发各路汉军和水手，得三万人。同时，他又加紧修建开封的宫殿，作为南侵的前进基地。公元 1161 年 7 月，完颜亮迁都汴京。9 月，他亲率六十万兵力，分四路大举南侵，势在一举灭亡南宋。

金军南下后，宋军不战而溃。一个月左右，金兵推进到长江北岸的和州。金军南侵的消息传来，南宋名将刘锜抱病从镇江渡江进驻扬州，随即派兵北上，进驻宝应、盱眙、淮阴，淮东的防务有所准备。

负责淮西防务的王权逗留建康，不肯进军，在刘锜督催之下，才与妻泣别，进驻长江北岸的和州，不想前进。又在刘锜再三命令之下，才进驻庐州。10 月初，当刘锜赶到淮阴时，金军到达淮河北岸。由于王权不进，淮西事实上没有设防，金军由此从容南下。而当王权得知金军过淮河，又弃庐州南逃。金军迅速推进到滁县，即将临江。在淮阴抗击金军的刘锜得知此消息，也只得退兵扬州。

金军临江消息传到临安，京城乱作一团。文武官员纷纷把家属送走，宋高宗又打算逃亡海中。只有陈康伯和黄中坚决反对逃亡，高宗无奈之下，表示要亲征，继续抵抗。10 月中旬，高宗派叶义问监督统领江淮军马，中书舍人虞允文参谋军事。这时金军已占领真州，王权又从和州逃到采石。接着扬州失守，刘锜退守瓜州，后又退回镇江。

完颜亮发动侵宋战争，金宗室完颜雍趁机夺取政权，黄河以北地区很快归附新皇帝金世宗。完颜亮得到知这一消息后，进退无路，只得加紧南侵。当时，他领兵驻扎在和州鸡笼山，决定从采石渡江。

叶义问到建康后，将王权撤职，另派李显忠代替王权的职务，派虞允文慰劳采石一带的宋军将士。虞允文至采石犒师，发现金军开始渡江，随行人都想回去，虞允文不听，进至采石，此时王权已经走了，接替他职务的李显忠却还没到。宋军没有主将，人心惶惶，秩序混乱。虞允文到了江边，见王权残部士气低落，零散坐于路旁，皆作逃遁之计。见到队伍这样涣散，虞允文十分吃惊，觉得等李显忠来已经来不及了，就立刻召集宋军将士，鼓舞士气，决心一战。

宋军部将见虞允文敢于与金军死战，士气受到鼓舞，表示愿意听从虞允文调遣。虞允文立刻命令步兵、骑兵都整好队伍，沿江布阵，又把江面的宋军船只分为五队，一队在江中，两队停泊在东西两侧岸边，另外两队掩匿山后。

金军以为采石无兵，靠近南岸后，见宋军列阵相待，方才大惊，但已经无路可退，只得被迫前进。金兵陆续登岸后，虞允文命令部将时俊率领步兵出击。时俊带头冲向敌阵。兵士们士气高涨，拼命冲杀。金兵措手不及，溃不成军。江面上的宋军战船，也向金军的大船冲去。宋船乘势冲击，把敌船拦腰截断，敌船纷纷被撞沉。

战斗持续到傍晚，此时，有一批从光州逃回来的宋兵到了采石。虞允文发给他们许多战旗和军鼓，要他们整好队伍，从山后面摇动旗帜，敲着鼓绕到江边来。江上的金兵听到南岸鼓声震天，看到山后无数旗帜在晃动，以为是宋军大批援兵到来，纷纷逃命。宋军取得了胜利。

金军遭到意料不到的惨败，完颜亮大怒，勒令第二天强渡长江。次日，虞允文又派新盛率水军主动进攻长江北岸的杨林渡口。金船出港，宋军用强弩劲射，又使用霹雳炮轰击，又大败金军。完颜亮见渡江失败，只得退回和州，接着逃往扬州。

宋军在采石大胜之后，主将李显忠才带兵到达。李显忠了解到虞允文指挥作战的情况，十分钦佩。他马上拨给虞允文一支人马，由虞允文率领前往镇江。镇江原来是由老将刘锜防守。那时候，刘锜已经病得不能起床了。虞允文到了镇江后，命令水军在江边演习。宋军制造了一批车船，由兵士驾驶，在江边的金山周围巡逻。

金兵打了几次败仗，都害怕作战。有些将士暗地里商量逃走。完颜亮在进退无路的条件下，孤注一掷，命令金军三天内全部渡江南侵，否则一律处死。隔岸的宋军刚打了胜仗，士气高涨，严阵以待，金军强渡无望，而完颜亮一贯用法苛严，使金军将士进退两难。他们得知完颜雍已在辽阳称帝，废完颜亮为庶人，便发动兵变，杀死完颜亮。12月初，金军退走，宋军乘机收复两淮地区。之后，金世宗为了稳定内部，派人到南宋议和，宋、金战争又暂时停了下来。

采石之战是宋、金战争史上具有重要意义的战役，南宋军民在虞允文的指挥下，力挫南侵金军主力，打破了完颜亮渡江南侵、灭亡宋廷的计划，加速了完颜亮统治集团的分裂和崩溃，使宋军在宋、金战争中处于极为有利的地位。

公元 1205 年
韩侂胄北伐

宋金自隆兴和议的四十余年中，和平相处，边境宁静。宋宁宗时，蒙古已经在成吉思汗的领导下兴起，开始对金征伐。蒙、金之间连年的战争使金朝国库空虚，国势日弱。内部矛盾也进一步加剧了。

南宋宰相韩侂胄鉴于金连年穷于对蒙战争，边防空虚，决定兴师北上收复失地。宋宁宗对他表示支持，他追封岳飞为鄂王，追论秦桧主和误国之罪，以鼓舞士气；并起用主战派辛弃疾、叶适等人，进行了各种准备活动。金廷得知宋军兴师北上，尽征各路兵分控要害，以御宋军。

宁宗于公元 1205 年下诏北伐。开始时，宋军取得了一定胜利，收复了泗州和虹县等地。但不久后大批金军援兵赶到，许多抗金意志不坚定的将领开始溃逃，负责川陕一带防务的宋将吴曦甚至叛变投敌，宋其他各路军被金军击败，至此，宋北攻诸军全线溃败。6 月，韩侂胄因北伐受挫，罢两淮宣抚使邓友龙，以丘崈继任。丘崈弃守泗州，退兵盱眙，奉命遣人与金议和。

西线吴曦叛变，东线丘崈主和，韩侂胄日益陷

辛弃疾：

辛弃疾字幼安，别号稼轩，山东历城人。出生时，中原已为金兵所占。二十一岁参加抗金义军，不久归南宋。历任湖北、江西、湖南、福建、浙东安抚使等职。他力主抗金，曾上《美芹十论》与《九议》，条陈战守之策，显示其卓越军事才能与爱国热忱，但他始终未能得到南宋政府的重用。他一生写下了无数慷慨激昂的豪放诗词，1207 年病死，时年六十八岁。

于孤立了。公元 1207 年，罢免丘崈，改命张岩督视江淮兵马。韩侂胄自出家财，补助军需。又派遣使臣方信孺到开封同金朝谈判。这时的金朝，已经处在动乱和灭亡的前夕。只是由于宋朝出了叛徒和内部的不和，部署失宜，才使金兵得以取胜。但金朝实际上已不再有继续作战的能力，只是对宋朝威胁、讹诈。宋使方信孺到金，金朝先把他下狱，虚声恫吓。9 月初，方信孺带回金国给宋朝的复信，说若称臣，以江淮之间取中划界。若称子，以长江为界。同时需要杀韩侂胄，函首以献，增加岁币，大量赔款，才可以议和。韩侂胄大怒，决意再度出战。宁宗下诏，招募新兵，准备起兵再战。

但此时，以礼部侍郎史弥远为首的投降派，勾结皇后杨氏，趁机搞阴谋活动。他们偷袭杀死韩侂胄，事后才奏报给宁宗。韩侂胄被暗杀，军政大权全归杨后、史弥远所操纵。他们完全遵照金朝的无理要求，把韩侂胄的头割下，派使臣王柟送到金朝，并且全部接受金朝提出的条件以求和。

韩侂胄北伐失败后，宋朝投降派与金国重新签订和约：宋金为伯侄之国，增加岁币为银三十万两，帛三十万匹。两国疆界回到绍兴和议的状态下，宋朝向金国赔款三百万两。这就是所谓的"嘉定和议"。之后，宋、金两国都日益衰弱，无力再发动战争，和议后的状况就继续维持了下去。

公元 1234 年
蒙古灭金

蒙古族群是古老草原族群室韦的一支，公元 8 世纪时西迁到今蒙古鄂嫩河和克鲁伦河流域，依附于唐朝。后来又先后臣服于辽和金。至公元 12 世纪中期，蒙古草原上散布着数十个大大小小的部落，蒙古部落时常与这些部落发生战争。公元 1189 年，蒙古部杰出领袖铁木真被推为蒙古部首领，他先后打败了威胁蒙古的数个部落，于公元 1204 年统一蒙古草原。从此，蒙古开始成为草原上各部落的通称。

公元 1206 年，铁木真被各部落共同推举为"成吉思汗"，蒙古汗国正式建立。成吉思汗为了巩固统一，加强统治，实行了领户分封制，又建立了一支强大的军队，准备进行扩张战争。

但是，蒙古汗国建立后，金国并不予以承认，这使得双方关系迅速恶化。公元 1209 年，成吉思汗开始出兵攻打金朝。在野狐岭战役中，蒙古军击溃号称四十万的金军。此后，蒙古军连连入侵，金难以抗衡，被迫于公元 1214 年献公主、金帛请和。不久，金宣宗迁都金国南京（开封）以避蒙古兵锋。

蒙古并不满足于现有的战果，继续向金国进攻。

完颜彝：

完颜陈和尚，原名彝，字良佐，小字陈和尚。金国名将。曾多次率军抵抗蒙古军队入侵。公元 1228 年击败蒙古将领赤老温率领的军队，歼敌数千人，金军大胜，他因功被封为定远大将军、平凉府判官，世袭谋克。公元 1230 年击败蒙将史天泽，解卫州之围。公元 1231 年击败蒙古名将速不台。公元 1232 年，与蒙古军战于三峰山，会战失败，退走钧州，钧州被攻破后又组织巷战，战败后主动受缚求死，以表示忠于国家。死时仅四十一岁。

怯薛军：

由成吉思汗亲自组建一支亲卫军。怯薛军主要由贵族、大将等功勋子弟构成，每名普通的怯薛军士兵都有普通战将的薪俸和军衔，他们的统帅是元初四杰：木华黎、赤老温、博尔忽、博尔术。怯薛有着严格的纪律，同时也享有非同一般的特权，一个普通的怯薛军人的地位甚至高于千户官。这支军队维护成吉思汗的统治，构建了蒙古帝国的统治基础。

公元 1225 年，蒙古攻克金国中都，前锋攻入河南，后因忙于对罗斯和中亚地区的西征，放缓了对金国的进攻。不久后成吉思汗病死，其四子拖雷监国。两年后，窝阔台成为蒙古大汗，他遵照成吉思汗遗命，开始联合宋朝进攻金国。

公元 1231 年，窝阔台派遣三路大军攻金，进展顺利。次年，三路人马会师于汴京。金哀宗被迫出逃，逃到了蔡州。公元 1233 年，蒙古遣使至南宋，约定共同夹攻金国。宋朝派兵两万，自襄阳北上，攻占了金的唐、邓二州。当年 11 月，宋、蒙联军攻至蔡州，开始对金国进行最后的打击。

金军顽强守城三个月，终因弹尽粮绝，难以支撑。公元 1234 年初，蒙古军攻破西城、宋军破南门，金哀宗见大势已去，传位于末帝完颜承麟后自缢身亡，残余金军或战死，或自杀殉国，无一投降，完颜承麟也被乱军所杀。金国就此灭亡。

金国灭亡后，宋朝依约准备接收洛阳等地，但蒙古军背信弃义，以武力制止宋军接收，并决黄河水淹阻宋军。从此，南宋和蒙古之间开始了长达数十年的战争。

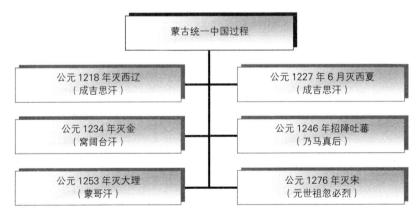

表四十一　蒙古统一中国过程

公元 1271 ～ 1279 年

忽必烈称帝，定国号为元；元朝灭南宋，文天祥抗元

公元 1251 年，忽必烈受蒙古大汗蒙哥任命，总领南部军事，开始侵宋。他先后任用汉人儒士整饬邢州吏治；立经略司于汴梁，整顿河南军政；屯田唐、邓等州。

忽必烈于公元 1253 年率蒙古军攻大理国，次年，大理国灭亡。公元 1259 年，他进兵南宋，在攻打鄂州时，得知蒙哥汗死讯，决定北还。次年，忽必烈在开平称汗，始建年号中统。而其弟阿里不哥也在和林称汗，开始与忽必烈进行内战争夺汗位。蒙古侵宋的战争暂时告一段落。

公元 1264 年，忽必烈打败阿里不哥，后迁都燕京，改称大都，改国号为元。从此，大都（北京）成为北方政治中心，之后的明、清两代皆以此为都城。忽必烈在称帝建元后，决心攻灭南宋，统一中国全境。

此时，南宋理宗依仗权臣贾似道，统治十分腐朽。宋理宗死后，贾似道扶持宋恭帝继位，宋恭帝继位时仅有四岁，大权被贾似道掌握。贾似道对内专权跋扈，对外怯懦畏敌，在他的黑暗统治下，政

回回炮：

是一种以机抛石，用于战争攻守的武器。主要制作者是阿老瓦丁和亦思马因。这两个人都是西域回回人，因此炮名叫西域炮、回回炮，又因首先在攻打襄阳、樊城时使用，又名襄阳炮。由于它能够发射威力巨大的巨石，所以又叫巨石炮。

府愈发腐败，走上了最终灭亡的道路。

公元 1268 年，蒙古大将阿术着手围攻襄阳和樊城。围攻战持续了 5 年，襄阳守将吕文焕进行了顽强的抵抗。公元 1272 年，蒙古将领阿里海牙带来了攻城武器回回炮，终于粉碎了被围困的居民们的抵抗。樊城于公元 1273 年被攻占，吕文焕势单力薄，于同年 3 月投降。

蒙古军队在控制着汉水下游，他们沿长江而下，于公元 1275 年成功地征服湖北东部、安徽和江苏。接着，蒙古军进入浙江，占常州，抵达宋都临安。南宋摄政皇后于公元 1276 年被迫把临安让给了元军，率南宋朝廷投降，宋恭帝也被俘虏。

但是，南宋并没有就此灭亡，南方的人民进行了顽强抵抗。赣州知州文天祥，在元军围攻临安时率领义军万人北上，奔赴临安守卫。公元 1276 年初，文天祥奉命与元议和，被拘留扣押。不久后文天祥逃走，辗转至福建，继续领导义军抗元。南宋旧臣张世杰、陆秀夫拥立赵昰为宋端宗，与文天祥一起共同抵抗。

但是，义军势力衰弱，寡不敌众，最终被元军击溃，文天祥被俘。公元 1278 年底，宋端宗病死，张世杰、陆秀夫又拥立卫王赵昺为帝，一路逃亡至崖山。元军将文天祥带至崖山，要他劝降南宋残余君臣，但被文天祥严词拒绝，并写下《过零丁洋》一诗，其中"人生自古谁无死，留取丹心照汗青"的名句显示了他的浩然正气和誓死报国的气概。

后来文天祥被俘至大都，关押三年后处死。公元 1279 年，元军围攻南宋残余势力，陆秀夫抱着赵昺跳海，张世杰突围海上，遭遇海难而死。至此，南宋最后的抵抗势力也消亡了，南宋就此灭亡。

忽必烈灭宋之后，结束了宋初以来辽、金、西夏、吐蕃、大理等政权并立的局面，实现了全国的大一统。蒙古军队连年西征，扩大了元朝的疆域。在中国地区，元朝的统一巩固了统一的多民族国家，促进了中国政治、经济和文化的发展，加强了中国各民族之间的联系，扩大了中国与外界国家的交流，这些对后世的发展影响极其深远。

达鲁花赤：

蒙元时期具有蒙古民族特点和设置最为普遍的官职，意为"镇守者"，汉译宣差。始设于成吉思汗时期，蒙古在征服地区设达鲁花赤监治，掌握实权。元朝建立后，各地均设置达鲁花赤，以维持地方统治。担任者多为蒙古贵族（或贵族陪臣）。这是蒙古统治者竭力维护其民族特权和控制力而设置的官职。

公元 1351 年
红巾军起义

元朝建立以来，统治者对各族人民的掠夺和奴役十分残酷。他们兼并土地，把广阔的良田变为牧场。大地主拥有大量土地和奴仆，农民失去土地沦为奴婢。官府横征暴敛，苛捐杂税名目繁多，赋税繁重。元朝统治者挥霍无度，政府财政入不敷出，滥发货币，国内经济日益衰退。加上黄河连年失修，多次决口，民不聊生，出现了"饿死已满路，生者与鬼邻"的悲惨局面。社会矛盾和民族矛盾的极端尖锐化，最终导致元末农民起义。

公元 1344 年，黄河泛滥，造成严重水灾。沿河各州郡人民死者过半。黄河决堤后，冲坏山东盐场，严重影响元朝的国库收入。元顺帝强征民工开凿两百八十里新河道，使黄河东去，合淮河入海，时紧工迫，监督挖河的官吏乘机克扣河工钱饷。河工挨饿受冻，群情激愤，社会矛盾进一步激化。

此时，北方白莲教首领韩山童及其教友刘福通等决定抓住这一时机，发动武装起义。他们一面加紧宣传"弥勒下生""明王出世"，一面又散布民谣"石人一只眼，挑动黄河天下反"，并暗地里凿了一个

张士诚：

字确卿，乳名九四，兴化白驹场人。他是元末农民起义领袖之一，领导了江浙海盐人民反对元朝统治的武装起义。他领导的起义军纵横江浙一带，建立了革命政权，控制了中国东南最富庶的地区，切断了元朝漕粮和财政收入的主要来源，从经济上沉重地打击了元朝统治者。后期投靠元朝，成为元朝统治者的附庸，后被朱元璋所灭。

独眼石人，埋在即将挖掘的黄陵岗附近河道上。独眼石人挖出后，河工们惊诧不已，消息传出，大河南北，起义一触即发。

韩山童、刘福通聚众三千人于颍州颍上，准备起义。刘福通宣称韩山童为宋徽宗八世孙，当为中国之主，并自称为南宋名将刘光世后代。韩山童发布文告，打出"虎贲三千，直抵幽燕之地；龙飞九五，重开大宋之天"的战旗，表示推翻元朝，恢复大宋的决心。这次起义因事前泄密，遭到官府的围剿，韩山童牺牲。其妻杨氏、子韩林儿逃到武安。刘福通突围后把起义群众组织起来，一举攻克颍州。因起义军头裹红巾，故称红巾军。

红巾军占领颍州后，元朝派遣军队前往镇压，被红巾军击败。接着，红巾军占领亳州、项城、朱皋。9 月，攻克汝宁府，又攻下息州、光州。红巾军所到之处，开仓散米，赈济贫农，深得人民拥护。群众纷纷加入红巾军，队伍迅速扩大到几十万人。

在红巾军的影响下，全国各地农民纷起响应。人数较多的有蕲水的徐寿辉部、萧县的芝麻李部、南阳的布王三部、荆樊的孟海马部、濠州的郭子兴部等。

为推翻元朝的统治，起义军提出"以明斗暗"的口号，鼓舞群众向封建官府作斗争。北方红巾军从公元 1355 年开始主动出击。刘福通把韩林儿迎至亳州，立韩林儿为小明王，国号大宋，年号龙凤，建立了北方红巾军政权。

公元 1357 年，刘福通分兵三路北伐。东路经山东、河北进攻大都；中路攻向山西、河北一带，经大同直捣元上都，继续转战辽东各地；西路直取关中，攻下兴元、凤翔，转战四川、甘肃、宁夏各地。农民起义军节节胜利，形势大好。

在三路大军北伐的同时，刘福通也开始出击。公元 1358 年，刘福通率部攻克汴梁，定为宋政权都城。这时，红巾军的势力达到了极盛时期。元朝统治者惊慌失措，再次调遣各地军队镇压，结果又大败而归，军资兵器几乎丢光。元朝统治者搜罗一切力量，孤注一掷，从各处向红巾军展开进攻。

红巾军英勇抗击官兵的进逼。由于兵力分散，三路大军流动作战，没有巩固的根据地，又缺乏周密的作战计划，往往使所占之地得而复失。三路大军北伐相继失利，形势逆转。两支元军主力对宋政权的包围进一步紧缩。不久后汴梁城破，刘福通保护韩林儿冲出重围，逃奔安丰。而义军首领张士诚此时却乘安丰空虚之机大举向安丰进攻，刘福通遇难，中原地区的红巾军被元军镇压。公元 1363 年，红巾军建立的韩宋政权灭亡。其后不久，起义军各部又在朱元璋的打击下逐次灭亡，起义完全失败。

红巾军起义打击了元朝的统治，使得元朝分崩离析，日益衰落，很快走上了灭亡的道路。起义军失败后，各地人民继续与元朝对抗，元朝最终归于灭亡。

明

公元 1368 年
朱元璋称帝，建立明朝；元灭亡

红巾军建立的韩宋政权被元朝灭亡，而南方朱元璋的起义军却发展迅速。朱元璋原是郭子兴红巾军部将领，被小明王的宋政权任命为江南行省左丞相。后独树旗帜，开始发展自己的势力。从公元1360 年到 1366 年，朱元璋先后击败了起义军的陈友谅部、张士诚部和方国珍部，又杀死了韩宋小明王韩林儿。此时他势力雄厚，拥有东南半壁江山，便开始伐元。

公元 1367 年，朱元璋开始北伐。北伐军先后在山东、汴梁、潼关等地打败了元军。元朝奄奄一息，已经离灭亡不远了。公元 1368 年，朱元璋部将徐达连续攻下德州、通州等城，元顺帝率众北逃。元朝朝廷北逃至上都，后逃到应昌，并多次组织反抗，史称北元。当年 8 月，北伐军攻占大都，结束了元朝的统治。朱元璋在南京称帝，建元洪武，国号大明，他就是明太祖。之后朱元璋消灭四川、云南和辽东的元朝残余势力，又深入漠北，进攻元朝宗室领地。在明军的继续追击下，北元只有勉力支撑，已经无法再与明朝争夺中原地区了。

胡蓝党狱：

明初杀戮开国功臣，最大的两案是胡惟庸案和蓝玉案，前后诛杀四万五千余人，合称为胡蓝党狱。公元1380 年，朱元璋以丞相胡惟庸谋反为借口，开始大肆杀戮功臣，前后受诛连者数万。公元 1393 年，朱元璋又借口大将蓝玉谋反，诛杀有功之臣甚重。两案前后共延续十四年，明初开国功臣基本上被杀戮殆尽。

元朝以少数民族入主中原政权，却又因为实行残酷的民族歧视政策而灭亡，统治的时间仅有短暂的九十多年。明王朝自此恢复了对中国的统治，开创了明代繁荣的盛世。

明朝建立后，一方面减轻农民负担，恢复社会的经济生产，惩治贪污的官吏，收到一定的效果。明朝确立了里甲制，配合赋役黄册和鱼鳞图册的施行，落实赋税劳役的征收及地方治安的维持。此时经济长足发展，全国人口大大增加。另一方面，朱元璋多次派军北伐蒙古，取得多次胜利，最终在捕鱼儿海灭亡北元朝廷，维护了国家的统一。

朱元璋为了巩固中央集权在位期间两兴大狱，即"胡蓝党狱"，牵连总人数十余万，朱元璋以残酷的手段维护了中央政权的稳固，却也为日后的靖难之役埋下了伏笔。

朱元璋分封诸子为藩王，以加强边防、保卫皇位。藩王之中，北方藩王势力较强，主要是对蒙古的边防任务，同时也严重威胁着国家的统一。朱元璋死后，皇太孙朱允炆继位，是为惠宗，年号建文。建文帝立刻着手削藩。周王、代王、齐王、湘王、岷王等先后或被废为庶人，或被杀。同时以边防为名调离燕王的精兵，准备削除燕王。结果燕王朱棣在姚广孝的建议下以"清君侧"的名义，以"靖难"为号，发动靖难之役，最终占领了南京，建文帝在宫城大火中下落不明。朱棣胜利，靖难之役告终。

朱棣革除建文年号，继续使用洪武纪年，次年改元永乐。同时下令尽复建文朝所改的一切成法和官制。永乐元年，朱棣登基，是为明成祖。

公元 1399 年
靖难之役

公元 1392 年，朱元璋太子朱标病死，朱元璋立太子的次子朱允炆为皇太孙。朱元璋去世后，朱允炆继帝位，是为建文帝。朱允炆继帝位后，采纳了大臣齐泰、黄子澄的建议，决定开始削藩。皇族内部矛盾由此迅速激化。燕王朱棣得到这一消息，于公元 1399 年起兵造反。

朱棣以"清君侧"为理由，指齐泰、黄子澄为奸臣，须加诛讨，并称自己的举动为"靖难"，即靖祸难之意。因此，历史上称这场朱明皇室内部的争夺战争为"靖难之役"。

朱棣初起兵时，燕军只拥有北平地区，势力薄弱，而明廷则兵强国盛。所以，战争刚爆发时，明军处于优势进攻地位。此时燕军开始迂回突破作战，攻破居庸关以及北平附近的诸多州县，打开了外部包围网，以此从容对付明军主力。

明初，朱元璋大肆杀戮功臣宿将，此时明王朝也无将可用，朱允炆只好起用年近古稀的老将耿炳文为大将军，率军十三万伐燕。明军到达河北，朱棣以逸待劳，乘明军不备，夜袭雄县，击败明军的

建文帝下落之谜：

靖难之役后，建文帝失踪，下落不明，朱棣在继位后也多方查探建文帝下落，都无果而终。建文帝的去向成为千古疑案。现代研究主要有四种观点：隐居说、自焚说、出家说、流亡海外说。相传郑和下西洋的目的之一便是寻找建文帝。但是，无论哪一种说法都没有找到确实的依据。

先头部队。随即又借势击败明军的主力部队。建文帝听到耿炳文军败，改命李景隆为大将军，代替耿炳文统率明军。

但是，李景隆并不懂得作战指挥，他到达德州后，收集耿炳文的溃散兵将，并调各路军马，共计五十万，进抵河涧驻扎。朱棣为了引诱明军深入，自己亲率大军去援救永平。

李景隆于10月率军到达北平展开进攻，但是他指挥无力，几次攻城都失败了。朱棣解救永平之后，率军进攻大宁。大宁是宁王朱权的封地，所属兵马骁勇善战。朱棣攻破大宁后，挟持宁王回北平，合并了宁王的军队。朱棣带着这些军队回到北平附近，开始进攻李景隆。燕军内外夹攻，明军完全无法抵抗，很快便遭到溃败。

公元1400年，李景隆领兵数十万再次攻燕，朱棣派兵十余万迎战。战斗开始时，燕军一度受挫。但明军由于统帅无方，未能及时扩大战果。燕军利用有利时机展开反攻，击败李景隆的中军，明军由此兵败如山倒。李景隆败走山东，随后又被追兵击败，士卒损失极多。都督盛庸死守济南城，朱棣围攻济南三月未下，担心后路有失，于是暂时退回北平。

李景隆领兵数败，建文帝撤免了他的职务，开始遣使向朱棣议和。同时又任命盛庸为平燕将军以代替李景隆。盛庸不久后率兵北伐，但在沧州又被燕军击败，燕军借机再次进军山东。盛庸统领明军严阵以待，在燕军到达与其展开战斗。此战中，燕军轻敌被明军打败，朱棣亦被包围，突围逃走。此役后朱棣只得暂时退回北平。

公元1401年，朱棣再次出击，多次在河北地区打败明军。顺利攻下了顺德、广平、大名等地。明廷一片混乱，此时朱棣决定领兵南下，进攻南京。

公元1402年，燕军进入山东，绕过济南，破东阿、汶上、邹县，直至沛县、徐州，向南直进。4月，燕军进抵宿州，与跟踪袭击的明军大战于齐眉山，燕军大败。双方相持于淝河。在这次决战的关键时刻，建文帝受一些臣僚建议的影响，把一部分军队调回南京，削弱了前线的军事力量，明军粮运又为燕军所阻截，燕军抓住时机，大败明军于灵璧。自此，燕军士气大振，明军益弱。朱棣率军突破淮河防线，渡过淮水，攻下扬州、高邮、通州、泰州等要地，准备强渡长江。

建文帝曾想以割地分南北朝为条件同燕王议和，被拒绝。燕军自瓜洲渡江，镇江守将降城，朱棣率军直趋金陵。燕军进抵金陵金川门后，守卫金川门的李景隆开门迎降。燕王进入京城，文武百官纷纷跪迎道旁，在群臣的拥戴下继皇帝位，他就是明成祖，年号永乐。靖难之役以燕王朱棣的胜利而告终。

燕王进京后，宫中起火，建文帝下落不明。朱棣大肆杀戮曾为建文帝出谋划策及不肯迎附的文臣武将。齐泰、黄子澄、景清等被诛族。这次清洗极为残酷，共有数万人被杀。

　　靖难之役历时四年，让刚刚有所恢复的社会经济遭到了很大破坏。朱棣继位后汲取靖难之役的教训，开始进行削藩。许多藩王被杀死、迁徙或贬为庶人。藩王势力削弱，中央集权由此加强。公元 1421 年，朱棣迁都北京，加强了对北方的统治，明朝的政权自此稳固下来。

公元 1405 ～ 1433 年
郑和下西洋

明成祖继位后，明朝国力逐渐得到恢复。明成祖朱棣为了宣扬明朝国威，扩大海外的政治影响，派遣宦官郑和率领船队开始进行大规模的航海活动。

公元 1405 年，郑和开始率领规模巨大的船队出海远航。从这时开始一直到公元 1433 年，郑和前后共出海七次，最远曾率队抵达了红海海口和非洲东岸，并且越过了赤道。在二十多年中，郑和经历了亚非三十多个国家和地区，为中国和世界的航海事业做出了巨大贡献。

郑和下西洋，打通了从中国到东非的航路，把亚、非的广大海域连接起来，各国商人开始频繁来华与明朝进行贸易，络绎不绝。而且，从那时开始，中国南方沿海居民多有下南洋经商者，把中国先进的文化科技传播到了南亚和东南亚地区，对当地的开发起了巨大作用。

公元 1433 年，郑和第七次率领船队下西洋，在航行至印度西海岸的古里附近时，郑和因劳累过度一病不起，不久后病逝。船队由正使太监王景弘

> **宝船：**
>
> 宝船是郑和船队中最大的海船，是明时期中国造船工匠结合之前历代的造船成果而制造的，是中国航海史也是世界航海上最为巨大的木质帆船。船长 139 米，宽 56 米，是当时世界上最为先进的木质帆船。它在船队中的地位相当于旗舰，为整个船队的主体船舶。

西洋：

西洋是古代中国人以中国为中心的一个地理概念。明朝时期的西洋是指文莱以西的东南亚和印度洋沿岸地区，晚清用"西洋"一词指欧美资本主义国家。"西洋"概念与"东洋""南洋"等概念相对应。南洋指东南亚，东洋指日本。郑和的远航也曾途经南洋地区。

率领返航，当年 7 月返回南京。至此，明朝停止了下西洋的活动。

郑和下西洋是公元 15 世纪时全世界范围内的一件盛事。明朝借此宣扬了国威，扩大了在世界各地的影响，为世界航海事业做出了不朽的贡献。但是，由于多次下西洋的活动不以贸易获利为目的，给明朝财政造成巨大经济负担，随着国力衰退，航海的壮举也随之结束。

郑和死后，中国的大规模航海事业被搁置，无人问津。明朝国力日渐衰落下去，郑和下西洋也成为了绝响。

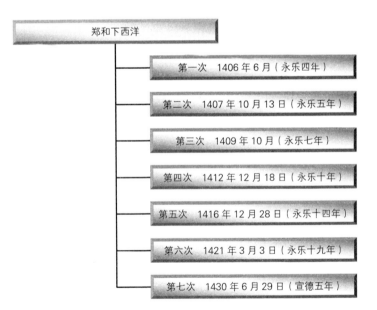

郑和下西洋

第一次　1406 年 6 月（永乐四年）

第二次　1407 年 10 月 13 日（永乐五年）

第三次　1409 年 10 月（永乐七年）

第四次　1412 年 12 月 18 日（永乐十年）

第五次　1416 年 12 月 28 日（永乐十四年）

第六次　1421 年 3 月 3 日（永乐十九年）

第七次　1430 年 6 月 29 日（宣德五年）

表四十二　郑和下西洋

公元 1449 年
土木堡之变

明朝中期，在北方的边界上崛起了一支强大的蒙古人部族，号称瓦剌。也先继承瓦剌王位后，同明朝就开始发生摩擦。公元 1449 年，也先派了两千多人来明朝贡贸易，他谎报了贸易的人数，希望多获赏赐，结果被发现。明朝削减贸易价格，使得也先大怒。于是也先发兵进攻明朝，战争就此爆发。

而此时，明朝政治腐败，边防松弛，大权被宦官王振所把持。王振专擅朝政，闻听瓦剌攻来，便挟持明英宗领兵五十万亲征。群臣极力劝谏，王振不听，强行出兵。大军离开北京后，北出居庸关，过宣府，向大同进发。

大军未至大同，军粮已经耗尽，军士饥寒交迫，死者很多。明军到大同之后，王振听闻前线各路军马屡败，当时惧不敢战，立即带兵折回。回军至土木堡时被瓦剌追军赶上，明军一站击溃，死伤甚众。随从大臣阵亡数十人，英宗本人也被瓦剌军俘虏。而王振则被护卫将军樊忠打死。这便是"土木堡之变"。

在此次战役中明军惨败，皇帝被俘虏。消息传

于谦：

字廷益，号节庵，官至少保，世称于少保。明代名臣，民族英雄。进士科出身。土木堡之变中，明英宗被俘，郕王朱祁钰监国，于谦任兵部尚书，他力排南迁之议，决策守京师，与诸大臣请郕王继位，为明景泰帝。瓦剌兵逼京师，于谦亲自督战将其击退。论功加封少保，总督军务，最终迫使也先遣使议和，归还明英宗。夺门之变发生后，于谦以"谋逆"罪被冤杀。

来后，京城大乱。朝中大臣联合奏请皇太后立郕王继皇帝位。皇太后同意众议，但郕王却推辞不就。文武大臣和皇太后一时无策，此时英宗秘派使者到来，传口谕命郕王速继帝位。于是郕王登基，改元景泰。景泰帝遥奉英宗为太上皇。

土木堡之变后，瓦剌开始大举入侵中原。并以送太上皇为名，令明朝各边关开启城门，乘机攻占城池。攻陷白羊口、紫荆关、居庸关，直逼北京，势不可当。明朝廷惶惶不安，有大臣提出南迁都城。兵部侍郎于谦极力反对迁都，要求坚守京师，并诏令各地武装力量勤王救驾。随后，调河南、山东等地军队进京防卫，于谦主持调通州仓库的粮食入京，京师兵精粮足，人心稍安。当年 10 月，也先挟持英宗入犯北京，京城告急，北京保卫战开始。景泰帝让于谦全权负责守城指挥。于谦分遣诸将率兵二十二万列阵御敌，并亲自统军与瓦剌前锋对阵，他派骑兵引诱也先出击，也先中计轻出，遭遇明军埋伏，瓦剌军初战溃败。也先又转攻西直门，被城上机弩逼退，瓦剌军又败，于是也先领兵退去，北京保卫战以明军胜利而告终。

瓦剌原以为以英宗为筹码，便可借机要挟明朝，但在景泰帝继位后，英宗失去了重要的作用，无奈之下便将英宗放回。自此瓦剌和明朝的战争暂止，明朝的统治趋于稳固。但是回归后的英宗并不甘心就此让出帝位，与景泰帝的矛盾日益激化，最终引发夺门之变。

公元 1457 年
夺门之变

公元 1450 年，明英宗被瓦剌释放，返回北京。这引起了明皇室的内争。景泰帝担心英宗危及自己的统治，便把他软禁于南宫。同时又废除了英宗之子的太子地位，另立自己的儿子朱见济为太子，但是次年朱见济即病死。景泰帝没有其他的儿子，但他仍不愿意恢复朱见深的太子地位，这愈发加重了他与英宗之间的怨恨。

公元 1457 年，景泰帝出巡时忽然得病。石亨、曹吉祥等密谋发动政变，拥英宗复辟，以邀功赏。徐有贞、石亨引军千余驰赴南宫，拆毁宫墙将英宗带出，入皇宫登殿复位。

英宗复位后，下令将于谦、王文等拥立景泰帝登基的大臣下狱。后又以谋逆罪杀于谦、王文，迫害于谦所荐之文武官员。这一事件被称为"夺门之变"，也叫"南宫复辟"。

英宗复辟后，改年号为天顺，许多景泰帝时期的官吏被相继迫害，大权也落入了曹吉祥等宦官的手中，政治日益腐败下去。而景泰帝在英宗复辟之后被废黜并软禁，一月后离奇死去，年仅三十岁。

徐有贞：

字元玉，号天全，吴县人，祝允明外祖父。进士科出身，授翰林编修。因谋划英宗复位，封武功伯兼华盖殿大学士，掌文渊阁事。后诬告杀害于谦、王文等，独揽大权。因与石亨、曹吉祥相恶，出任广东参政。后为石亨等诬陷，诏徙金齿为民。石亨死后得以放归。他复官无望，遂浪迹山水间，公元 1472 年病逝。

英宗又持续了八年的统治，于公元 1464 年驾崩，他死后其子朱见深继位，便是明宪宗。明宪宗信用宦官，无心于朝政，使得明朝的政治更加黑暗，国力也日渐衰落下去。

公元 1565 年
戚继光抗倭胜利

公元 14 世纪初，日本处于分裂时期，地方割据势力相互攻杀，政局极其动荡，这一时期被称为日本的南北朝时期。一部分南方的割据势力首领为抢掠物资，就组织武士、商人和浪人到中国东南沿海地区与当地不法中国人组成海盗集团，联合进行走私、抢劫、杀人等海盗活动，这些海盗被称为"倭寇"。

明初，倭寇在中国东南沿海进行劫掠、绑架、杀人等恶性暴力活动，波及地区由辽东、山东直至广东，中国沿海居民深受其害。至嘉靖时，倭寇与中国海盗联合，势力愈加庞大，对闽、浙等地区的侵扰更加严重。

由于倭寇猖獗，明军开始着力于对倭作战，于是涌现了一批抗倭名将，其中最为出名的便是戚继光。戚继光是山东蓬莱人，公元 1544 年任登州都指挥佥事，开始在山东抗倭。公元 1555 年，戚继光调往浙江，担任参将，积极抗御倭寇。他治军有方，在当地组建起一支由善战的农民和矿工为主力的军队，并加以严格训练。这支军队的将士英勇善战，

俞大猷：

字志辅，又字逊尧，号虚江，福建泉州人。明代著名民族英雄、抗倭名将，他最主要的功绩是领导抗倭战争。他历任明代三朝，一生坎坷。戎马生涯四十七年，"时而受重用，名声显赫；时而受贬责，沦为囚徒"，四为参将，六为总兵，累官都督。"俞家军"威名赫赫，与当时另一位抗倭名将戚继光并称"俞龙戚虎"。

257

屡立战功，被誉为"戚家军"。

从公元 1561 年开始，戚家军开始转战闽、浙两省对倭作战。戚继光先率军在龙山、台州连败倭寇，扫平浙东。随后又率军援福建，将倭寇在横屿的基地攻破。公元 1563 年，戚家军再援福建，进攻平海卫，倭寇大败。公元 1564 年春，戚继光再败倭寇于仙游城下，福建倭寇被彻底扫灭。公元 1565 年，戚继光又与俞大猷会师，歼灭广东的倭寇。东南沿海倭患完全解除，延续百余年的倭患自此被彻底解除了。

倭寇的出现给中国东南沿海地区带来了不可估量的损失，造成了极大的破坏。在倭患被扫除后，中国东南海域日趋稳定，明政府此时逐步调整了海上贸易政策，放松了海禁，这对中国南方贸易的发展是有益处的，同时也为明末资本主义萌芽的产生提供了很大助力。

公元1572年
张居正改革

明中期，土地兼并情况日益严重。由于纳税户的土地被侵占，而拥有大量土地的特权阶级往往又享受免税，这事实上严重地影响了国家收入。为解决国家存在的尖锐问题，增加税收，明王朝统治者开始寄期望于制度改革。

明隆庆年间，大学士张居正很得穆宗信任，在皇帝的支持下，张居正开始逐步进行改革。公元1572年，穆宗死去，其子朱翊钧继位，他就是明神宗。穆宗遗命张居正为辅政大臣。明神宗继位不久，张居正成了内阁首辅。为挽救明朝统治的危机，此时张居正开始从军事、政治、经济等方面进行全面整顿，其中又尤其重视经济的改革，意图扭转嘉靖、隆庆以来政治腐败、边防松弛和民穷财竭的局面。

公元1578年，张居正开始治理黄河、淮河，并兼治运河。万历七年二月，河工告成，黄河、淮河分流。徐州、淮安之间八百余里的长堤平行蜿蜒，河水安流其间。黄河得到治理，漕船也可直达北京，漕运获得了很大的便利。

张居正认为，整顿赋役制度、扭转财政危机是

万历三大征：

指明神宗万历帝朱翊钧在位时，平息叛乱的宁夏之役、播州之役和支援朝鲜抗击日本侵略的朝鲜之役。三战皆捷，但明朝人力、物力也遭受到巨大损失。经此三次战役后，明朝元气大伤，成为导致明朝灭亡的重要原因之一。

改革的重点，要解决财政困难的问题，首要前提就是勘核各类土地。他不顾官僚和缙绅地主的反对，于公元 1580 年下令清查全国土地。最后，国有土地数量得到了彻底的清查。

在清查全国土地的基础上，针对当时赋役制度存在的弊病，张居正推行了一条鞭法。一条鞭法废除了以往地税和力役分别征收的赋税方式，将两者都折为银两收取。同时，一条鞭法还取消和简化了一些杂税，统一编排征收。到公元 1581 年，张居正把一条鞭法作为通行的赋役制度，在全国范围内推行。

张居正的全面改革，旨在解决明朝两百余年发展中所积留下来的各种问题，以巩固明朝政权。改革不免触动了相当数量的官僚、缙绅和既得利益者的利益，因此很自然地遭遇到了保守派的强烈对抗。公元 1582 年，张居正积劳成疾，不久后病死，反对派立即群起而攻之。张居正家产被抄没，家属或死或流。此后，某些改革的成果虽然保留下来，而大部分已经废殆，明王朝的统治再次归于腐败，逐渐走向了没落与灭亡。

公元 1616 年
努尔哈赤建立后金

　　女真族是满族的前身，长期居住在松花江及黑龙江一带。明中叶以来，女真族日益强盛，分为三个大的部分。他们不断迁徙，相互之间时有战争。在这种混战的局面下，各部逐渐产生了统一的愿望。

　　努尔哈赤是建州女真的首领，他从公元 1583 年开始进行统一女真各部的战争。公元 1588 年，他统一建州各部，继而又于公元 1591 年兼并了长白三部。后来又经过多年的征战，努尔哈赤在公元 1619 年消灭扈伦四部，最终统一女真各部，成为了女真族唯一的领袖。

　　公元 1616 年，努尔哈赤在赫图阿拉称汗，国号大金，年号天命。史称后金。后金的建立，标志

> **八旗制度：**
>
> 　　清代满族的社会组织形式。努尔哈赤在统一女真各部的战争中，取得节节胜利。随着势力扩大，人口增多，他遂建立黄、白、红、蓝四旗，称为正黄、正白、正红、正蓝，旗皆纯色。后来，努尔哈赤为适应满族社会发展的需要，在原有牛录制的基础上，创建了八旗制度，即在原有的四旗之外，增编镶黄、镶白、镶红、镶蓝四旗，把后金管辖下的所有人都编在旗内。

着女真各部拥有了统一的政权，已经成为了明朝的强劲对手。在政权建立两年后，努尔哈赤发布"七大恨"的讨明檄文，誓师伐明，明朝举国震惊。公元 1619 年，明朝在萨尔浒之战惨败，几年间丧失辽东七十余城。

　　公元 1621 年，努尔哈赤攻占辽阳、沈阳，迁都于辽阳。公元 1625 年春，努尔哈赤不顾贝勒诸臣异议，决定迁都沈阳。从此，沈阳成为后金政权的统治中心。

　　公元 1626 年，努尔哈赤继续南征，宁远战役爆发，努尔哈赤在战斗中被明军的大炮打成重伤，不久便死去。第八子皇太极继位，继续对明朝展开进攻。明朝在后金的打击下日渐衰落，最终走向了灭亡。

公元 1619 年
萨尔浒之战

公元 1618 年，后金大汗努尔哈赤以"七大恨"告天，起兵反明。努尔哈赤率领步骑两万余人，开始攻打抚顺，明军守将李永芳投降，后金军随即又占领清河。努尔哈赤初战告捷后，打算进一步南下，进攻辽阳、沈阳一带。明神宗感到事态日益严重，一方面调遣军力驰援辽东，另一方面在国内加派饷银。辽东地区形势极为紧张，大战一触即发。

公元 1619 年 4 月，明军主力基本到达辽东，明军主帅杨镐兵分四路，命总兵马林、刘綎、杜松、李如柏各率一军由不同方向对后金发起了进攻。

后金在战争开始前便掌握了明军的战略部署和行动计划，正确地分析了形势，认为明军是采用分兵合击、声东击西的战术。他只派五百人抵御南路的刘綎军，而把全部兵力集中起来，打击从西而来的杜松的明军主力。努尔哈赤亲自统率八旗大军迅速开赴西线，阻击明军。两军在萨尔浒一带相遇，萨尔浒战争爆发。

战争初期，双方在萨尔浒山形成对峙。杜松孤军冒进，自率一万兵马进攻吉林崖，留主力驻防萨

七大恨：

七大恨是努尔哈赤发布的讨明檄文。公元 1618 年，努尔哈赤对诸贝勒宣布："吾意已决，今岁必征大明国！"他以七大恨告天，起兵反明。他的后人此后继续征战，最终灭亡明朝，建立了清帝国。七大恨内容包括明朝无故杀害努尔哈赤祖父，欺压建州女真，违反与女真划定的疆界，帮助叶赫部抵抗努尔哈赤等。

尔浒。努尔哈赤看准了这一时机,向明军主力发起了总攻,明兵寡不敌众,很快溃败。而另一方面杜松军看到主力已败,军心动摇,同时又战术失误,在夜晚点燃了松明,被金军以暗击明,伤亡极大。最终总兵杜松战死,西路军全军覆没。不久后,努尔哈赤又率后金主力击败马林,北路军队也被击溃。接着后金回师南下,以少量士兵冒充明军,诈称杜松军进展顺利,要刘綎进兵协助。刘綎信以为真,领兵前进,在阿布达里遭遇后金伏兵袭击,刘綎阵亡,东路军亦溃败。

杨镐闻知三路军马惨败,急令南路军李如柏撤回。萨尔浒之战以后金大获全胜而告终。此役结束后,后金军势日盛,开始进一步南下攻明。当年 6 月,后金攻破开原。7 月,又攻占铁岭,此时后金已经在辽东战场占据了绝对优势。而明军经此一役,主力部队大损,明政府事实上已经没有能够正面进攻后金的部队,由攻势转向了守势。

公元 1626 年
宁远之战

袁崇焕：

字元素，广东人。明末著名政治人物、文官将领。入兵部，守卫山海关及辽东，指挥宁远之战、宁锦之战。但不救朝鲜，擅杀大将仍触兵家大忌。后被崇祯帝以诛杀毛文龙、己巳之变护卫不力以及擅自与后金议和等罪名正法，时年四十七岁。

萨尔浒之战后，明朝起用熊廷弼为辽东经略。熊廷弼采取正确的防守策略，反对出兵轻进，集兵十余万，把守各处关隘，防守严密。努尔哈赤找不到进攻的机会，便暂停了对明的进攻。然而，此时明朝廷内部诽谤熊廷弼避战，结果熊廷弼被罢免，改由袁应泰任辽东经略。

袁应泰对军事并不了解，努尔哈赤见有机可乘，便于公元 1621 年大举进攻，夺取辽阳、沈阳，占有辽河以东七十余城。袁应泰兵败自刎，全家殉难，这就是辽沈之战。战后努尔哈赤迁都辽阳，称为盛京，准备进一步进攻明朝，这对明王朝构成了更加严重的威胁。明朝起用孙承宗为蓟辽经略。孙承宗在任四年，采取袁崇焕的意见，修筑宁远城，坚守居庸关外两百余里的地方，又修筑锦州、凌河、松山、杏山等城，开拓地方两百余地，几乎收复辽河以西旧地。努尔哈赤审时度势，见明朝有所防范，四年之间不敢进攻。

当时明朝宦官当权，孙承宗被大宦官魏忠贤排斥，罢官免职。明朝又任命阉党高第为经略。高第怯懦无能,认为关外不可守,便将锦州、凌河、松山、杏山等地守兵迁入居庸关内,并要求袁崇焕撤出宁远,袁崇焕死守不去。

努尔哈赤见高第无能,认为出兵时机已到,便派兵大举南侵。公元1626年,努尔哈赤率军渡过辽河,进抵宁远,以十三万兵马围城。袁崇焕歃血誓师,集兵固守,顽强抵抗。努尔哈赤亲自督兵攻城,但屡攻不下。宁远城防守严密,后金兵马损失惨重,努尔哈赤也在攻城时被守军火炮击中,身受重伤。后金军见皇帝受伤,军心涣散,无力再战,遂退回沈阳。

努尔哈赤一生征战,从未失败,唯有宁远之战中败于袁崇焕之手。不久后他在愤恨中病死,时年六十八岁。其子皇太极继位,他联合蒙古诸部,实力日渐强盛。同时继续南下攻明,并使用反间计杀死袁崇焕,最终统领金兵攻克关外数城,为清军最终入关打下了坚实的基础。

袁崇焕墓

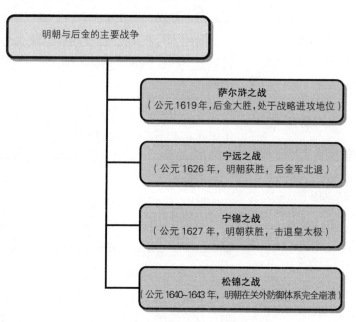

表四十三　明朝与后金的主要战争

公元 1628 年
陕北农民起义

崇祯：

明思宗朱由检，明光宗朱常洛之子，明熹宗朱由校弟。于公元 1622 年被册封为信王。明熹宗病故后，由于没有子嗣，他受遗命于继承皇位，次年改年号"崇祯"。公元 1627～1644 年在位，共计十七年，继位后清除阉党，而后镇压农民起义，增派"三饷"。李自成造反军攻破北京后自缢，时年三十四岁。

明朝末期，社会矛盾日益尖锐，天灾人祸不断发生。明末政治腐败，农村破产，压迫剥削日益加重，陕西又逢旱灾，人民无法生活。公元 1627 年，陕北白水县农民王二率领数百名农民杀死知县张斗耀，揭开了明末农民战争的序幕。陕北巡抚得报后，因怕受到朝廷怪罪，充耳不闻，起义队伍乘机迅速扩大。

公元 1628 年，高迎祥等人纷纷起兵响应起义。李自成、张献忠在公元 1630 年前后也加入了起义军的队伍。公元 1630 年，张献忠在陕西米脂十八寨起义，自称"八大王"。李自成也杀死贪官造了反，在他舅舅高迎祥领导的起义军中当"闯将"。

公元 1635 年，明朝派大军镇压，两面夹攻起义军，给起义军造成很大损失。公元 1635 年，各路起义军会师于河南荥阳，共十三家，七十二营，在一起共商对敌之策。会后，农民军攻克明朝中都凤阳，焚毁皇陵，明廷大为震惊。急忙调遣大军前往镇压。

公元 1636 年，高迎祥战死，李自成被推为闯王，继续领导起义。由于明朝加大了镇压力度，张献忠和李自成的军队都受到了严重的挫折。张献忠诈降明朝，李自成率军进入陕西南部商洛山中，积蓄实力，以图再起。

公元1639年，张献忠重举义旗，再次起义。而李自成也在此时出山，率军在各地作战。明朝派兵十万，前往镇压张献忠部。张献忠率部突围，并迂回东下，于公元1641年攻破襄阳。李自成也在此时乘势攻入河南，占领洛阳。起义达到了全盛时期。

从公元1641年开始，张献忠起义军攻城略地，节节胜利，明朝日益衰落，无力镇压，起义军势力却越来越强大。公元1644年，张献忠部攻入四川，占领成都。当年在成都建立大西政权，改元大顺，张献忠称大西王。开始与明朝政府割据对抗。但是，大西政权建立后，未能摆脱流寇主义的影响，没有对既有的领土进行巩固建设，这个政权仅仅存在了两年，便在明军的进攻下瓦解了。

而李自成率领的起义军在占领洛阳后，明确提出"均田免粮"的口号，获得了各地人民的支持。不久后起义军发展到五十万人，实力雄厚，成为明朝政府的又一劲敌。明政府集中兵力多次镇压，却都被李自成的部队击败。至此，明朝耗尽了最后的国力，对李自成的发展也无能为力了。

公元1643年，李自成率军西征，攻克潼关、长安。次年在长安建立大顺政权，改元永昌。同年2月，李自成率军出征，对明王朝发起了最后的进攻。当年2月破太原，3月破宁武关。此后连克大同、宣府，攻入居庸关内，入昌平，3月中旬包围北京。明城外三大营皆溃降。明崇祯帝朱由检见大势已去，于当月19日在北京万岁山自缢身亡。李自成攻克内城，登殿称帝。明朝就此灭亡。

但是，李自成的统治也不长久，由于对明朝官吏的处置不当，引起了明朝旧臣的不满，同时，由于对军队的管制不严，出现了扰民的情况，激起了人民的反抗。最后，由于对山海关守将吴三桂的处置失当，引起了他的兵变，并最终引导清军入关，击败了李自成的大顺军，大顺政权也在不久后灭亡。

明末农民起义打击了明朝的腐朽统治，推翻了明朝政府，具有很大的积极意义。虽然最终在清政府打击下失败，但其功绩是不可磨灭的。大顺政权灭亡之后，清军入关，消灭了明朝的残余势力，建立了清朝。

公元 1636 ~ 1664 年

后金皇太极称帝，改国号为清，清军入关，各势力抗清活动

公元 1635 年，皇太极废旧族名女真，改称满洲。次年皇太极称帝，后金改国号为"清"，清朝由此建立。

公元 1640 年，皇太极发动松锦之战。战略意图在于攻破辽东地区松山、锦州。战争开始后不久，清军包围锦州，断绝明军后援。公元 1641 年，明王朝调遣洪承畴前往支援。双方的决战在松山、锦州一带展开，清军突袭明军粮草，明军败绩，洪承畴退守松山城。公元 1642 年初，清军攻破松山城，洪承畴被俘后投降。松锦之战至此结束，清军全胜。明王朝在辽东地区仅剩宁远一座孤城，明军防线已收缩至由总兵吴三桂驻守的山海关。

正当此时，李自成率领的大顺军攻陷北京，明崇祯帝在万岁山自缢身亡，明朝就此灭亡。而不久后，驻守山海关的明将吴三桂降清。清摄政王多尔衮指挥八旗劲旅，兼程入关，以吴三桂为前导，击败大顺农民军，进占北京。同年清顺治帝迁都北京，清朝开始对中国进行统治。

接着，清军南下剿灭大顺农民军，北方各地的

南明：

南明是自公元 1644 年李自成农民军攻破北京到后来清朝入主中原，明朝宗室先后在南方建立的抵抗政权的统称。包括弘光政权、隆武政权、鲁王监国、绍武政权及永历政权，前后共历十八年。其中以永历政权存在时间最长，自公元 1646 年建立，公元 1661 年灭亡。

明朝官员纷纷向清军投降，共同镇压农民军。而南方一些明朝遗臣则拥立明皇族建立几个小朝廷，史称南明。清军入关后，开始了统一战争。公元1645年，灭大顺、南明弘光；公元1646年，灭大西、南明隆武、南明绍武；公元1662年，灭南明永历；公元1664年，消灭大顺残余势力。前后历时二十多年，以武力手段基本统一全国。在进军江南的过程中，清军强制推行薙发令，激起各地民众强烈反抗。清廷采取武力镇压，在扬州、嘉定、江阴等地进行了大肆屠城。此举事实上击溃了明王朝的反抗势力，巩固了清王朝的统治，但同时也使得当地人口骤减，严重影响了经济发展及地方稳定。公元1659年，清军占领西南地区。四川地区因长期战乱而导致的劳动力不足，清朝统治者迁移湖广人口填川，这便是"湖广填四川"。

明延平王郑成功在公元1661年收复了当时为荷兰殖民地的台湾。永历帝被杀后，郑成功之子郑经继续使用南明永历年号，尊前明宁靖王朱术桂为监国。公元1683年，清朝进军台湾，郑经之子郑克塽归降，台湾归顺于清朝。公元1684年，清朝设置台湾府，至此完全统一中国。

夔东十三家：

明末清初，活跃于川、鄂、陕、豫诸省交界处，也就是夔州以东地区的反清武装力量的总称，以反清复明为宗旨，核心是原李自成、张献忠部农民起义军，坚持抗清达十四年之久。公元1662年，在历次围剿失败之后，清廷组织了规模最大的对夔东十三家的联合围剿，战事异常惨烈，十三家起义军多次反攻，企图突围，因力量过于悬殊，皆未成功。最终被清朝统治者所镇压。

清

公元 1662 年
郑成功收复台湾

公元 1624 年，荷兰殖民者侵占中国台湾。明亡后，明遗臣郑成功始终在东南沿海地区坚持抗清斗争，在北伐南京失败后，郑成功下决心赶走荷兰殖民者，收复台湾作为抗清基地。公元 1661 年，郑成功率军出金门，渡过台湾海峡，直取台湾。当时荷兰军的主力集中在热兰遮、赤嵌两座城堡。郑成功一方面积极进行军事进攻，另一方面又采取攻心策略，勒令荷兰人投降。

郑成功：

明末清初军事家，民族英雄。本名森，又名福松，字明俨，号大木，福建省南安人。隆武帝赐姓朱，并封忠孝伯，这也就是他俗称"国姓爷"的由来。清兵入闽，其父郑芝龙迎降，他哭谏不听，起兵抗清。后与张煌言联师北伐南京，震动东南。郑成功一生，抗清驱荷，以赶走荷兰殖民主义者、收复祖国领土台湾的业绩载入史册。

紫禁城一角

郑军先在海战中击败荷兰军，随后围困赤嵌城数月，断绝城中水源，最终攻破城池。随后郑军炮轰热兰遮城，荷兰军最终溃败。公元 1661 年底，荷兰军首领被迫到郑成功大营，在投降书上签了字。至此，郑成功从荷兰人手里收复了台湾。

郑成功收复台湾的军事斗争，最大的功绩在于保持了中国领土的完整。而另一方面，台湾的收复也使得郑军有了较为稳定的割据根据地，与清廷进行了更长久的对抗。

公元 1673 ～ 1681 年
三藩之乱

吴三桂：

字长伯，明朝辽东人，明末清初著名政治军事人物，吴周政权建立者，吴周太祖。祖籍江南高邮，锦州总兵吴襄之子，以父荫袭军官。明崇祯时，吴三桂为辽东总兵，封平西伯，镇守山海关，后封汉中王，济王。公元 1644 年降清，引清军入关，被封为平西王。公元 1661 年杀南明永历帝，公元 1673 年叛清，发动三藩之乱，公元 1678 年称帝，不久后病死。其孙吴世璠继其皇帝位，三年后被清王朝攻灭，吴周政权就此灭亡。

清军入关后，大批明旧臣投降。清人为了更有效地平定大顺以及南明的残余势力，也乐于接收降将，并利用他们进行统一战争。至康熙初年，清政府的统一战争基本完成，但此时平西王吴三桂、平南王尚可喜、靖南王耿精忠等藩王已经形成很大的割据势力，在两广、福建、云南等地割据称雄。其中又以吴三桂势力最大，严重威胁到清王朝的边疆稳定以及地方统治。

公元 1673 年，康熙皇帝决定撤藩。吴三桂不愿就范，不久后起兵造反。他首先杀云南巡抚朱国治，自称天下都招讨兵马大元帅，提出"兴明讨虏"，将矛头指向清政府。吴军由云贵地区进军湖南，几乎占据湖南全省。随后又进攻四川，当地官员纷纷投降。福建、广东、广西、陕西、湖北、河南等地都有藩王或将领响应。郑成功之子郑经此时也渡海进兵福建漳州、泉州和广东潮州，提督王辅臣又叛于宁羌，击杀清陕西经略莫洛。清政府一时多处受敌，朝野震动。年轻的康熙皇帝打算御驾亲征，但最终被谏止。不久后尚可喜病重，其子尚之信袭位后响应吴三桂叛乱，广东地区总督、巡抚都向他投降。战乱不断扩大。

公元 1676 年，平凉王辅臣在清军的进攻下战败投降。不久后，郑经部为争夺领地，转而进攻耿精忠，耿精忠腹背受敌，遂投降清廷。郑经随后也被清军击败，退回厦门。尚之信看形势不利，也随即投降。之后孙延龄打算降清，被吴世琮杀于桂林。叛乱局势日渐明朗，清军开始集中兵力进逼吴三桂，与吴军在多地展开对峙。两军在江西吉、袁二州、广东韶关、永兴和广西梧、浔二州及桂林等湖南外围等战略要地展开反复争夺。

吴三桂在湖南沿江布置防御工事，亦无力再向北拓展势力范围，随着耿精忠、尚之信归顺清廷之后，吴三桂于公元 1678 年在衡州称帝，立国号周，建元昭武，但此举未能改变他所处的困境。同年秋，吴三桂病死，其孙吴世璠继承帝位。此时形势陡变，吴军因为失去首领，军心开始瓦解。清军趁机发动进攻，吴军于多处战场溃败，湖南、广西、贵州、四川等地逐步为清军所据。经过近两年的征伐，清军进逼云南，开始围攻省城昆明。昆明坚守数月，城中军心动摇，无力抵抗清军，吴世璠最终自杀，吴周就此灭亡。随后昆明开城投降，历时八年的三藩之乱被平定。

吴三桂等人发动的叛乱，虽然沉重打击了清王朝，使汉人势力一度有恢复政权的可能，但吴三桂毕竟是造成明朝灭亡的主要责任者之一，且亲自杀掉了南明永历皇帝，这使得他注定无法得到明朝遗民的全力支持。而清王朝的最终胜利有效地避免了国家分裂，巩固了自身统治，保持了国家统一，这也为清王朝后来的统治打下了基础。

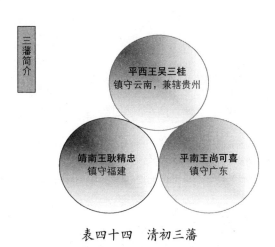

表四十四　清初三藩

公元 1685 ～ 1686 年
雅克萨之战

公元 17 世纪，沙皇俄国处于罗曼诺夫王朝时期，这一时期的俄国征服了西伯利亚地区，国力迅速增强，意图向南方开始扩张。自公元 1643 年起，沙俄军队开始侵扰黑龙江流域，在当地进行残酷的侵略行为。顺治末年至康熙初年，中国处于三藩之乱中，沙俄利用这一时机，出兵侵占了中国北部领土尼布楚和雅克萨等地，在这些地方修筑军事建筑和工事，打算将这些地方作为继续向南扩张的军事据点。

清王朝针对沙俄的侵略行为多次遣使进行交涉，但毫无效果。在这种情况之下，康熙皇帝决定以武力来解决这一边患。公元 1682 年，康熙赴关东东巡，为对俄作战制定了一系列战略措施：加强对沙俄的侦察和封锁，在瑷珲筑城，设置多处驿站以传递情报。保证后勤运输线路通畅，以供应前方部队军粮。公元 1683 年，清对沙俄发出严正警告，勒令其部队撤离。但俄军并未退让，反而出兵在瑷珲一带劫掠。清军遂出兵将其击败，随后又将沙俄建立的周边据点全部焚毁，使雅克萨失去了支援。但

雅克萨：

历史上中国东北边疆古城。位于黑龙江上游左岸，今漠河县境内的额木尔河口对岸。中俄在公元 1689 年签订《尼布楚条约》，但雅克萨城仍属中国，由黑龙江将军所属黑龙江副都统和布特哈总管派兵巡逻。但进入公元 19 世纪以后，沙俄野心萌发，不断入侵中国东北，非法占领黑龙江下游地区和库页岛，进而向黑龙江中游推进，迫使清政府于公元 1858 年 5 月签订了不平等的《中俄瑷珲条约》，把黑龙江以北包括雅克萨城在内的中国大片领土划入俄国版图。俄罗斯称阿尔巴津镇。

沙俄军队仍据守雅克萨进行顽抗。

至公元 1685 年，为了彻底解决黑龙江流域的沙俄边患，康熙帝下令清军进攻雅克萨。4 月，清军从瑷珲出发，水路并进，开始进逼雅克萨。雅克萨之战就此展开，清军炮火猛烈，沙俄军队在清军的进攻之下死伤惨重，其统率托尔布津投降，恳请清军允许俄军在保留武装的条件下退出雅克萨。清军将领同意，俄军遂撤至尼布楚。之后清军毁去雅克萨城，留下部分军队驻守瑷珲，其余部队回师。

但战后沙俄军并不甘心失败，他们继续增兵，意图再度南侵。公元 1685 年，随着清军撤退，沙俄部队援军又至，遂再度进占雅克萨。至公元 1686 年，这一消息传到北京，清廷对沙俄这一背信行为十分愤慨，再度下令清军展开对俄进攻。再度出征的清军很快包围了雅克萨城，并勒令沙俄军投降，但沙俄军不予理会。8 月，清军开始攻城，俄军统率中弹身亡，但仍继续顽抗。清军为避免无意义伤亡，采取长期围城的策略，切断了雅克萨的一切外援。俄军被围困将近一年，城中缺乏补给，大部分士兵死亡。雅克萨指日可破，俄国此时匆忙向清求和，请求清军撤去包围，两国和谈，议定边界。清王朝应允和谈，当年 11 月，清军撤雅克萨包围，俄军残部撤往尼布楚，雅克萨之战结束。公元 1689 年，两国缔结了《中俄尼布楚条约》，条约规定，从格尔必齐河到外兴安岭、直到海，岭南属于中国，岭北属于俄罗斯。西以额尔古纳河为界，南属中国，北属俄国，额尔古纳河南岸之黑里勒克河口诸房舍，应悉迁移于北岸。

雅克萨之战有力地打击了俄国对中国北方的侵略势力，战后清政府又以条约的形式明确划分了中俄两国的边界，这使得中国北部边疆有了较为安稳的外部环境，在后来的一个多世纪里保证了北疆的安定，这对后世的影响是极其巨大的。

公元 1681 ~ 1796 年
康乾盛世时期

公元 17 世纪后期，清王朝经过了王朝建立前期的动乱后，开始着力于国家政权的建设和巩固。在康熙、雍正、乾隆三位皇帝统治时期，国家日益安定，社会经济逐渐恢复，各种社会矛盾相对缓和，清朝的统治也日渐稳固。这一时期是中国传统社会的最后一个高峰期，也是传统君权统治最后的辉煌时代，因此这一时期也被称作"康雍乾盛世"（或称康乾盛世）。

康熙帝平定了三藩之乱，完成了国家统一，之后致力于加强对边疆地区的控制。他笼络汉人，强调"满汉一体"，崇奉孔子，提倡理学，传播传统儒家文化。在他的努力下，汉人逐渐从思想上减少了对清政权的敌视。康熙帝晚年，又改革了地税制度，将人头税加以固定，减轻了人民的负担。这对中国产生了极为深远的影响。

康熙帝死后清世宗继位，年号雍正。雍正帝在位时，加强了中央集权，建立军机处、秘密立储制度，使得王权统治日以巩固。他还大力进行吏治改革，施行耗羡归公和养廉银的措施，以此来保持官吏的

军机处：

清代官署名。亦称"军机房""总理处"。是清朝中后期的中枢权力机关。公元 1729 年，因清朝用兵西北，以内阁在太和门外，恐泄露机密，始于隆宗门内设置军机房，选内阁中谨密者入值缮写，以为处理紧急军务之用，辅佐皇帝处理政务。公元 1732 年，改称"办理军机处"，简称"军机处"。

廉洁。雍正帝大力推行"摊丁入亩"的政策，直接废除了人头税，使得人民的负担进一步减轻。

雍正帝之后清高宗继位，年号乾隆。乾隆帝完善了各项典章制度，他优待士人，奖励垦荒，兴修水利，编修了《四库全书》等大型文化典籍，为文化发展做出了巨大贡献。乾隆帝多次平定西部边疆叛乱，反击外族对西藏的入侵，完善了清朝对新疆和西藏等地区的管理制度，进一步巩固了多民族封建国家的统一，奠定了今日中国的版图。

《四库全书》：

中国古代最大的一部官修丛书，由乾隆皇帝亲自组织编写。自公元 1772 年开始，经十年编成。丛书分经、史、子、集四部，故名四库。它基本上囊括了古代所有图书，故称"全书"。《四库全书》保存了大量的古代文献，为世界文化发展做出了重大贡献。同时是公元 18 世纪世界性的一项特大型文化工程，具有极其深远的影响。

一 清 一

乾隆皇帝朝服像

康乾盛世是中国传统社会的最后一个盛世，是传统文化、政治、经济的最高点。乾隆皇帝在位六十年，到他统治后期，清王朝的吏治日益腐败，各省亏空严重，官僚贪污成风，各地土地兼并现象也极为严重，各种社会矛盾日益尖锐。康乾盛世未能继续维持下去，在乾隆帝死后，开始了漫长的"嘉庆中衰"。

公元 1796 ～ 1804 年
白莲教大起义

乾隆统治后期，各种社会矛盾逐渐激化。此时由于土地兼并导致大量农民失去耕地，成为佃户或流浪者。而统治阶级生活奢侈，官吏贪污成风，人们不满和反抗情绪日增，各地起义时有发生。而白莲教起义就是这一时期最有代表性的起义之一。

白莲教是信奉阿弥陀佛的中国民间宗教。其早期教义与佛教净土宗相同，要求信徒行善，以求善果。这样的教义极易在民间传播，从宋代开始就一直在中国各地广为流传。乾隆统治后期的社会矛盾激化，白莲教的教义又在传播中受到反清复明思想的影响，逐渐成为起义者聚拢人心的工具。至乾隆朝中后期，白莲教势力庞大，各地的白莲教组织已经成为了重要的反清力量。

公元 1796 年，酝酿多年的白莲教起义首先在湖北荆襄地区爆发。随后四川也爆发起义响应。起义军发展迅速，很快蔓延到河南、甘肃、陕西等地。

公元 1797 年，起义军首领王聪儿、姚之富等率军攻入陕西，西安震动，在四川的起义也声势日盛。但起义军并未取得更大战果，只得转入湖北，

白莲教：

北宋至近代流传的民间宗教，源于佛教的净土宗。相传净土宗始祖东晋释慧远在庐山东林寺与刘遗民等结白莲社共同念佛，后世信徒以为楷模。北宋时净土念佛结社盛行，多称白莲社或莲社，主持者既有僧侣，也有在家信徒。南宋绍兴年间，吴郡昆山僧人茅子元在流行的净土结社的基础上创建新教门，称白莲宗，即白莲教。元、明、清三代在民间流行，农民军往往借白莲教的名义起义。

最终被清军击败，王聪儿跳崖自杀。其余部与四川起义军联合，继续在各地作战。

公元 1800 年，起义军袭击川西，成都震恐。另一支起义军穿过岷山草原，转战甘肃。清军采取严守与利诱相结合的策略，逐步瓦解起义军。至公元 1801 年，义军领袖徐天德战死，起义军分为六部，在各地坚持作战。但实力已大不如前。随着战斗旷日持久，起义军进一步化整为零，成为数百乃至数十人构成的零散队伍在各地进行游击。活动范围也大多被限制在道路艰险的山林之中。在这样的形势之下，白莲教起义军逐渐被击溃，最终在公元 1804 年被清军彻底剿灭。

自公元 1796 年开始，白莲教起义军在各地流动作战，坚持抗清达九年之久，这一方面破坏了清政府的统治秩序，另一方面也对各地造成了无法估量的损失。经过长期战乱，这一时期的经济发展缓慢，人口大量减少。清王朝为剿灭起义军亦元气大伤，由盛世走向了衰落。

公元 1840 年
第一次鸦片战争开始

康乾盛世时期，中国通过对外出口茶叶、瓷器、丝绸等商品，获取了大量的利润，在国际贸易中处于贸易顺差的地位。英国为了改变这一情况，开始向中国大量输出鸦片，以此获取暴利。

鸦片大量流入中国，严重损害了中国人民的身体和精神健康，同时也使得中国的白银大量外流，经济发展迟滞。为改变这一状况，道光帝在公元1838 年下令禁烟，他派湖广总督林则徐为钦差大臣，赴广东收缴鸦片进行查禁。公元 1839 年，林则徐到达广州，他在各地严行查缴鸦片，共起获鸦片近两万箱，随后于虎门海滩将鸦片投入海中，用海石灰和水浸化，当众销毁。这一行为触及了英国资产阶

林则徐：

字元抚。清朝后期政治家、思想家和诗人，是中华民族抵御外辱过程中伟大的民族英雄，其主要功绩是虎门销烟。他官至一品，曾任江苏巡抚、两广总督、湖广总督、陕甘总督和云贵总督，两次受命为钦差大臣。因其主张严禁鸦片、抵抗西方的侵略、坚持维护中国主权和民族利益深受全世界中国人的敬仰。

虎门销烟浮雕

级的利益，英国政府以此为借口出兵侵华。

公元1840年6月，英军海陆军部队四千余人、军舰四十余艘，陆续抵达中国海，在广东珠江口外封锁出海口，第一次鸦片战争爆发。

事实上英国政府并未向中国宣战，他们将这次军事行动看作一场报复。英军封锁广州、厦门等处的出海口，截断了中国的海外贸易，并于7月攻占浙江定海，作为军事据点，随后继续北上。此时，中国沿海地区军备废弛，并未进行积极的防御和反击，这使得英军一路畅行无阻。8月，英舰抵达天津大沽口外，这使得道光帝产生了极大的动摇，他慑于兵威而罢免了林则徐，委派大臣琦善开始和英军进行谈判。英军同意撤兵南下广州。之后清廷下令沿海各省督抚筹防各地出海口，并命两江总督伊里布率兵至浙东，准备收复定海，以此增加谈判的筹码。

公元1840年12月，琦善与义律在广东开始谈判。至公元1841年1月7日，英军不满谈判的进展，出动海陆军攻占沙角、大角炮台。于是琦善被迫与英军签订了《穿鼻草约》，约定一系列不平等条款。英军的强硬和琦善的软弱令道光帝十分不满，他一面将琦善抄家革职，一面下令对英宣战，派大臣奕山为靖逆将军，并从各地调兵万余人赴广州备战。2月26日，英军又出动海陆军，攻破虎门横挡一线各炮台和大虎山炮台，溯珠江直逼广州。广东水师提督关天培在此战中壮烈殉国。5月，英军进攻广州，占领多处军事要地，并炮击广州城。在此形势下，奕山等接受英方条件，勒索广州商人六百万银圆，作为赎城费换取英军撤出广州地区。英国侵略者的暴行，激起广州城北郊三元里一带民众自发武装起来进行抗英斗争。

英国政府并未满足现状，遂改派璞鼎查为全权

领事裁判权：

一国通过驻外领事等对处于另一国领土内的本国国民根据其本国法律行使司法管辖权的制度。这是一种治外法权。它的存在，形成对国家属地优越权的例外或侵犯。实际上，在两次世界大战期间，领事裁判权就是帝国主义在殖民地国家所享有的一种非法特权。第二次世界大战后，这一与国家主权原则根本不相容的特权制度在全世界废除。

清

代表来华，期望获取更多利益。公元 1841 年 8 月 21 日，英军离开香港岛再次北上，攻破福建厦门，占领鼓浪屿。随后又进攻浙江，接连攻陷定海、镇海、宁波。由于兵力不足，英军此时暂时停止了进攻。

道光帝并不甘心失败，他继续调兵准备进行反击。公元 1842 年 3 月，清军决定展开反击，期望收复宁波、镇海、定海三地。当月，清军对宁波、镇海分别发起反击，接战均不利，纷纷撤回原驻地。进攻定海因风潮不顺而延期，驻宁波英军乘势展开反攻，清军又大败，退守曹娥江以西。道光帝见取胜无望，只好准备再次与英军议和。

5 月，英军集中兵力继续北上。很快便攻陷浙江平湖乍浦镇。6 月，吴淞之战爆发，江南提督陈化成于此役中战死。此后，英援军相继到达长江口外，率军溯长江而上，准备切断中国内陆交通大动脉运河。7 月，英陆军七千余人，发起镇江之战，清军顽强抗击，但未能击败英军，镇江失守。英舰队随后抵达南京附近，清军已无力再战，只得在南京静海寺与英军议和，接受了英军全部条件。

8 月 29 日，中英之间签订了《南京条约》。条约规定，清政府向英国赔款两千一百万银圆，割香港岛给英国。同时废除公行制度，开放广州、厦门、福州、宁波、上海五口通商，另规定进口关税需同英国商议确定，此外英国还从条约中获取了领事裁判权。

中英鸦片战争是公元 19 世纪以来中国走向半殖民化的序幕。随着近代工业革命的完成，资产阶级登上历史舞台，成为引领世界前进的主要力量。这一时期西方的经济、文化、军事皆有巨大发展。而中国则停滞不前，无法与国力雄厚的西方国家抗衡，所以鸦片战争的失败并非一场偶然。随着国门被打开，中国从此被裹挟进入世界资本主义市场，成为西方殖民贸易体系的重要组成部分。

公元 1851 年
金田起义，洪秀全建立太平天国

嘉庆至道光年间，清王朝的统治日益腐败，人民生活艰苦，社会矛盾日益尖锐，各地时有起义发生。公元 1843 年，洪秀全和同乡冯云山、族弟洪仁玕在广东花县首创拜上帝会，吸收杨秀清、萧朝贵等人，积极宣传组织群众，开辟革命基地，准备发动武装起义。

公元 1850 年 7 月，洪秀全、冯云山秘密要求各地的拜上帝教成员变卖家产，到金田集中，准备发动起义。杨秀清、韦昌辉、石达开率众在金田等地秘密制造起义用的武器。各地拜上帝会成员认真操练，筹足钱粮，先后会集金田的男女老少共计两万人左右。洪秀全等人把群众组织起来，实行男女别营，进行军事训练，准备武装起义。

公元 1851 年 1 月，洪秀全在犀牛岭誓师起义，建号太平天国，义军自称为太平军，开始向广西进军，太平天国革命自此展开。

当年，太平军占领广西永安。12 月，洪秀全在永安封东、西、南、北、翼五王，东王杨秀清节制其余四王。南王冯云山制订了官制、礼制和军制。

拜上帝会：

太平天国领袖洪秀全吸收基督教教义而成立的特殊基督教组织。公元 19 世纪中期，洪秀全受基督教布道书《劝世良言》的影响，在家乡广东花县组织拜上帝会，并模拟《劝世良言》写成《原道救世歌》《原道醒世训》《原道觉世训》等书，作为该会教义，同时又制定了宗教仪式与会规。拜上帝会虽曾得益于基督教，但在许多方面与基督教大相径庭。洪秀全以拜上帝会为组织形式，以会员为基本力量，发动反清武装起义，建立了太平天国。

《天朝田亩制度》：

《天朝田亩制度》是太平天国定都天京后，于公元1853年颁布的一个以解决土地问题为中心的全面的农民革命斗争纲领和社会改革方案，是以解决土地问题为中心，包括社会组织、军事、文化教育诸方面的太平天国的纲领性文献。它规定"凡分田照人口，不论男妇，算其家口多寡，人多则分多，人寡则分寡"。但是，纲领中平分土地和社会经济生活的条款，实际上是不可能实现的。

太平天国初见规模。

清政府此时开始对义军进行围剿，公元1852年4月，太平军自永安突围。5月，义军进入湖南，在路经全州时，南王冯云山在战斗中负重伤，6月伤故。8月，西王萧朝贵、翼王石达开协力进攻长沙，12月，萧朝贵在一场攻城战中战死。长沙城仍未攻下，太平军此时选择了撤围北上。公元1853年1月，太平军攻克武昌，军力日盛，开始继续向东进攻。3月，太平军攻占南京，洪秀全进入南京，将南京改名天京，并定都在此，随即展开了进一步的北伐及西征。

北伐开始于公元1853年5月，义军领袖林凤祥、李开芳、吉文元等率两万多太平军将士从扬州出发北上，意在进攻清王朝的核心统治区域，攻取北京。战争持续了近两年时间，在初期取得了一定战果。但是，因后继补给不足，北伐军孤军深入，最终陷入了清军的包围。公元1855年，林凤祥、李开芳相继战败被俘，北伐军全军覆没，太平天国的北伐行动宣告失败。

在展开北伐的同时，太平天国同时开始了西征。洪秀全派胡以晃、赖汉英等人率军数万，由天京出发，进攻安徽和江西等地，以此解除天京面临的军事威胁。西征军的军事活动进展较为顺利，先后攻下了安庆、九江、武昌。公元1853年秋，翼王石达开到达安庆，总领西征指挥。公元1854年，西征军在湖南遭遇湘军的顽强抵抗，遭受很大损失，一度退守九江。公元1855年初，石达开大破湘军，再次占领武昌。

湘军统帅曾国藩所在的南昌城被太平天国的军队包围。但此时石达开被调回天京参加解围战，令曾国藩得以喘息之机，湘军亦得以保存实力。5月，石达开与秦日刚会师天京，参加天京解围战，打破清军江南大营，解除了清军对天京的包围，太平天国在军事上达到了全盛时期。

公元 1856 ~ 1860 年
第二次鸦片战争

公元 1854 年，英国向清政府提出全面修改《南京条约》的要求，借以谋取更多的利益。法、美两国也分别要求修改条约。清政府表示拒绝，这使得西方列强极为不满，他们决心对中国发动一场新的侵略战争，以此逼迫清政府就范。

公元 1856 年 10 月，"亚罗号事件"爆发。英国政府认为中国水师侮辱了英国国旗，以此为借口进攻广州。占领虎门地区多处炮台。随后英舰开始炮轰广州城。随着事态的发展，各地爆发了一系列反抗列强侵略的斗争事件，英国政府打算以此作为扩大战争的借口。与此同时，法国政府以"马神甫事件"为借口，联合英国一同进行侵略。公元 1857 年 12 月，英法联军在珠江口集结，发动了第二次鸦片战争。

英法联军炮击广州，并登陆攻城。广州城坚守一日后失守，当地官员或降或逃，沦为联军的傀儡。当地人民自发展开了长期的反抗斗争。

公元 1858 年 3 月，英、法、美、俄四国公使认为时机已到，联合前往上海，向清政府要求修约，

亚罗号事件：

公元 1853 年，英美等国掀起了"修约"交涉未能得逞。公元 1856 年，一艘中国走私船"亚罗号"，自厦门开往广州，停泊黄浦。10 月 8 日，广东水师船捕走窝藏在船上的中国海盗和有嫌疑的中国水手。英国驻广州领事巴夏礼却认为该船曾在香港注册，领有执照，硬说是英国船，甚至捏造说中国水师曾扯下船上英国旗，侮辱了英国，无理要求两广总督叶名琛立即释放被捕人犯，向英国政府道歉。23 日，英驻华海军悍然向广州发动进攻。第二次鸦片战争爆发。这样，"亚罗号事件"成为了英国政府蓄意挑起侵华战争的借口，并成为了第二次鸦片战争的导火索。

圆明园：

清代著名的皇家园林之一。始建于公元 1709 年，由圆明园、长春园、万春园三园组成，有园林风景百余处，建筑面积逾十六万平方米。清朝后期，统治腐败，国力衰弱，西方列强先后掀起两次鸦片战争，企图扩大在中国的权益，公元 1860 年，第二次鸦片战争中，八国联军攻入北京，对圆明园进行了洗劫，之后又将圆明园焚毁。现仅余断垣遗址。

但遭到了拒绝。于是联军再度集结部队北上。4 月，联军舰队抵达白河口。不久后，英法舰队袭击大沽炮台，清军战败，英法联军进犯天津。清政府匆忙派遣大臣纳与俄、美、英、法各国代表分别签订了《天津条约》。《天津条约》进一步打开了中国的大门，使得列强的势力进入中国内陆地区。咸丰皇帝对这份条约的内容感到了极大的不安，在条约签订后又打算修改条约内容，同时避免让外国公使到北京换约。这就给了列强再次挑起战争的借口。

于是，在公元 1859 年 6 月，英、法、美以进京换约被拒为由，率舰队炮击大沽。此战中清军作战英勇，击沉击伤敌舰十艘，毙伤敌军近五百人，重伤英舰队司令，最终将联军击退。这场失败使得英、法两国极为愤怒，决定增兵进攻中国。公元 1860 年 8 月，英法联军一万八千人抵达中国，随即进占天津。9 月，清军统率僧格林沁在北京通州八里桥迎战英法联军时逃走，清军战败。咸丰帝携皇后、懿贵妃等离京逃往承德。10 月，英法联军攻入北京，随后抢劫并焚毁圆明园，作为对中国政府虐待英、法使团成员的报复。联军占领北京达五十天之久，这座城市遭受了惨痛的劫掠和破坏。清廷只得派奕訢为全权大臣议和，签订了中英、中法《北京条约》。

公元 1860 年 11 月，中英、中法《北京条约》签订，英法联军撤离北京。俄国借机提出了新的领土要求。14 日，清政府与俄国签订了《中俄北京条约》。至此，第二次鸦片战争以中国的全面失败而告终。清政府无力抵抗列强的侵略，开始沦为列强的附庸，为了维护自身统治，清政府一方面对列强投降并出卖主权，另一方面加强了对国内反抗民众的残酷镇压，这使得近代中国步入了漫长的苦难时期。

公元 1856 年
天京变乱

太平天国永安建制时，洪秀全分封五王，命东王杨秀清节制其余四王。原本五王之间的权力相对较为平衡，但随后不久冯云山、萧朝贵陆续战死，权力开始集中在杨秀清一人手中。杨秀清有较大的政治野心，他多次假托"天父下凡"传令，令天王洪秀全也要听从自己命令。这使得洪秀全对他十分不满，嫌隙日益加深。定都天京后，随着东王权力的愈发集中，杨秀清与其他诸王的关系越来越差。

公元 1856 年 6 月，太平军攻破清军江南大营，解天京之围。东王认为时机成熟，便假称"天父下凡"，召天王洪秀全到东王府,逼他封自己为"万岁"。北王韦昌辉在这时请求洪秀全诛杀杨秀清，但洪秀全认为此举有失人心，并没有听从韦昌辉的劝告。此时杨秀清又调遣韦昌辉和石达开前往前线督战，天京仅有洪秀全和杨秀清两王留守。此时有人密告洪秀全，称杨秀清意欲谋反篡位，洪秀全急忙密诏韦昌辉、石达开、秦日纲回天京平定此事。9 月，韦昌辉率军赶回天京，与燕王秦日纲会合，当夜，

> **石达开：**
>
> 石达开，小名亚达，绰号石敢当，广西贵县人。太平天国名将，近代中国著名的军事家、政治家、武学名家，初封"左军主将翼王"，天京事变曾封为"圣神电通军主将翼王"。他是太平天国最富有传奇色彩的人物之一，十六岁"被访出山"，十九岁统帅千军，二十岁封王，为太平天国运动的发展立下汗马功劳。后因受到洪秀全猜忌，领兵出走西征，在四川大渡河附近失败，被俘杀。就义时年仅三十二岁。

两人统军突袭东王府，杨秀清当场被杀，东王府内数千人也全被杀死。其后韦昌辉以搜捕"东党"为名在天京大开杀戒，借机排除异己。前后被杀者两万余人。

石达开随后到达天京，进城后责备韦昌辉滥杀无辜，这使得韦昌辉对石达开也产生了不满，打算杀掉石达开。石达开闻讯后连夜逃走。韦昌辉遂尽杀石达开家属及翼王府部属。石达开回到安庆，起兵讨伐韦昌辉，求洪秀全杀韦昌辉以安天下人心。此时韦昌辉已众叛亲离，穷极之下他选择进攻天王府，企图篡位夺权，但被天王府和东王府的军队击败，随后被杀，燕王秦日纲及陈承瑢不久后也被处死，天京事变至此结束。

天京事变后，太平天国内人心涣散，军事形势急转直下，各战场接连败于清军，太平天国的控制区域大为减少，这一情况一直持续到太平天国灭亡。

北王韦昌辉死后，翼王石达开开始执政，但是经过天京变乱，洪秀全不再完全信任诸王，开始重用其兄弟以牵制石达开，这致使石达开严重不满，公元1857年，他带领精锐大军从天京离开，开始了第二次西征，最终失败。这使得太平天国实力进一步衰落。

天京事变后，天王洪秀全虽然掌握了实权，但是天京变乱严重地损害了太平天国的统治基础，加速了太平天国的灭亡。

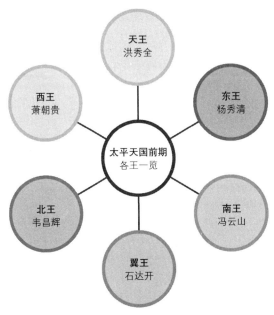

表四十五　太平天国前期各王一览

公元1861年
北京政变

公元1856年，第二次鸦片战争爆发。公元1860年9月，英法联军逼近北京，京城震动。咸丰皇帝急忙带着他的皇后和贵妃以及一班亲信，逃亡至热河，由恭亲王奕訢留下来向侵略者求和。奕訢费尽周折，最后签订了丧权辱国的《北京条约》。

咸丰帝在签订《北京条约》后不久就病死了，他唯一的儿子，六岁的载淳继位。年号定为"祺祥"。遗命怡亲王载垣、郑亲王端华、大学士肃顺，驸马景寿，还有原来的五个军机大臣中的穆荫、匡源、杜翰、焦佑瀛四人为"赞襄政务大臣"，辅佐年幼的载淳。咸丰临终前，又将自己刻有"御赏"和"同道堂"的两枚御印，分别赐给了皇后和懿贵妃，并颁诏说，此后新皇帝所颁的一切诏书，都要印有这两枚御印才能有效。

载淳继位后，尊先帝皇后钮祜禄氏为慈安太后，尊自己的生母懿贵妃为慈禧太后。载淳的母亲懿贵妃叶赫那拉氏，是个具有政治野心的人，她刚刚坐上圣母皇太后的宝座，就迫不及待地揽权。慈禧先让人建议，因为皇帝年幼，无法处理朝政，所以要

咸丰帝：

清文宗，名爱新觉罗·奕詝。公元1850~1861年在位，在位时使用年号咸丰，故又称咸丰帝。在他统治期间，内外交困，太平天国起义如火如荼，同时又遭遇英法联军侵略中国。他依靠湘军，抑制住了太平天国起义进一步的扩张。但是对英法联军抵抗失利，最后失败，签订丧权辱国的《北京条约》。公元1861年在承德病故。在位十一年。

慈禧太后：

咸丰帝的妃子，同治帝生母，光绪帝养母。又称"西太后""那拉太后""老佛爷"。咸丰帝死后，她与皇后慈安太后发动"北京政变"，开始垂帘听政，并改年号为"同治"。执政初期，她整饬吏治，重用汉臣，依靠湘军和淮军，在列强支持下，先后镇压了太平天国、捻军、苗民、回民起义，缓解了清王朝的统治危机，使清王朝得到暂时稳定。统治后期列强掀起瓜分中国的狂潮，她一方面对列强妥协，另一方面实行保守统治，扼杀了戊戌变法。1908年病死，时年七十四岁。

由两宫皇太后"垂帘听政"，实际上是要掌握实权。她的要权行为自然而然遭到了辅政八大臣的坚决抵制，载垣等以"本朝未有皇太后垂帘"的理由加以反对。

虽然两宫太后掌握着咸丰所赐的两枚印章，在政治上与八大臣势均力敌，但由于当时的热河行宫全部都是辅政八大臣的势力，慈禧未能如愿，只好暂时向八大臣妥协，但她始终也没放弃垂帘听政的想法。正好慈安太后对肃顺等人的所作所为也是极不赞成，慈禧于是串通了慈安，与恭亲王奕訢串通。在接到两宫太后的求援信号后，奕訢决定要帮助两宫太后除掉辅政八大臣。

10月，奕訢经多次申请，才以奔丧的名义赶到热河。他谒见了两宫太后，密谋许久，最后决议在北京发动政变。奕訢回到北京后，笼络驻扎在京、津一带掌握兵权的兵部侍郎胜保，做好了发动政变的一切准备。

在从承德回北京时，慈禧以皇帝年幼，不能全程护送先帝灵柩为由，由小路提前回北京。回到北京后，慈禧接见了恭亲王奕訢、军机大臣文祥等。次日清晨，奕訢手捧盖有玉玺和先帝两枚印章的圣旨，宣布解除肃顺等人的职务，当场逮捕载垣、端华；又命令将景寿、穆荫、匡源、杜翰、焦祐瀛等撤职查办，严加看管。并派醇郡王奕譞在京郊密云逮捕了护送灵柩回京的肃顺。不久，慈禧发布上谕，否认咸丰遗诏，下令将肃顺斩首；让载垣、端华自尽；另外五大臣则被革职或充军。接着宣布废除八大臣原拟的祺祥年号，改明年为同治元年，东、西二太后垂帘听政。

所谓"同治"是指由两宫太后共同治理朝政，慈禧之号也是从这时开始使用的。这一年是农历辛酉年，故又称"辛酉政变"。而发生此事的地点又在北京，故又称"北京政变"。北京政变使清朝皇帝开始失去大权，实际权力开始落在慈禧太后的手中。

公元 1864 年
太平天国运动失败

　　天京事变后，太平天国日益衰落。1856 年 11 月，武昌、汉阳太平军因为缺乏后援，无力坚守阵地，被迫撤退，湘军随即开始进攻九江。此外，清军重建了江南大营，攻陷江苏句容、镇江，进逼天京，在天京城外建筑工事，建立连营，完成了对天京的包围。到 1858 年 3 月，石达开放弃江西，4 月，九江陷落，湘军开始进攻庐州和安庆。一时之间太平天国被清军压制在很小的范围内，都城天京也岌岌可危。

　　太平天国为摆脱这种困境，将领地内大量饥民编入军队，补充了兵源。同时又联合捻军，使捻军接受了太平天国的册封，开始策应太平军的军事活动。提拔年轻且有才能的将领李秀成、陈玉成分别为忠王、英王，统领太平军主力进行作战。这些活动一定程度上增强了太平天国的军事实力和统治力。

　　其时天京被围困，时刻处于战争前线，一旦天京失守，太平天国便危在旦夕。为解决这一困局，太平军计划展开积极进攻，一方面向西进攻湘军，

捻军起义：

　　19 世纪初，安徽北部及河南、山东、江苏等省部分地区的农民秘密组织"捻党"，以反抗封建压迫、寻求生活出路。1851 年，河南捻党聚众起义。次年，张乐行、龚得树等复于皖北雉河集一带起义，聚众万余人，攻克河南永城等地。1853 年，太平军北伐进入黄河、淮河流域，捻党纷起响应，在豫、鲁、苏、鄂交界地区，形成十余支相对独立的队伍，并逐步由分散、零星的斗争趋向联合。捻军起义历时十八年，波及十个省区，歼灭清军十万余人，有力地配合了太平天国和北方各地的人民起义，给清朝统治以沉重打击。

陈玉成：

原名陈丕成，后改名玉成。十四岁参加金田起义，历经大小数百战，曾在三河战役中全歼湘军精锐李续宾部，居功至伟。太平天国运动后期，将领匮乏，他被封为英王，领导太平军继续进行战斗，是太平天国运动后期的重要将领之一。后又攻破江南、江北大营，使太平天国运动后期的军事由衰转盛。后回师救援安庆，多次苦战失利，退守庐州。1862年，庐州被围，他率部突围，前往寿州，为捻军叛徒苗沛霖诱捕，解送清营。在敌人面前大义凛然，坚贞不屈，慷慨就义，年仅二十六岁。

保住安庆，控制安徽，另一方面向东攻破江南大营和江北大营。在陈玉成和李秀成的指挥下，1858年8月，太平军发起浦口战役，攻破江北大营，打退天京北面的清军。10月，在庐州击破湘军最精锐的李续宾部。经过这两场决定性的战役，太平军基本扭转了天京事变后的险恶局势，暂时保证了天京的安全，让太平天国有了继续发展的可能。

至1859年12月，浦口江边营垒、隘卡尽被江南大营攻陷，随后天京北面九洑洲要塞再告陷落，天京再度被围困。1860年2月，太平军奇袭杭州，迫使江南大营调动精兵去救，此时太平军迅速回师，集结主力部队进攻江南大营，一战成功，天京解围。

天京虽解围，但固守并不是长久之策，反复拉锯式的战斗只会消耗太平天国的实力。为改变这种局面，太平天国决意乘胜先东进、再西征的战略。1860年4月，太平军东进，接连攻克常州、苏州。5月攻克浙江嘉兴。此时太平天国以苏州为中心建立起苏福省，建设成天京的东南屏障和物资供应基地。太平天国一时局面大好。

太平天国建都天京，地在长江下游，要保卫天京，必须虎踞上游武昌、九江、安庆三重镇。自天京事变后，武昌先失，九江继陷，天京最后一道屏障只有安庆。太平天国守住安庆，即可阻挡湘军东下进攻天京，也可以保卫基层政权最巩固的安徽地区，还可以保卫江南、江北产粮区的生产，使天京得到源源不断的物资供应。由此可以看出，安庆的战略地位，是直接关系到太平天国的存亡的。所以，东征完成后，西征的战斗任务紧接上了日程。西上的目标，是上取湖北，在战略上是力争上游，取得胜利，以粉碎湘军对安庆的围攻。

1860年冬，英王陈玉成统北路军，进攻湖北黄州，忠王李秀成统南路军，进攻江西，两军计划会师武昌，合取湖北。北路军于1861年2月攻克黄州，进逼武昌。但此时英国海军出兵干预，陈玉成没有必胜的把握，而李秀成又延期未至。于是陈玉成调转兵锋，把精兵调回下游去救安庆。南路军在4月底进入湖北，攻克了许多州县，进逼武昌。但此时李秀成却从湖北退兵，转为进攻浙江。两路军马都没有攻打武昌，这就使得湘军没有了后顾之忧，得以全力进攻安庆。

1861年7月，安庆被湘军攻陷。天京失去了最后一道屏障，清军开始有条不紊地进攻太平天国的核心地带。李秀成统领南路军于8月收复浙江，但已无助于此时的局势。陈玉成统领的北路军于安庆失陷后退驻庐州，主力继而向西北进军，去陕西一带补充兵源，陈玉成领少量军马留守庐州，不日陷入清军重围。陈玉成兵少，1862年4月，陈玉成弃守庐州。突围到寿州，结果被叛徒出卖诱俘，后被杀。陈玉成的败亡使得此时的太平天国又受到严重打击，长江以北兵力空虚，无力抵御北方之敌的进犯，天京再度陷入危局中。

此时，曾国藩开始实施三路进攻太平天国的计划，一路是由李鸿章统领的淮军，进攻江苏南部，一路是曾国荃部，从安庆出发进攻天京，还有一路是左宗棠部，进攻浙江。

1862年，湘军曾国荃部进犯天京，洪秀全急令进攻上海的太平军军撤退，回救天京，大军遂撤回苏福省，天京保卫战开始。当时，主要将领纷纷向洪秀全建议调兵马钱粮入天京坚守，让清军围城，形成对峙，逐渐消耗敌人士气，等待时机再与清军决战解围。但洪秀全不从，执意要大军与清军在天京外围决战。9月，东线大军西进，进攻湘军，猛攻四十六天而不下。由于苏、浙地区的太平军调回天京作战，清军联合外国佣兵组织洋枪队，开始在这些地方向太平天国发动进攻。由于兵力不足，太平军在东线作战十分被动，同时也陷入了两面作战的不利境地。

10月，洪秀全命李秀成进攻天京外围敌军，李秀成率领的大军始终无法攻破曾国荃的大营，至11月底，损失了几万人，被迫撤回。随着长江北岸的主要据点被湘军攻克，天京逐渐陷入重围，解围机会渺茫。

1863年，湘军攻陷浙江富阳，进逼杭州。10月，苏州失陷。这时，天京已成孤城，外无援军，内无粮草，无法再继续防守。李秀成此时建议洪秀全放弃天京，保留实力，以图再起的时机，但洪秀全不愿放弃天京，断然拒绝了李秀成的提议。

1864年1月，天京被完全包围。此时城中仅有不足一万人防守，且粮草奇缺，各地援军无法应援。2月，杭州失守。各地太平军都极度缺粮，无法作战。3月，西北远征军从陕西赶回到皖北边境，但江苏安徽各地皆处于饥荒中，无法继续进军，只能在当地驻留。

1864 年 6 月，在重围中困守两年后，洪秀全病逝，年五十一岁，天京人心愈发不稳。其子洪天贵福继位，是为幼天王。7 月，湘军占领所有天京城外据点，准备进攻天京，李秀成护卫幼天王组织了多次突围，皆被清军阻回，天京随后失守。混战中，李秀成与幼天王失散，各自逃亡。李秀成在数日后被俘，在写下供词后被杀。10 月，幼天王洪天贵福在江西被俘，11 月在南昌被凌迟。

　　长江以南的太平军余部继续抗清，1866 年初，全部被清军剿灭；江北的太平军则投入捻军继续抗清， 1865 年，捻军击杀清军名将僧格林沁。1868 年，东捻军败于山东，全军覆灭；西捻军为救援东捻军，在东进过程中被淮军击败。最后一支使用太平天国年号的部队是石达开余部李文彩一部，于 1872 年被剿灭。太平天国彻底灭亡。

　　太平天国运动是中国近代最为重要的一次农民起义，它也是中国数千年以来农民起义的最高峰，强烈冲击了清政府的统治。但是，太平天国无力也不可能完成对旧制度的革命，他在清王朝和列强的联合剿杀下坚持斗争数十年，最终走向了灭亡，但为后世带来的影响是无法忽视的。孙中山就曾以洪秀全第二自居，并最终推翻了清王朝的统治。

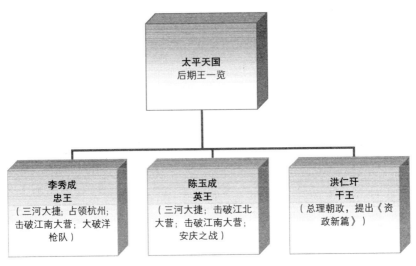

表四十六　太平天国后期王一览

公元 1894 年
中日甲午战争；兴中会成立

　　19 世纪末，中国开始进入半殖民地半封建社会，人民受到外来侵略者和清政府的双重压迫，处境十分悲惨。而以清政府为首的统治阶级奢侈腐化，剥削压榨人民日盛，国内人民起义此起彼伏。

　　与此同时，西方资本主义已经进入帝国主义时代，东亚成为殖民主义侵略势力的争夺焦点。朝鲜更是日、俄、英、美的重要侵略对象。当时各国都把中国看作他们侵略朝鲜的障碍。英国采取联合日本的方针，并且逐渐形成英、美、日联合的形势。日本明治天皇继位后，一直采取对外扩张的国策，打算以十年的时间暗中准备一举摧毁中国海陆军力的战争。而以慈禧太后和李鸿章为代表的清朝统治集团，却在外交上妥协退让，在国防上坐视军备的废弛。

　　北洋水师从建立后便不再购置新军舰。至 1891年，清政府对枪炮的购买也停止了。这样一来，随着时间的推移，北洋水师的武器日渐陈旧，军事实力开始落后于日本。而清政府却把希望寄托在中日发生冲突时由英、俄出面调停，所以中国在外交和

北洋水师：

　　清朝后期，洋务运动兴起。清政府建立了第一支近代化海军舰队，即北洋水师。北洋水师同时也是清政府建立的三支近代海军中实力和规模最大的一支。1888 年，北洋水师在山东威海卫的刘公岛正式成立。在当时具有雄厚的军事实力。但 1888年以后，舰队经费大幅减少。至 1894 年甲午战争爆发时，北洋舰队已多年未置新舰。在中日甲午战争中，由于李鸿章一味避战求和，北洋水师最终全军覆没。这也标志着洋务运动的失败。

黑旗军:

中国19世纪末的一支地方武装，以七星黑旗为战旗，因此得名。前期主要军事行动为抗击清朝统治。1867年清军的进攻迫使黑旗军进驻越南。后在抗击法国侵略越南的战争中多次取得胜利，将领刘永福曾被越南国王授予三宣副提督之职。黑旗军协同清军老将冯子材的部队，从根本上扭转了战争形势，迫使挑起战争的法国茹费理内阁倒台。刘永福返回中国后被清廷下令解散。甲午战争中黑旗军奉清政府命令重新编组，仍由刘永福率领，进驻台湾岛。后□军侵台，因战局受困，将士大多战死。

军事上实际上处于完全被动的地位。

1894年，朝鲜发生东学党农民起义，日本决定趁机行动。朝鲜政府同时向日本和中国求援，日本驻朝鲜公使杉村向袁世凯表示：如果清政府派兵到朝鲜，日本不会趁机出兵。清政府轻信了这一谎言。6月初，清政府派遣叶志超率军进入朝鲜，抵达牙山一带。但日本已先设立了大举侵略朝鲜的大本营。不久后，日军在仁川登陆，一部分军队很快进驻汉城。

此时，朝鲜政府和东学党起义军达成了协议，内战在实质上已经停止。朝鲜政府请求中国撤兵，使日本没有继续驻军朝鲜的借口。日本失去了侵略朝鲜的借口，但并不打算就此撤兵，反而计划借此机会促成与中国关系的破裂，以武力把朝鲜变成日本的殖民地。清政府看形势紧张，便急命袁世凯和日本驻朝鲜公使商议"中日同时撤军"，但遭到了拒绝。

清政府此时把希望寄托在英、俄对日本施加压力之上。并要求在朝鲜境内的军队待命，不得擅自进攻。而日本却又提出了一个所谓"改革朝鲜内政"的计划，英、俄旋即停止了对此事的调停，清政府陷入极其不利的境地。

7月中旬，李鸿章急命在朝军队退守平壤，并加派军队入朝。但日本已经展开攻势，于7月23日占领朝鲜王宫，控制朝鲜政权。25日又对清军发动偷袭，击沉运输船高升号。清军全部撤退至平壤。8月1日，中日两国同时宣战，甲午战争正式打响。

战争开始时，日本虽然已经控制了朝鲜政府，但朝鲜人民此时仍积极支持清军，共同抵抗日本侵略。此时中国集中到朝鲜的军队已逾两万人，但相互之间却不相统属，并没有积极进行备战。9月，日军进攻平壤，守城的清军总兵左宝贵顽强抵抗，最终战死，叶志超狼狈撤退，带领大军退过鸭绿江。

9月17日，北洋海军与日本舰队在黄海接战。中国方面虽然船舰吨数较多，但实际上舰船的战斗能力弱于日本，在战斗中处于不利地位，损失很大。"致远"号在海战中被严重击伤，管带邓世昌决心以死报国，驾船撞向敌军旗舰，结果致远号被鱼雷击中沉没，全舰官兵壮烈殉国；"经远"号亦被重创击沉。日军也受到严重损失，旗舰"松岛"号，以及"赤城"、"吉野"、"西京丸"等舰被大破，"赤城"号舰长战死。双方暂时停止海战，李鸿章为保存实力，下令北洋舰队撤入威海卫固守。

黄海海战后，北洋舰队实力尚存，李鸿章为保存北洋水师战力，下令舰队严守港口，不得擅自出战，这一无知行为导致北洋水师主动放弃了制海权，被封锁在港口中极为被动。此时主和派又占据了上风，以战事不利为由压制主战派，鼓吹和谈。至9月底，清政府开始准备和谈。

日本军队此时并没有停止进攻，日军渡过鸭绿江入侵中国，攻陷鸭绿江防线，一路占据辽东数城，攻陷大连和旅顺。辽东半岛沦陷，日军占领旅顺后制造了惨无人道的旅顺大屠杀，旅顺死难者达两万人。

清政府此时只想求和，但日军并不满足现状。1895年2月，日军攻占威海卫，攻占炮台。北洋海军孤立无援，困守刘公岛，击退日军数次进攻，最终弹尽粮绝，全军覆没；3月，清军在关外战败，牛庄、营口、田庄台等地接连失守陷落。日本海军攻占澎湖列岛。至此，清政府在甲午战争中已全面战败，只剩下求和一途。

1895年4月，清使臣李鸿章前往日本马关，与日本谈判，签订《马关条约》。条约规定，中国承认日本对朝鲜的控制权，并割让辽东半岛、台湾、澎湖列岛，另赔款白银两亿两。日本还从条约中得到了在中国通商口岸设立工厂的权益，并要求清政府增开沙市、重庆、苏州、杭州为商埠，日本商船可以驶入这些地区。

日本从中国掠夺了大量的赔款和土地，并进一步掠夺物资财富来发展它的势力。中国人民无法容忍清政府的割地求和，不久后以康有为为首的知识分子联名上疏，主张迁都抗战。这次轰动一时的"公车上书"，也就是开明士绅和资产阶级化知识分子展开政治运动的前奏。孙中山于1894年冬在檀香山华侨中间秘密组织革命团体"兴中会"，到1895年2月又在香港成立兴中会总会，组织相关成员积极准备，预定当年秋末在广州发动武装起义，但最终因事泄而失败。

《马关条约》签订后，割让台湾的消息传到台湾，台湾各界人士联合起来，决定共同抗日保台。5月底，日军在基隆登陆侵台，台湾人民英勇反抗。至6月初，基隆、台北接连失陷，但台湾人民坚决拥护刘永福为领袖进行浴血抗战。台湾军民先后在新竹、彰化、云林等处狙击敌人。大量的台湾人民在抗战中牺牲。10月，日军海陆联合进攻，台南守军弹尽援绝，于21日失陷、刘永福乘船内渡，台湾人民在各地继续坚持反抗斗争。

甲午战争的失败，说明清政府落后的制度已无法与近代化的日本抗衡，同时也体现出了清王朝统治者的腐朽与无能。此后，开明士绅和资产阶级知识分子展开了政治改良运动，中国资产阶级登上历史舞台。

公元 1898 年
戊戌变法

　　1895 年 4 月，日本逼迫中国在日本马关签订《马
关条约》的消息传到北京，康有为发动在北京应试
的 1300 多名举人联名上书光绪皇帝，痛陈民族危亡
的严峻形势，提出拒和、迁都、练兵、变法的主张。
史称"公车上书"。这次上书，对清政府触动不大，
却轰动了全国。"公车上书"揭开了维新变法的序幕。

　　1895 年 8 月，康有为、梁启超等人在北京出版
《中外纪闻》，鼓吹变法；组织强学会。次年 8 月，
《时务报》在上海创刊，成为维新派宣传变法的舆
论中心。1897 年冬，严复在天津主编《国闻报》，
成为与《时务报》齐名的在北方宣传维新变法的重
要阵地。1898 年 2 月，谭嗣同、唐才常等人在湖南
成立了强学会，创办了《湘报》。在康、梁等维新
志士的宣传、组织和影响下，全国议论时政的风气
逐渐形成。

　　1897 年 11 月，德国强占胶州湾，法国强租广
州湾，英国强租借后来被称为新界的地区和威海卫，
全国上下一片激愤，维新运动似乎成为了必行之事。
于是康有为在当年 12 月第五次上书，再陈内外困境。

谭嗣同：

　　谭嗣同，字复生，号壮
飞，汉族，湖南浏阳人，是
中国近代资产阶级著名的政
治家、思想家，维新志士。
他主张中国要强盛，只有发
展民族工商业，学习西方资
产阶级的政治制度。公开提
出废科举、兴学校、开矿藏、
修铁路、办工厂、改官制等
变法维新的主张。写文章抨
击清政府的卖国投降政策。
1898 年变法失败后被杀，
年仅三十三岁，为世称"戊
戌六君子"之一。

京师大学堂：

　　1898 年戊戌变法，经光绪皇帝下诏，京师大学堂在孙家鼐的主持下在北京创立。京师大学堂是中国近代第一所国立综合性大学，它既是全国最高学府，又是国家最高教育行政机关，统辖各省学堂。民国成立后，严复被任命为京师大学堂总监督，接管大学堂事务。1912 年 5 月，京师大学堂改名为北京大学，该名称一直沿用至今。

　　次年 1 月，康有为上《应诏统筹全局折》，恳请光绪帝变法，4 月，康有为和梁启超成立保国会，积极准备变法，维新人数日增。在上述种种事件的共同推动下，光绪皇帝在 1898 年 6 月颁布"明定国是诏"诏书，宣布变法。变法主要内容包括：设立农工商局、路矿总局，提倡开办实业；修筑铁路，开采矿藏；组织商会；改革财政；广开言路，允许士民上疏言事；裁汰绿营，编练新军；废八股，兴西学；创办京师大学堂；设译书局，派留学生；奖励科学著作和发明。种种新政皆显示出了维新派和光绪皇帝希望通过学习西方来变法图强的态度。

　　变法的内容指向政治、经济、文化等多个方面，且具有明显的西方资本主义烙印。这些内容直接触动了旧官僚的利益，同时也在无形中打开了与西方国家联系的通道，这是旧官僚与贵族统治者无法容忍的。光绪皇帝虽有变法的决心，但事实上并没有实权，这样的变法无疑是脱离实际的，最终也只能走向失败。维新变法刚一开始，慈禧太后便将人事任免和京津地区的军政大权控制在自己手中，准备发动政变。此时有守旧官僚请求慈禧太后杀掉康、梁二人，请慈禧"垂帘听政"，此时甚至有传言称慈禧将废除光绪帝而另立新君。9 月中，光绪皇帝密诏维新诸臣商议对策，但维新者手中无权无兵，只能建议光绪皇帝依靠袁世凯来对付守旧派。于是光绪皇帝两次召见袁世凯，任命他为侍郎，维新派的代表人物谭嗣同此时也私下与袁世凯接触，希望他支持变法。然而这些行为并不能让袁世凯站在维新派的一边，他很快便将光绪皇帝和维新派出卖了。

　　1898 年 9 月 21 日，慈禧发动政变，将光绪帝囚于中南海瀛台，随即发布了训政诏书，开始临朝"训政"，这被称作"戊戌政变"。慈禧太后当即下令追捕康有为和梁启超，康、梁二人逃亡日本。

而谭嗣同、杨深秀、林旭、杨锐、刘光第、康广仁等人被捕，数日后即被斩首，时人称他们为"戊戌六君子"。而新政措施除开办京师大学堂外全部被废。戊戌变法历时 103 天即告失败，所以又被称为"百日维新"。

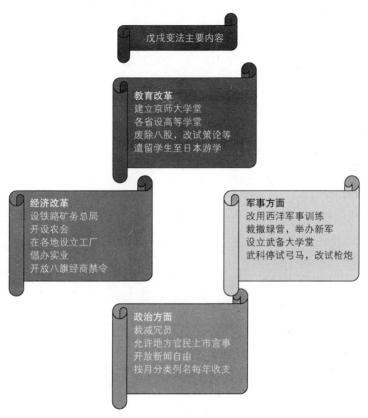

戊戌变法主要内容

教育改革
建立京师大学堂
各省设高等学堂
废除八股，改试策论等
遣留学生至日本游学

经济改革
设铁路矿务总局
开设农会
在各地设立工厂
倡办实业
开放八旗经商禁令

军事方面
改用西洋军事训练
裁撤绿营，举办新军
设立武备大学堂
武科停试弓马，改试枪炮

政治方面
裁减冗员
允许地方官民上市言事
开放新闻自由
按月分类列名每年收支

表四十七　戊戌变法主要内容

公元 1900 年
义和团运动；八国联军侵略中国

扶清灭洋：

19 世纪末义和团运动中提出的口号。甲午中日战争失败之后，列强掀起瓜分中国的狂潮。山东民众深受其害，散布在山东各地的义和拳，便由此成为广大民众反帝斗争的组织者和领导核心。1898 年 10 月，赵三多等人在山东冠县蒋家庄树起"助清灭洋"旗帜，拉开了义和团运动的序幕，后各地义和团先后打出不同旗帜，但意义大体一致，1899 年年底，山东义和团首先打出"扶清灭洋"大旗逐渐被各地义和团广泛采用。扶清灭洋的口号鼓舞了各地的义和团运动，但是也使得义和团放松了对清政府统治者的警惕，在运动中期受到了很大的损失。1902 年，口号演变成为"扫清灭洋"。

1894 年，清政府甲午战争中败于日本，被迫签订了《马关条约》。这一结果显示出了清政府的腐朽，也标志着洋务运动彻底失败了。清政府的统治日薄西山，正在一步步地走向灭亡。1897 年，山东发生"曹州教案"，两名德国传教士被当地人民打死。德国以此作为借口，出兵侵占胶州湾。俄军在此时趁火打劫，占领旅顺，英国和法国也分别占领威海和广州湾。

国土的沦丧激起了山东地区的反侵略运动，其中最具影响力的就是义和团。义和团最初叫作义和拳。1898 年，在内忧外患的形势下，义和团运动范围逐渐增加，影响力也在扩大。清政府此时决定对拳民加以利用，借义和拳的力量来与列强对抗。1899 年，山东巡抚毓贤招抚义和拳，纳入民团。义和拳由此改称"义和团"，口号由"反清复明"改为"扶清灭洋"。义和团成员极度仇视外国人，一切涉及外国人的事务都被抵制，凡外国人一律杀无赦，中国人信奉洋教或者为外国人工作者亦遭受不公对待，有大批国人被侮辱乃至劫杀。

义和团运动发展迅速，对列强在中国的利益造成了很大的影响与破坏，外国列强多次胁迫清政府予以镇压。1900年4月，义和团势力发展到北京，俄、美、英、法、德等国联合照会清朝政府，必须马上剿除义和团。他们将舰队聚集在大沽口进行威胁。但此时义和团影响力愈发扩大，甚至有大量的清军加入义和团。同时，清廷中以端亲王为首的排外势力此时正占据朝野的主动位置。各国见清政府无心亦无法控制团民运动，便决定直接出兵镇压义和团。当年5月底，由英、法、德、奥、意、日、俄、美八国所组成的联军，以保护使馆为名进军北京，各国舰队也陆续到达并开始备战。6月，八国联合侵华战争爆发。

6月11日，英军中将西摩尔率领八国联军两千多人出兵北京。义和团在铁路沿线展开抵抗。经过七天的周旋作战，义和团虽损失惨重，但仍打死打伤联军三百余人，西摩尔暂时退回天津修整。

6月中旬，联军海军进攻大沽口炮台，清军守将罗荣光战死，清军溃败，大沽炮台由是失守。清政府此时错误的判断了对联军作战的形势，6月21日，清政府向各国同时宣战。

大沽口失陷后，俄、英、德、美援军数千人，闯入天津海河西岸紫竹林租界，对天津城及其外围发动猛攻，义和团奋起投入天津保卫战。董福祥率义和团一部进攻老龙头火车站，毙伤俄军五百余名，数度占领车站。张德成率义和团及清军一部围攻紫竹林，以"火牛阵"踏平雷区，冲入租界。聂士成部清军坚守城南海光寺一带。7月9日八里台一战，聂士成身受重伤仍坚持战斗，直至力竭而亡。14日，天津为联军攻陷。

8月4日，联军两万余人由天津进犯北京。13日进至北京城下，进攻东便门、朝阳门、东直门。英军率先由广渠门破城窜入。14日，北京失陷。次日，慈禧太后和光绪皇帝仓皇出逃。联军入城后，猛烈进攻义和团，义和团损失很大，被迫退出北京，转往外地坚持抗击侵略者。慈禧太后在流亡途中，指定李鸿章为与列强议和全权代表，发布彻底铲除义和团的命令，于是义和团在中外反动势力的联合剿杀下失败了。

八国联军占领北京后，派兵四处攻城略地，扩大侵略。9月，俄军在侵占秦皇岛、山海关的同时，集中庞大兵力，分五路对东北地区实行军事占领。10月中旬，德军统帅瓦德西率兵三万来华，攻占保定、张家口等地。但法、德联军在侵犯井陉、娘子关一带时，受到清军刘光才部的顽强阻击，付出重大伤亡后败退。

八国联军侵华，给中国人民带来了深重的灾难。联军在所到之处杀人放火、奸淫抢劫，无数村镇沦为废墟，天津、北京皆遭到了毁灭性的破坏。八国联军在北京公开大肆抢劫，皇宫中无数文物珍宝被洗劫一空，大批无辜百姓惨遭杀戮。清政府无力抵抗，只得屈辱求和。

1900 年 12 月，列强各国向清政府提出《议和大纲》，后又订立详细条款，于 1901 年 9 月 7 日在北京正式签字。《辛丑条约》规定：清政府向各国共赔款 4.5 亿两白银（分 39 年还清，本息共计约 9.8 亿两）；划定北京东交民巷为使馆界，允

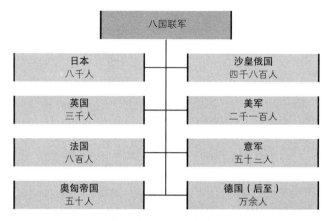

表四十八　八国联军

义和团使用口号

1898 年 6 月，四川余栋臣提出"顺清灭洋"旗号，紧接着，湖北覃培章树起"保清灭洋"大旗。
1899 年 5 月 27 日，保定义和团攻克涿州城，在四门插上"兴清灭洋"旗帜。

1898 年 10 月赵三多、阎书勤等在山东冠县蒋家庄树起"扶清灭洋"大旗。
1900 年 6 月、7 月间，凤翔在瑷珲高举"救清灭洋"大旗抗击俄军。

1900 年秋，祁子刚打出"反清灭洋"旗帜转战于冀中一带。
1902 年 4 月 23 日，景廷宾在河北巨鹿树起"扫清灭洋"大旗。

表四十九　义和团口号

许各国驻兵保护，不准中国人在界内居住；清政府保证严禁人民伤害外国人；拆毁天津大沽到北京沿线设防的炮台，允许列强各国派兵驻扎北京到山海关铁路沿线要地。

　　《辛丑条约》签订后，中国完全沦为列强变相的殖民地。而清政府也完全成为西方列强统治中国的工具和傀儡。

公元 1894 ～ 1905 年
孙中山展开革命活动，同盟会成立

孙中山是一位民主革命先行者，他早年先后求学于檀香山、广州、香港，行医于澳门、广州。1894 年 5 月，他上书李鸿章，主张变法自强，但未得到回应。不久后，孙中山赴檀香山创建了资产阶级革命团体兴中会。

1895 年，兴中会总部在广州成立。兴中会策划广州起义，遭到失败，孙中山流亡海外，宣传革命。1896 年，他在伦敦被清朝驻英公使馆诱捕，脱险后曾留居英伦，研究西方政治经济理论，寻求救国真理。1897 年，孙中山经加拿大到达日本，在旅日华侨中宣传革命，发展兴中会组织，不久又发动了惠州起义，因粮饷不济而遭失败。之后奔走海外。

数次起义的失败并没有让孙中山的理念动摇。1900 年，八国联军入侵北京，孙中山借机联系时任两广总督的李鸿章，希望能筹划南方诸省独立，成立类似美国的合众国政府，李鸿章也答应与其会面。但在日本友人协助下，却发觉一切不过是清廷的陷阱。而后李鸿章赴北京协调条约之事，此会面也无疾而终。

黄兴：

中华民国开国元勋；辛亥革命时期，以字黄克强闻名当时，与孙中山常被时人以"孙黄"并称。原名轸，字克强。革命时期，许多重要的革命活动由黄兴所发动并亲自参与。民国之初，他初被推举为临时大总统，但并未接受，而是推举即将回国的孙中山。他一生出生入死，屡建奇功，最终积劳成疾于 1916 年逝世，时年四十二岁。

同年 9 月，孙中山与日本友人及原兴中会骨干人物，先赴香港，被禁入境后转往台湾，得到当地日本官员允诺，支持在广东发动起义。后因日本官员临时改变态度，起义失败，孙中山再次返回日本。

1903 年夏，孙中山在日本青山开办革命军事学校，将"驱除鞑虏，恢复中华，创立民国，平均地权"设为革命誓词。同年 9 月，孙中山再赴檀香山，希望在华侨中发展革命。

1904 年初，孙中山在檀香山加入洪门，成为致公堂洪棍。同年赴美国，一度被美国移民局扣留在旧金山。后得旧金山致公堂保释，方才免被遣送回中国。接着，他又到美国东岸寻求华侨支持革命，并于纽约首度发表对外宣言，希望博得外国人士对革命的支持与好感，但并未取得甚大成果。年底收到中国旅欧学生资助，转往欧洲活动，在伦敦、巴黎、布鲁塞尔等地中国留学生中，进行革命宣传，并从留学生中筹得款项。1905 年，孙中山再赴远东，7 月抵达日本横滨，与黄兴见面，并开始筹划联合各革命组织。

1905 年 8 月，孙中山结合自己建立的兴中会、黄兴与宋教仁等人的华兴会、蔡元培与吴敬恒等人的爱国学社、张继的青年会等组织，在日本东京成立"中国同盟会"。孙中山被推为同盟会总理，将"驱除鞑虏，恢复中华，建立民国，平均地权"确定为革命政纲，并将华兴会机关刊物《二十世纪之支那》改组成为《民

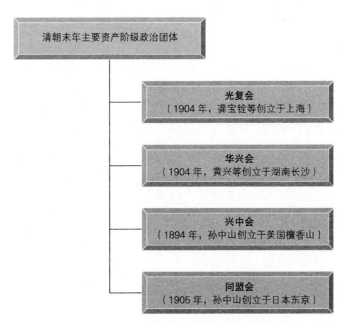

表五十　清朝末年主要资产阶级政治团体

309

报》，提出"民族、民权、民生"三民主义，同改良派围绕革命与保皇问题展开激烈论战。同时积极在国内外发展同盟会组织，联络华侨、会党和新军，在两广、云南等地发动一系列武装反清起义。

孙中山为中国革命立下了不朽的功勋。中国同盟会的成立，标志着以武装反抗清政府为目的的资产阶级政治团体正式出现，开始为建立资本主义共和国而奋斗。

公元 1911 年
黄花岗起义，武昌起义；辛亥革命开始

甲午战争以后，欧洲列强掀起了瓜分中国的狂潮，中华民族面临着亡国灭种的现实威胁。为挽救民族危亡，以孙中山为代表的资产阶级革命派登上了历史舞台。

1905 年 8 月，中国同盟会成立，这是中国第一个资产阶级政党。在同盟会的领导下，资产阶级革命党人发动了一次次反清武装起义，1911 年 4 月爆发的黄花岗起义就是其中的一次。这些起义在不同程度上打击了清朝统治，为后来武昌起义的最终成功提供了条件。

清政府在《辛丑条约》签订后，完全沦为西方列强的傀儡，成了"洋人的朝廷"。开始协同外国势力共同镇压资产阶级革命。而资产阶级革命党人则不断利用会党和新军发动武装起义。

1906 年 12 月，同盟会推动和领导了规模巨大的萍浏醴起义。1907 年、1908 年，同盟会又在西南边境地区发动了六次武装起义：潮州黄冈起义、惠州七女湖起义、防城起义、镇南关起义、钦廉上思起义、河口起义。光复会也在 1908 年 11 月发动安

黄花岗七十二烈士：

1911 年，同盟会发起广州起义，因寡不敌众遭到失败。被残杀的革命党人遗体血肉模糊，陈尸于街头示众，惨不忍睹。同盟会会员潘达微冒险挺身而出，不顾满清当局禁令，以《平民日报》记者的公开身份，在 5 月 3 日，组织了一百多人，把散落并已腐烂的七十二位烈士的遗骨收殓及葬于黄花岗。因此，史称此役革命党人安息之地为"黄花岗七十二烈士墓"，通称最初安葬的革命党人为"黄花岗七十二烈士"。但是，在黄花岗起义中牺牲的革命党人约有百余人，现安葬于黄花岗的烈士共有八十六人。

（最新修订版）一张大事年表 | 快读中国历史

《中华民国临时约法》：

辛亥革命胜利后，以孙中山为首的中华民国临时政府开始制定具有"宪法"性质的根本大法。即《中华民国临时约法》。1912年3月8日由临时参议院通过，3月11日公布实施。这是中国第一部资产阶级宪法，为中国的民主共和发展做出了重要贡献。同是辛亥革命胜利的重要成果，具有历史性的进步。1914年5月废除，由《中华民国约法》取代。

庆新军马炮营起义。这些起义因准备不足，单纯冒险，结果都归于失败。1910年2月，广州新军三千人起义，又遭失败。但革命党人并未因为屡次失败而气馁，他们计划在广州发动一次更大规模的起义。

而此时的清政府愈发腐朽不堪，1906年，清廷提出"预备立宪"，其实质是为了加强了皇族的权力，广大立宪派对此极为不满；1908年慈禧太后与光绪皇帝相继去世，年仅三岁的宣统皇帝溥仪继位，其父载沣摄政。至1911年5月，清政府公布的内阁名单中满族人有九名（其中七名是皇族），汉族有四名。被人称为皇族内阁。立宪派对此大失所望，于是又一部分人参加了革命党。清政府为取得外国的支持，将广东、四川、湖北、湖南等地的商办铁路收为国有，然后再出卖给外国，这引起了全国大规模的保路运动。

保路运动在四川省尤其激烈，各地纷纷组织保路同志会，推举立宪党人为领袖，以"破约保路"为宗旨进行抗议，参加者数以十万计。清政府下令镇压。四川总督赵尔丰逮捕数名保路同志会代表，枪杀数百名请愿群众。第二天又下令解散各处保路同志会。这激起了四川人民的更大愤怒，开始进行武装反抗。1911年9月，四川荣县独立，成为全中国第一个脱离清王朝的独立政权。

清政府此时调遣湖北新军入川对运动进行镇压，由此一来，湖北地区的军事力量便极为薄弱，这便给了革命党人以机会，在湖北武昌发动起义。1911年10月9日，革命党决定于当晚发动起义。但武昌城内戒备森严，各标营革命党人无法取得联络，当晚的计划落空。新军中的革命党人自行联络，约定以枪声为号于10月10日晚发动起义。10月10日晚，新军工程第八营的革命党人打响了武昌起义的第一枪，夺取位于中和门附近的楚望台军械所，吴兆麟被推举为临时总指挥。战斗中缴获步枪数万支，炮数十门，子弹数十万发，为起义的胜利奠定了基础。

此时，驻守武昌城外的革命党人以举火为号，发动了起义，并向楚望台齐集。武昌城内蔡济民和吴醒汉也率领部分起义士兵冲出营门，赶往楚望台；之后，武昌城内外各标营的革命党人也纷纷率众起义，并赶向楚望台。起义人数多达三千人。

10月10日晚上，起义军分三路进攻总督署和旁边的第八镇司令部。起初，起义军没有一个强有力的指挥，加上兵力不够，进攻受挫。凌晨，起义军再次发起进攻，并突破敌人防线，在督署附近放火，以火光为标志，蛇山与中和门附近的炮兵向光处发炮轰击。湖广总督瑞澄打破督署后墙，从长江坐船逃走，第八镇统制张彪仍旧在司令部顽抗。起义军经过反复的进攻，终于在天亮前占领了督署和镇司令部。张彪退出武昌，整个武昌在起义军的掌控之中。

10月10日深夜，何贯中、李济深等将保定军校学生组织行动起来，第一时间炸毁了保定附近的漕河铁桥，成功地阻止了清军南下，为革命党人赢得了准备时间。

汉阳、汉口的革命党人闻风而动，分别在10月11日、12日光复汉阳和汉口。起义军掌控武汉三镇后，湖北军政府成立，黎元洪被推举为都督，改国号为中华民国，并号召各省民众起义响应。武昌起义胜利后的短短两个月内，湖南、广东等十五个省纷纷宣布脱离清政府独立。清政府的统治走到了尽头，辛亥革命获得了胜利。

辛亥革命是一次资产阶级民主革命，推翻了实行两千余年的君主制度，建立了中国历史上首个民主共和国。在此之前，中国历代农民起义都是以新王朝代替旧王朝而结束，但辛亥革命却彻底推翻帝制，并建立起新的政治体制——共和制。尽管后来民主共和制度受到各种势力的多次破坏，甚至有过短暂的帝制复辟，但这些都不能从根本上再改变深入人心的共和体制。

公元 1912 年

清帝退位，清王朝灭亡；孙中山就任临时大总统，中华民国建立

武昌起义爆发后，各省随后纷纷宣布独立，清朝的统治开始走向瓦解。清政府任命北洋新军统帅袁世凯为内阁总理大臣，成立内阁并统领清军。袁世凯一方面以武力压迫革命军，另一方面却暗中与革命党人谈判。

经过双方的谈判后，清帝于 1912 年 2 月 12 日正式退位，并在退位诏书中宣布"即由袁世凯以全权组织临时共和政府"，标志着中国两千多年来的君主制的正式结束。

辛亥革命后，上海和汉口两地的十七省代表来到南京，继续商讨建立中央政府。12 月 14 日，各省代表在南京开会，决定根据《临时政府组织大纲》选举总统，此时各代表分成支持在湖北首功的黎元洪以及黄兴两派，相持不下。12 月 15 日，代表获悉袁世凯赞成共和，决定暂缓选举临时总统。12 月 25 日，孙中山从法国马赛回国抵达上海。孙中山由于有着比较高的威望，受到许多革命团体的支持，成为众望所归的总统人选。

12 月 28 日，临时大总统选举预备会在南京召开，

爱新觉罗·溥仪：

清宪宗，同时也是清朝最后一位皇帝。他作为清朝皇帝在位时，年号宣统，故又称宣统皇帝。他继位时仅有三岁，在位三年后即宣告退位，清朝也就此灭亡。后来张勋复辟，再次称帝，仅仅十二天后即告退位。之后又在日本的扶植下复辟，成为伪满洲国皇帝，年号康德。1945 年日本投降后他再次退位。新中国成立后被定为战犯，被监禁。在监狱中他积极改造，得到特赦，出狱后成为中华人民共和国公民。1967 年逝世，时年六十二岁。谥号襄皇帝。

次日召开选举临时大总统会，十七省代表共计四十五人，孙中山获得十六票，当选为中华民国临时大总统。1912年1月1日，南京总统府举行了孙中山就职典礼，这标志着中华民国正式成立。

清朝世系表			
庙号	姓名	在位时间	年号
清太祖	爱新觉罗·努尔哈赤	1616~1626 年	天命
清太宗	爱新觉罗·皇太极	1626~1643 年	天聪
清世祖	爱新觉罗·福临	1643~1661 年	顺治
清圣祖	爱新觉罗·玄烨	1661~1722 年	康熙
清世宗	爱新觉罗·胤禛	1722~1735 年	雍正
清高宗	爱新觉罗·弘历	1735~1795 年	乾隆
清仁宗	爱新觉罗·颙琰	1796~1820 年	嘉庆
清宣宗	爱新觉罗·旻宁	1820~1850 年	道光
清文宗	爱新觉罗·奕詝	1850~1861 年	咸丰
清穆宗	爱新觉罗·载淳	1861~1875 年	同治
清德宗	爱新觉罗·载湉	1875~1908 年	光绪
清宪宗	爱新觉罗·溥仪	1908~1912 年	宣统

表五十一　清朝世系表